国学大讲堂

謀略之道

申圣云 编著

中国言实出版社

图书在版编目(CIP)数据

谋略之道/申圣云编著. -北京：中国言实出版社，2016.7(2023.10重印)
ISBN 978-7-5171-1965-4

Ⅰ. ①谋… Ⅱ. ①申… Ⅲ. ①谋略-通俗读物
Ⅳ. ①C934-49

中国版本图书馆CIP数据核字(2016)第192069号

出 品 人：王昕朋
责任编辑：周汉飞
文字编辑：江 北
美术编辑：杨 光

出版发行 中国言实出版社
地 址：北京市朝阳区北苑路180号加利大厦5号楼105室
邮 编：100101
编辑部：北京市海淀区北太平庄路甲1号
邮 编：100088
电 话：64924853(总编室) 64924716(发行部)
网 址：www.zgyscbs.cn
E-mail：zgyscbs@263.net

经 销 新华书店
印 刷 三河市腾飞印务有限公司
版 次 2016年7月第1版 2023年10月第2次印刷
规 格 710毫米×1000毫米 1/16 19印张
字 数 290千字
定 价 58.00元 ISBN 978-7-5171-1965-4

前言

国学是中华民族优秀传统文化，是数千年来中国人思维方式、行为方式、生活方式的高度概括。广义的国学，即胡适先生所说“中国的一切过去的历史文化”，包括思想学术、文学艺术、数术方技等各个方面。狭义的国学，则集中体现在我国传统图书分类的“经、史、子、集”四大部类中。

如果将国学比作一座文化大厦，其中经部代表的儒家思想是大厦的钢筋结构，史部所记载的文明进程是大厦的水泥浇筑，二者共同构成了国学的主体部分；子部的百家思想，则是大厦的门窗，可以让室内空气流通、充满生机；集部中的各类文集就是大厦里的装潢、家具、内饰等，丰富多彩。

人们初次走进一座大厦，往往先被大厦中的装潢、家具、内饰所吸引，就如同人们对国学感兴趣，往往是从集部中的诗词曲赋、小说散文开始的。故此，要想全面深入地了解国学、学习国学，就必须去解读这座文化大厦的整体结构，必须从对集部的喜爱，发展到对经、史、子、集各部的研读。

中华文明绵延五千年，国学经典浩如烟海，蕴涵着丰富的精神资源，比如大同世界的伟大理想，兼善天下的济世情怀，民贵君轻的理政思维，无为而治的治国方略，仁慈兼爱的博大胸襟，先忧后乐的爱国精神，忠恕孝悌的人际准则，崇礼尚义的道德风尚，执两用中的中庸法则，天人合一的生态观念，日日精进的治学精神，有教无类的教育理念……这些精神资源，是中华文明萌发壮大的文化基因，也是中华民族自强不息、厚德载物的精神滋养。

继承和弘扬优秀的传统文化对于实现民族伟大复兴的中国梦有着重要的战略意义。2013 年 8 月，习近平总书记在全国宣传思想工作会议上指出："中华优秀传统文化是中华民族的突出优势，是我们最深厚的文化软实力。"2017 年 1 月，中共中央办公厅、国务院办公厅印发的《关于实施中华优秀传统文化传承发展工程的意见》指出："文化是民族的血脉，是人民的精神家园。文化自信是更基本、更深层、更持久的力量。中华文化独一无二的理念、智慧、气度、神韵，增添了中国人民和中华民族内心深处的自信和自豪。"实施中华优秀传统文化传承发展工程，是建设社会主义文化强国的重大战略任务，对于传承中华文脉、全面提升人民群众文化素养、维护国家文化安全、增强国家文化软实力、推进国家治理体系和治理能力现代化，具有重要意义。

对于广大党员干部来说，积极汲取传统文化中的思想精华，能够开阔胸襟、改进方法、增强智慧，提升思维层次和领导水平，提高为人民服务的本领和能力，从而更好地担负起执政使命，带领人民群众不断推进改革开放和社会主义现代化建设事业，进而实现中华民族的伟大复兴。

为了帮助广大党员干部阅读、理解、掌握国学经典中的智慧，我们出版了"国学大讲堂"系列图书，包括《修身之道》《齐家之道》《治国之道》《处世之道》《用人之道》《谋略之道》，从不同的角度分析并总结出传统文化中的思想精髓，同时大量引用古今经典案例，贴近广大党员干部的工作、学习和生活，以增强可读性和实用性。希望"国学大讲堂"系列图书能够为党员干部提供治国理政的参考和修养的镜鉴。

由于编者水平有限，书中偏颇、错讹之处在所难免，敬请广大读者批评指正！

编　者

目　录

CONTENTS

第一章　心　胜

真正的力量，首先发自内心。要想在实现中华民族伟大复兴的道路上，能够一往无前、永葆青春与活力，党员干部必须首先锻炼自身的党性、党心。

一◎胜己——志之难在自胜　/003

二◎识人——知人者智　/007

三◎交心——推心置人腹，安得不投死　/011

四◎敢诤——百家之言政者，尚矣　/015

五◎理谏——能矫之者难矣　/019

六◎宽仁——大其心，容天下之物　/022

七◎帮扶——天时、地利不如人和　/025

八◎底线——圣达节，次守节，下失节　/028

第二章　察　势

习近平要求党员干部一定要“胸怀大局、把握大势、着眼大事，做到因势而谋、应势而动、顺势而为”，在做好群众工作的同时，还要关注世界形势的变化和发展，做有益于实现个人和党的事业的事情。

九◎应时——礼义法度，应时而变　/033

一〇◎顺势——得时者昌，失时者亡　/036

一一◎造势——借冕播誉　/040

一二◎机遇——因时施宜　/044

一三◎察情——以民情验天心　/047

一四◎解策——策之而知得失之计　/050

一五◎预见——见微知著，睹始知终　/053

一六◎备需——有备则制人　/057

第三章　实　践

习近平提出党员干部“既严以修身、严以用权、严以律己，又谋事要实、创业要实、做人要实”，就是要求党员干部养成求真务实、勤于实践的好习惯，保证队伍的执行力。

一七◎执行——知之不难，行之不易　/063

一八◎细节——天下大事，必作于细　/066

一九◎创新——天下之治，有因有革　/070

二〇◎同心——万人操弓，共射一招　/074

二一◎察觉——不明察,不能烛私 /077
二二◎求变——兵无常势,水无常形 /081
二三◎多维——三思而后行 /084
二四◎转换——横看成岭侧成峰 /088

第四章　决　策

党的群众路线，决定了党员干部一切决策的出发点和落脚点必须是人民群众的利益。所以，党员干部只有谨慎决策，并自觉接受人民群众的监督，才能尽可能避免决策的失误。

二五◎逐源——民为天下国家之根本 /093
二六◎符实——闭门造车难合辙 /097
二七◎熟虑——远虑者安,无虑者危 /100
二八◎顺民——政之所兴,在顺民心 /103
二九◎集思——集众思,广忠益 /106
三〇◎缜细——河海不择细流 /109
三一◎推敲——路漫漫其修远兮 /112
三二◎恒用——政贵有恒 /115

第五章　道　义

道义常表现为一种人生信条和行为准则。党员干部的道义则更多体现在对党的事业的忠贞和坚持上，所以必须立身不忘做人、用权不谋己利，以实际行动实践“为人民服务”的宗旨。

三三◎合心——人心齐,泰山移 /121
三四◎遵法——守法持正,嶷如秋山 /125
三五◎信仰——虽九死其犹未悔 /129
三六◎守道——道不行,乘桴浮于海 /133
三七◎崇义——守正直而佩仁义 /137
三八◎端正——心正则笔正 /141
三九◎诚挚——以心相交者,成其久远 /144
四〇◎敬天——能敬必有德 /148

第六章 慎 权

在对待权力上，习近平要求党员干部要“心存敬畏、手握戒尺”，其实也就是要求党员干部杜绝滥用权力、权钱交易，自觉做到“低调务实、敢于担当、真抓实干、严于律己”。

四一◎心术——不可得罪于天地 /153
四二◎施德——无德而禄,殃也 /156
四三◎礼治——礼也者,犹体也 /160
四四◎威严——公生明,廉生威 /164
四五◎知遇——人多知遇独难求 /167
四六◎作则——以身教者从 /170
四七◎养晦——圣人韬光,贤人遁世 /173
四八◎慎权——天下之权,惟民主是主 /176

第七章　借　力

在全面建成小康社会的新时代条件下，党员干部需要借助树立榜样的方式来团结群众、融入群众、集聚智慧、促进和谐，并避免工作中的主观、随意和盲目，从而使工作变得更加科学、规范。

四九◎假物——君子生非异也　/181
五〇◎求本——国之安者,必积其德义　/184
五一◎迂回——屈节者所以有待　/188
五二◎勤学——终日而思,不如须臾之所学　/192
五三◎监督——知止可以不殆　/196
五四◎惩戒——无术则弊于上　/200
五五◎试点——在常古之可与不可　/203
五六◎效仿——人不率,则不从　/206

第八章　柔　胜

党员干部要始终牢记自己来自人民，手中的权力源自人民。党员干部一定要时刻心系人民群众，要主动贴近人民群众，关心群众利益，如此才能获得人民群众的真心拥护。

五七◎怀柔——人好刚,吾以柔胜之　/211
五八◎待时——君子藏器于身,待时而动　/215
五九◎相交——相知无远近　/218
六〇◎和缓——水深则流缓　/221
六一◎亲善——平易近民,民必归之　/224
六二◎与之——将欲夺之,必固与之　/227
六三◎动情——动之以情,晓之以理　/231
六四◎藏锋——木秀于林,风必摧之　/234

第九章　关　键

习近平强调，各级领导干部在推进依法治国方面肩负着重要责任，全面依法治国必须抓住领导干部这个关键少数。所以，领导干部必须高瞻远瞩，能够从全局着眼，赢得战略主动权。

六五◎持正——守正不挠 /239
六六◎原则——匹夫不可夺志也 /242
六七◎针对——针害身之膏肓 /246
六八◎果断——当断不断,反受其乱 /250
六九◎慎始——举大事必慎其终始 /253
七〇◎慎终——慎终如始,则无败事 /256
七一◎担当——岂因祸福避趋之 /259
七二◎务实——学而不能行,谓之病 /262

第十章　戒　满

我国的经济建设取得了举世瞩目的巨大成就，但仍面临着诸多严峻的问题和挑战，仍然需要党员干部继续发扬艰苦奋斗的作风，谦虚谨慎，戒骄戒躁，切不可妄自菲薄、妄自尊大。

七三◎纳谏——受谏而不厌 /267
七四◎谦恭——满招损,谦受益 /270
七五◎受教——尺有所短,寸有所长 /273
七六◎敬业——业广惟勤 /277
七七◎善学——学问不厌 /280
七八◎患忧——明者防祸于未萌 /283
七九◎改革——穷则变,变则通 /286
八〇◎深化——凿不休则沟深 /289

第一章　心　胜

真正的力量，首先发自内心。在腥风血雨的年代，我们共产党人做到了“砍头不要紧，只要主义真”。如今，为了实现中华民族伟大复兴，为了社会的公平正义，为了共产主义信仰，更要立足于“义”，立足于一颗诚挚的心。

◎**胜己**——志之难在自胜

◎**识人**——知人者智

◎**交心**——推心置人腹，安得不投死

◎**敢诤**——百家之言政者，尚矣

◎**理谏**——能矫之者难矣

◎**宽仁**——大其心，容天下之物

◎**帮扶**——天时、地利不如人和

◎**底线**——圣达节，次守节，下失节

胜己——志之难在自胜

"志之难也，不在胜人，在自胜。"出自《韩非子·喻老》。说的是人们在立志上遭遇到的困难，不在于战胜别人，关键在于能否战胜自己。无论是"克己"还是"律己"都指向"胜己"这一古已有之的成功秘诀。

古人在战胜自己方面早已为我们做出了表率。唐朝著名书法家柳公权就是其中之一。柳公权自幼聪颖，在书法方面有着过人的天赋，很多成年人都自叹弗如，他便渐渐骄傲起来，也不再练习了，时常跟几个同龄孩子举行所谓的"书会"，整日沉浸在人们的夸奖声中。

有位卖豆腐的老人路过，看到他写的"会写飞凤家，敢在人前夸"，便想挫挫他的锐气，就说："这字好像我的豆腐一样，没有筋骨，这样的字怎么称得上好呢？人都说字如其人，可见你这个小娃娃还要好好磨练呢！"柳公权不服气，便让老人也写几个字看看。

老人摆手笑道："我只是一个卖豆腐的，不敢献丑。不过京城有个人

国学名句集锦

天地不仁，以万物为刍狗；圣人不仁，以百姓为刍狗。天地之间，其犹橐籥乎？虚而不屈，动而愈出。多言数穷，不如守中。

——《老子》

用脚写字，都比你这个好看!”

心高气傲的柳公权来到京城，果真看见一个失去双臂的黑瘦老人，正被一群人围着。老人坐在地上，左脚压着纸，右脚夹着笔，挥毫之间，笔走龙蛇，引得围观的众人不时发出阵阵喝彩。

柳公权这下真的服气了，诚恳地拜倒在老人身前，请求传授书法的秘诀。老人非常谦逊，起初并不答应他的要求，后来经不住柳公权的哀求，便用脚写了几个字给他：“写尽八缸水，砚染涝池黑。博取百家长，始得龙凤飞。”

从此，柳公权收起傲气，一遍一遍地练习写字，即便手上磨出了厚茧，也从未耽误练习。不断的磨练让他的字越写越好，心也愈发坚定起来，日久天长，他终于战胜了当初那个骄傲而不思进取的自己。

做人与写字一样，如果停滞在自我满足和客观条件限制下，就永远也无法进步。连自己都做不好，更不要谈言传身教和管理下属了。如果柳公权为自己寻找“年纪小”“无人指导”“练习辛苦”这样的理由，就永远也无法战胜那个写字如豆腐的自己。

党员干部在工作中应学习柳公权勇于突破自己、战胜自己的精神，努力开创工作的新境界。在这方面，“铁人”王进喜就是我们的好榜样。

王进喜生于1923年，6岁便开始带着失明的父亲沿街乞讨，在军阀和地主的压迫下，度过了颠沛流离的童年和少年时代。虽然经常因为反抗压迫而遭受打骂，但是艰辛苦难的生活锻炼了他的意志，坚韧了他的品格，培养了他勇于挑战客观条件和自我极限的顽强性格。

国学名句集锦

形不正者，德不来；中不精者，心不治。正形饰德，万物毕得。翼然自来，神莫知其极。

——《管子·心术下》

在王进喜的名言中，“有条件要上，没有条件创造条件也要上”是最响亮的一句。1960 年，王进喜带领他的“硬骨头钻井队”——1205 钻井队来到了黑龙江大庆，一下火车，顾不上休息，便与同志们投入到了紧张的工作中。面对极端困难和恶劣环境，他们不断挑战着自己身体能承受的极限，希望尽早摘掉中国“贫油落后”的帽子。

当时正值东北的冰封期，王进喜和他的同志们并没有被恶劣的自然条件吓退。没有吊车和拖拉机，汽车也少得可怜，王进喜带领同志们使用简单的撬杠、滚杠、大绳，人拉肩扛地把钻机运到作业区，仅用了 4 天时间就在茫茫的北大荒里树立起 40 米高的井架！没有打井用的水，他们破冰取水，用盆端、用桶挑，硬是靠人力端水 50 多吨！

不料，在第二口井打到 700 米时，井喷发生了。危急关头，右腿被砸伤的王进喜以超人的勇气和拼搏的精神，扔掉拐杖，带头跳进混着冰碴的泥浆池，艰难地用自己的身体搅拌泥浆，最终制服了井喷，征服了恶劣的自然环境。在工作中，王进喜始终战斗在一线，“铁人”的称号便因此流传了出来。

王进喜还在技术上积极钻研，勇于挑战过去的老办法。他坚持学习，从半文盲到技术达人，不断克服老旧器械的限制，带领同志们用 40 年代的老钻机打出全油田第一口直井，创造了国内先例；受制于严苛的物质条件，他积极革新技术，进行了钻机整体搬家、钻头改进、快速钻井等多项技术变革，堪称“工人工程师”。

如果有人问世代传承的“铁人精神”究竟是什么，其核心内涵便是

国学名句集锦

五色乱目，使目不明；五声哗耳，使耳不聪；五味乱口，使口爽伤；趣舍滑心，使行飞扬。此四者，天下之所养性也，然皆人累也。

——《淮南子·精神训》

“宁可少活20年，拼命也要拿下大油田”的忘我拼搏精神和“有条件要上，没有条件创造条件也要上”的艰苦奋斗精神。

与“铁人精神”类似的，还有习近平强调的奖牌之外的体育精神。在他看来，体育竞技所体现的不仅是国家的实力、民族的品质，更多的还是积极向上、自强不息的“尚武精神”，这种“尚武精神”的核心并非是击倒敌人，而是战胜自己，是中华民族自强不息的意志品质。

要实现中华民族的“强国梦”，就必须有坚定的理想信念，要不断从内心发掘自己、要求自己、约束自己，克服条件的限制，吃苦在前，享受在后，自我牺牲，自我奉献。战胜自我不仅仅是为了自己，同样也是为同志们做出良好的表率，与同志们共同奋斗，凝练出具有“铁人精神”的伟大团队。作为一个共产党员，只有具备了这样的信念和胸怀，才称得上是真正的人民公仆，才算真正战胜了自己。

国学名句集锦

或问：“何以治国？”曰：“立政。”曰：“何以立政？”曰：“政之本，身立则政立矣。”

——西汉·扬雄《法言·先知》

识人——知人者智

《老子》中说："知人者智，自知者明。"意思是说，能了解他人的人聪明，能了解自己的人明智。识人是一种艺术，能够准确、深入地了解周围人的品行和才能，对于我们交友、育人、用人等方面都有着重要的意义。

"……同席读书，有乘轩冕过门者，宁读书如故，歆废书出看。宁割席分坐，曰：'子非吾友也。'"这段话讲述的是一个割席而坐的故事。

东汉末年，管宁和华歆两个好友在菜园里锄草，两人都看到地上有一块金子，管宁对金子视若无物，就好像看到一块普通石头一样，继续锄草。而华歆却把金子捡了起来，然后放到了旁边。

又有一次，管宁和华歆一起在同一张席子上坐着读书。这时候有大官乘着豪车从旁边经过，管宁继续读书，然而华歆却把书丢下跑出去看豪车。等华歆回来后发现管宁把席子割成了两块，管宁告诉华歆："你不是我的朋友了。"此后管宁与华歆割席而坐的故事就流传开来。从一个人的行为举止就能够看出这个人是否有伟大的志向，只有心如止水，不为周遭所迷惑的人才能够透过现象看见本质。

国学名句集锦

爱臣太亲，必危其身，人臣太贵，必易主位。

——《韩非子·爱臣》

三国时代魏国的开创者曹操就是一个非常善于识人的人，曹操之所以能从一个小军阀一跃成为一统北方的枭雄，这与他的识人之明和观心之术密不可分。

曹操对人才特别重视，无论是哪方面的人才都很重视。曹操刚开始举事的时候，就重点寻找那些有才能的人来帮自己，而曹操待人诚恳这一点让许多的人才都心甘情愿辅佐他。当他寻到被人称为“王佐之才”的荀彧后，非常高兴地说荀彧就是他的子房，对荀彧委以重任。

荀彧在归附曹操后，又将荀攸和郭嘉两名名士推荐给了曹操。曹操心中十分明了每个谋士所擅长的地方，就让荀攸做了自己的军师，让郭嘉来参与机要。后来这三个人就成了曹操纵横天下的主要谋士。曹操每次打赢敌人，攻占了敌人的地盘，总是要将敌人以及当地的人才收罗到自己麾下，其中还包括“建安七子”中的陈琳。陈琳当年在袁绍手下任职的时候，曾写檄文大骂曹操为汉贼，然而后来曹操打败袁绍，并没有为难陈琳，反而以礼相待，诚心邀请他做自己军中的文书。

被人称为南开大学“校父”的严修，曾经是清朝的进士，也是翰林院的编修，因曾经致力于科举制度的改革而名闻天下。正是由于严修的存在，南开大学才获得了百年的辉煌。然而，严修识人的能力更是足以令世人刮目相看的。

当年 15 岁的周恩来来到南开学校学习，他优异的表现很快就凸显出来，让当时作为学校董事长的严修注意起他。次年，南开学校举行了一次校级作文竞赛，当时的校长张伯苓和严修共同出任评委。那次竞赛评审采取匿名制度，在评审的过程中严修看中了一篇作品，这篇作品的文笔虽然显得很稚嫩，然而其中所写的救国救民的方针却绝不是一个普通中学生所能想到的。

国学名句集锦

有道之士，必礼必知，然后其智能可尽。

——《吕氏春秋·谨听》

在当时，并不是所有的评委都看好这篇文章。然而严修说了一席话，让所有人都震动了："写这篇文章之人，绝非平常之辈，有经天纬地之才，30 年后，宰相之位非其莫属!"就因为严修所说的这句话，使得这篇文章成为全校第一。当众人把密封的纸除去后，上面"周恩来"三个字让严修立刻大笑起来。严修喊道：我就知道是他，我就知道是他！这时大家上前一看，才知道写这篇文章的人正是学校中组织社团、主编刊物以及出演话剧的学生团队领袖周恩来。

从此之后，周恩来就经常被严修请到家里做客。当时严修 54 岁，周恩来 16 岁，然而严修却对周恩来非常尊崇，这让很多人对他的举动不理解。严修对大家说："我只是翰林编修、学部侍郎，而他将来是百官之首，焉能不敬!"虽然严修曾经是清朝官员中最开明的人之一，然而大家还是觉得在这件事上严修做得十分迂腐。

后来南开大学成立，严修大笔一挥批准刚从日本回国的周恩来免试入学，同时在自己家里设宴欢迎周恩来。那顿宴席有很多知名人士来作陪，如黄郛、范源濂、张伯苓和直隶教育厅厅长等人，这也表明了严修对周恩来的器重。

五四运动时，周恩来作为天津学生运动的领袖被当时的天津警察局拿下入狱了。周恩来出狱后，很多人都在躲避他。然而只有严修亲自给顾维钧也就是当时的中国驻英公使写了一封信，让他协助周恩来到英国留学，还把自己在南开大学设立的奖学金拿出来资助周恩来。

周恩来去了欧洲，严修和他一直保持书信往来，同时也在自己家账户上专门开设了周恩来资助专户。再之后，周恩来在欧洲加入共产党的消息传了出来，很多人都奉劝严修停止对周恩来的资助，免得引火烧身。然而严修却总是对他们说："人各有志。"

国学名句集锦

人臣之术，顺从而复命，无所敢专，义不苟合，位不苟尊；必有益于国，必有补于君，故其身尊而子孙保之。

——《说苑·臣术》

然而可惜的是，严修 1929 年就病逝了，他并没有看到他所赏识和推崇的周恩来真正成为百官之首的那一天。但严修的识人有道，却让世人称道。

识人最重要的一点就在于交心。我们党一直以来都对贤能的人十分重视，将培养人才作为党和人民事业最重要的事情来把握。“进行具有许多新的历史特点的伟大斗争，关键在党，关键在人”，“关键在人，就要建设一支宏大的高素质干部队伍”，这是习近平所强调的，也是在告诉我们新时期好干部该如何去做。

作为党员干部，要坚持为民服务、勤政务实、敢于担当、清正廉洁的信念，不仅如此，还要善于识人，知人善任，用心去结交，用礼来相待，这是对党员干部的期许，也是未来党员干部都要奋斗的目标。从“用一贤人则群贤毕至，见贤思齐就蔚然成风”，强调树立正确的用人导向，到“把好干部选用起来”，强调完善选人用人机制，再到“从严治党，关键是从严治吏”，这便是我们党的用人之道，涵盖了识人、举荐、量才、重才等各个方面。

国学名句集锦

时危见臣节，世乱识忠良。

——南朝·宋·鲍照《代出自蓟北门行》

交心——推心置人腹，安得不投死

《后汉书·光武帝本纪》中有一句话："萧王推赤心置人腹中，安得不投死乎！"意思是说，萧王（刘秀）把自己的赤诚之心都交给了别人，我们怎么能不为他效死呢？这便是成语"推心置腹"的由来。

西汉末年，皇权势弱，王莽夺取了政权建立了新朝。王莽在称帝时期，全凭个人的感觉来下达命令，因而经常会出现朝令夕改的情形，最终导致天下大乱，农民起义。在所有农民军中，以绿林军势力最大，绿林军拥护汉室正统刘玄当皇帝，而刘秀则是偏将军。

王莽数次派人去攻打刘玄，然而始终却无法取胜。再后来，绿林军大破长安城，王莽被杀死，而刘秀也在攻打昔日赵国都城邯郸的时候杀死了自称天子的王郎，此后刘秀因为多次建立功业被刘玄封为萧王。

公元 24 年秋，刘秀攻打铜马军，两军对阵超过一个月，之后铜马军的粮草不足，只能被迫后退。刘秀看到敌方后退，连忙乘胜追击，最终俘虏了铜马军的将领，铜马军所有将士都投降了。刘秀收编了投降的将士，

国学名句集锦

非我而当者，吾师也；是我而当者，吾友也；谄谀我者，吾贼也。

——《荀子·修身》

还给投降的将领封了官。然而投降的人对刘秀并不放心，害怕刘秀不是真心要招揽他们。

刘秀得知了这个情况，就开始安抚这些将领。刘秀下命令，让所有投降的士兵都回到原有部队之中，而刘秀却轻骑到各个部队巡视，一点都没有戒备的意思，以此来表明自己是信任投降者的。如此一来，投降的人都明白了刘秀的意思，纷纷私下里议论说："萧王推赤心置人腹中，安得不报死乎!"

鲁肃是三国时期东吴有名的谋士，他自小生在士族之家，拥有着丰厚的产业。鲁肃自小就勤于读书和练武，无时无刻不在准备着去建功立业。没过多长时间，鲁肃就名声在外，成为少有的有识之士。在那时，与鲁肃年龄相仿的周瑜已经是袁术手下的居巢长了。周瑜很早就听说鲁肃的不凡，一直很想与他结交。

有一天，周瑜决定去鲁肃家里拜访他。周瑜故意带着数百军士从鲁肃家旁边走过，走到鲁肃家门前时进入拜访鲁肃。经过一番寒暄，周瑜告诉鲁肃："兄弟我军中缺少粮草，不知道鲁肃兄能不能资助我一些军粮?"鲁肃看着相貌堂堂的周瑜，心里早就生出了几分结交之意。这时听说周瑜想借军粮，心想这就算是给周瑜一个见面礼了，于是鲁肃就满口答应了。

鲁肃带着周瑜来到自家后院的米仓前面对周瑜说："这里有两囷米，每一囷里面有三千石米，兄弟你随便拿一囷就行。"周瑜听了鲁肃的话，十分感动，对鲁肃的慷慨大方和高洁品格非常赞赏。从此以后周瑜与鲁肃往来密切，成了莫逆之交。

国学名句集锦

善人同处，则日闻嘉训；恶人从游，则日生邪情。

——《后汉书·爰延传》

东吴孙策死后，孙策的弟弟掌权。当时孙策临终前告诉孙权，以后内部的事务要请教张昭，外面的军略要请教周瑜。周瑜为了辅佐孙权，特意从外地赶到了吴郡来辅佐孙权。周瑜告诉孙权说："张昭的确非常有才能，然而我的能力却有所不足，恐怕将来会辜负了你大哥的重托。为了不至于此，我想推荐一个非常有才能的人和我一起来辅佐你。"

孙权听了周瑜的话非常高兴，询问周瑜那个人是谁。周瑜说："我说的这个人叫鲁肃，他是临淮东城人，他的军略才能很强，而且学识十分渊博，有很大的志向。"孙权听了周瑜的话后表示同意，于是就让周瑜请鲁肃过来，从此自己身边增加一个可以出谋划策的高级谋士。此后，周瑜和鲁肃就作为孙权军事上的左膀右臂。孙权建立东吴政权的漫漫长路中，周瑜和鲁肃合力为东吴做了很大的贡献。

对于领导干部而言，怎样才算是谨慎交友，怎样才算是择善而交？首先，要拥有宽广的胸怀，要多交一些诤友。作为一名党员干部，手里有权，你的周围很多是巴结你、讨好你、拉拢你以及腐蚀你的人，这时候敢于对你说真话的诤友就非常可贵了。如果你身边有很多敢于向你提出不同意见的朋友，有很多敢于违背你意愿的朋友，有很多敢于和你据理力争的朋友，恰好说明了你具有虚怀若谷、兼容并包的特质。相反，如果你身边的朋友对你都是和和气气，从来没有人反驳过你的言论，那么就十分不正常了。对于身边敢于向你直言、敢于善意批评你的人，作为党员干部而言，一定要有足够的肚量，这些人就是你身边最能信赖的朋友。

国学名句集锦

贤者立中正，设无私，而民说仁。

——《商君书·开塞》

还有一个关键的地方，就是要结交那些可以让自己“见贤思齐”的朋友。作为党员干部往往都会担负重任，负责各个方面，然而一个人的能力毕竟有限。如同唐太宗说的那样，优秀的朋友就像是一面镜子，可以照出你的缺点并让你有所进步。这个时候，也可以通过交友来取长补短，从而提高自己。要常常和见识广博、有思想的朋友交流，这样一方面可以加深彼此之间的友谊，另一方面也可以学习更多的知识，增强自己的能力，从而更好地促进党的事业的发展。

国学名句集锦

以势交者，势倾则绝。以利交者，利穷则散。故君子不与也。

——隋・王通《中说》

敢诤——百家之言政者，尚矣

范晔说："百家之言政者，尚矣！大略归乎宁固根柢，革易时弊也。"意思是说，诸子百家谈论政治的学说都是非常高尚的，他们学说的要点大都是讲究从根本上来巩固政权，剔除制度中存在的弊端，依据时代的变化而变化。

国家的命运和政治形势并不是永远不变的，由此也就会使很多不同的意见混杂在一起，导致关于每一件事情的是非和评论都会有各种各样的意见出现。

魏徵早年出身贫贱，小时候家里比较穷，曾经当过道士。魏徵非常喜欢读书，很喜欢钻研古书，这使他拥有了丰富的学识。隋末，魏徵参加起义反抗隋朝。隋朝灭亡，唐朝一统天下，魏徵投靠了当时的太子李建成。因为魏徵具有不凡的才华，太子李建成十分器重他。

到后来李世民兵变成功后，太子李建成被李世民杀死。李世民觉得魏徵是个人才，就亲自召见了他。李世民看到魏徵后，非常生气地问他为什么要离间李氏兄弟之间的感情，当时在场的所有人都觉得魏

国学名句集锦

下有直言，臣之行也。

——《国语·晋语三》

徵马上就要被杀了。

然而魏徵却非常从容，十分自信地回答道：如果当时太子李建成听从了他的话，肯定不会沦落到今天这种地步。听了魏徵的一席话，李世民被魏徵的勇气和正直的精神感动了，从心底里佩服他的人格。所以李世民从政时对魏徵大力提拔任用，君臣之交感动千古。

1927 年，蒋介石对共产党发动了大屠杀后，全国各地的国民党当局都开始了一轮屠杀共产党人和革命群众的行动。而不久之后，汪精卫也效法蒋介石，屠杀武汉地区的共产党人和革命群众。

当时的中共中央面对这种局面，紧急召开会议成立了中共临时中央政治局常务委员会，组成成员主要有张国焘、李维汉、周恩来、李立三、张太雷等人。次日，中国共产党发表对国民党政府的宣言，指责国民党对共产党员及革命群众所犯下的累累罪行，宣布中国共产党将撤出所有参加国民革命政府的共产党员，下决心要带领中国人民将反帝国主义、反封建主义的民主革命继续进行下去。紧接着，中共中央决定，要把中国共产党的所有部队集合到江西南昌，进行武装起义。

中共中央颁发《关于湘鄂粤赣四省农民秋收暴动大纲》，指出中国革命已转向工农民主革命的新阶段，“土地革命将占最重要的过程”，秋收暴动是实现土地革命的“新的奋斗的方略”。这次大纲对全体党员下达指示，令其一往无前地领导秋收暴动，并以此来结束旧时代军阀的残酷统治，从而使共产党在湖南与江西两地建立起革命政权，进一步实现土地革命。本次大纲还对秋收暴动的政策和策略加以明确，并具体规定了湘、鄂、粤、赣四个省的暴动计划。

在当时中共临时中央政治局常委会的会议决定以及国际共产主义的意见下，1927 年 8 月 7 日，中国共产党中央委员会在汉口召开了一次紧急会

国学名句集锦

贤主所贵莫如士。所以贵士，为其直言也。

——《吕氏春秋·贵直》

议，这次会议也就是赫赫有名的八七会议。会上，党内很多同志都从各个角度批判了陈独秀右倾投降主义的错误。这次会议毛泽东也参加了，会上他作了非常重要的发言。

毛泽东指出：“中共中央在国共合作中没有积极地去实现无产阶级的领导，没有坚决地支持农民的革命斗争，没有认识军队的极端重要性。”

毛泽东强调指出：“党过去不做军事运动专做民众运动，现在虽已注意，但仍无坚决的概念。比如秋收暴动非军事不可，此次会议应重视此问题，新政治局的常委要更加坚强起来注意此问题。”

“以后要非常注意军事，须知政权是由枪杆子中取得的!”当时毛泽东并不是中央政治局常委的一员，说话的分量不重，因此他所说的话并没有得到会上人们的重视。然而毛泽东在讲话的时候却是非常激动，措辞也是非常激烈，他将自己要说的话以及该说的话都说了出来。

此次会上，毛泽东的发言明确指出了以往革命失败的教训，这也是他第一次公开提出“枪杆子里出政权”的著名论断。这一理念在当时很好地纠正了陈独秀的右倾投降主义错误，再一次制定了中国共产党的正确工作方针，引导着中国革命继续走向正确的道路，进一步确定正确的军事斗争策略以及斗争战略战术，这些都对当时的中国革命起到了非常巨大的影响和作用。

可以说，正是毛泽东在这关键的时刻说出了关键的话，从而使我们党走出了关键的一步。当革命运动因左倾冒险遇到巨大困难的时候，又是毛泽东提出了长征的想法，并付诸实施，而正是红军两万五千里的长征路，最终使共产主义之火燃遍华夏。

批评可以让人进步，在批评中自我反省可以让人提升自我。所谓批评指的是对所犯的错误和缺点提出意见，而自我批评则是以自我为对象，寻

国学名句集锦

直言不闻，则己之耳目塞。

——西晋·傅玄《傅子》

找自我的缺点和错误，从而进行进一步的剖析。

批评与自我批评都是党的优良作风，也可以有效地解决党内部的矛盾。抗日战争胜利前夕，毛泽东说："房子是应该经常打扫的，不打扫就会积满了灰尘；脸是应该经常洗的，不洗也会灰尘满面。我们同志的思想，我们党的工作，也会沾染灰尘的，也应该打扫和洗涤。"这句话哪怕是放到了今天也是非常有教育意义的。

拿镜子来评鉴可以整理衣冠，拿人来评鉴可以明晓得失。批评与自我批评的开展，还需要党员干部能真正地动真格，下狠心。

国学名句集锦

诤臣必谏其渐，及其满盈，无所复谏。

——《贞观政要·求谏》

理谏——能矫之者难矣

刘向《说苑》中说："人之不善而能矫之者难矣。"意思是说，一个人的品性不好能够矫正，这是非常难得的。从劝谏人的角度来讲，能否理性、合理地劝说，是这个问题的关键。

这段话接下来的论述是："说之不行，言之不从者，其辩之不明也；既明而不行者，持之不固也；既固而不行者，未中其心之所善也。辩之明之，持之固之，又中其人之所善，其言神而珍，白而分，能入于人之心，如此而说不行者，天下未尝闻也。"意思是说，劝说他并不见行动，教育他并不见他听从，这是因为道理解说得不够明白。讲明白了却不见他有改正的行动，这是因为他没有一颗坚持正确道理的心。心已经坚定了却不见有改过的行动，这是因为没有将他心中的闪光点说中。完全讲解清楚、思想坚定而且说中他心中的闪光点，还无法成功劝说他们，全天下都找不到这样的事。

贞观初年，唐太宗和当时的黄门侍郎王珪在宴席上聊天，两人旁边有

国学名句集锦

君子之道四焉：强于行义，弱于受谏，怵于待禄，慎于治身。

——《孔子家语·六本》

一个美人在侍奉。这名美人原来是庐江王李瑗的爱妾，李瑗的事情败露后被收到宫中。唐太宗指着美人对王珪说道："庐江王荒淫无道，杀害了她原先的丈夫而把她占为己有。暴虐到极点，怎会不灭亡呢?"王珪离开座位说道："陛下认为庐江王夺取她是对了呢，还是不对?"唐太宗说道："哪里有像杀人之后还抢夺他妻子的道理，你还问我到底对不对，你到底是什么意思?"

王珪答道："我在古书中看到过，齐桓公有一次来到郭国，问郭国的父老乡亲郭国为什么会灭亡，郭国的父老对齐桓公说这是由于郭国的君主只喜欢好人而不喜欢坏人。齐桓公对他说，既然这样，那郭国的君主是一个贤明的君主啊，郭国怎么会灭亡呢？郭国父老说，郭国国君虽然喜欢好人但却并不任用好人，虽然讨厌坏人但却不能摒弃坏人，所以最后郭国灭亡了。现如今，这个美人依然在您身边，因此我觉得您也认为这样就是对的，如果您觉得这样不对，那么就是明知道邪恶却不能摒弃了。"唐太宗听了后非常高兴，称赞王珪讲得非常好，第二天就让人把美人送还给自己的亲族。

贞观三年，李大亮做凉州都督，当时有一名使者因故来凉州，发现当地有一种特别名贵的大鹰。使者命令李大亮将大鹰进献给唐太宗，李大亮私下里给唐太宗上了一道奏折说：以往是陛下告知我们禁止打猎，现在却有使者来向我索要大鹰。如果这是陛下的意思，陛下就是违背了自己当初的旨意。如果是使者自作主张的，那这名使者就是冒名顶替的，希望陛下能够予以惩治。

唐太宗看完李大亮的奏折后，认为他是一个非常正直的人，便下旨褒奖了他。还在给他的回信上写道：你是一个非常正直的官员，我之前选择让你来到边关做官就是因为这点，你没有辜负我对你的期望，希望以后你能将这种直谏的风格继续发扬。

国学名句集锦

凡说之务，在知饰所说之所矜而灭其所耻。彼有私急也，必以公义示而强之。其意有下也，然而不能已，说者因为之饰其美，而少其不为也。

——《韩非子·说难》

贞观八年，陕县县丞皇甫德上书的时候惹得唐太宗大怒，唐太宗认为皇甫德的上书是毁谤他。这时在一旁立着的侍中魏徵进言："以前贾谊在给汉文帝上书的时候曾经提到过这世上只有一件事可以让皇帝痛哭，而可以让皇帝叹息的事情共有六件。从古至今，官员给帝王上书汇报事情大都会使用非常激烈的言辞，如果言辞不激烈，就很难打动皇帝的心。这样激烈的言辞看起来就像毁谤一样。陛下请好好思索一下，我所说的话到底对不对。"

唐太宗回答道："也只有你才能说出这样中肯的话。"之后唐太宗收敛了自己的怒气，下令给皇甫德二十四丝绸作为奖励。

还有一次，唐太宗把玩一只自己最喜欢的鸟。这只鸟是有人从波斯为他寻来的，十分乖巧伶俐，唐太宗最喜欢一个人把玩它。这时有人通报魏徵进来了，此时唐太宗已经没有时间把鸟放回去，只得将其藏入自己的怀中衣服里。魏徵进来时正好看到，但却当作不知道。这对君臣就坐在那里，魏徵高谈阔论，唐太宗却十分难熬。等到魏徵走了，唐太宗取出那只鸟，发现它已经被闷死了。此后唐太宗收敛了自己的玩心，很少将时间放在玩鹰玩鸟上面了。

直言的劝谏才是真正的忠诚，才是内心的坚守，这是始终如一恪守信仰的职责和情操。

理谏是宝贵的。理谏之所以宝贵，是因为它是历经生死、得失、荣辱之后才锤炼出来的，在危难时刻不动摇。理谏之所以宝贵，是因为它融合了千百万人的忠诚，并迸发出无穷的力量。

理谏是所有政党和政权都十分珍视的品质。作为党员干部，必须将忠于马克思主义、忠于人民，乃至于忠于祖国作为自己与生俱来的义务。每一位中国共产党人的"理谏"，都是在马克思主义和党性原则的基础上，凭借着心中对国家和人民的一腔热血而展露的朴素情怀。

国学名句集锦

念高危，则思谦冲而自牧；惧满溢，则思江海下百川。

——唐·魏徵《谏太宗十思疏》

宽仁——大其心，容天下之物

明代吕坤的《呻吟语》中有："大其心，容天下之物；虚其心，受天下之善；平其心，论天下之事；潜其心，观天下之理；定其心，应天下之变。"这段话很容易理解，其中"大其心，容天下之物"一句，要求我们有宽厚仁慈的品德、海纳百川的胸怀，能够容难容之人，听难听之言，忍难忍之事。

包容是指有气量，心胸宽阔，能海纳百川，不斤斤计较，是一种境界，是考量一个人品德修养的重要指标之一。

春秋战国时期，梁国有一位叫宋就的官吏，曾经做过一个偏远县城的县令。这个县与楚国相邻，梁、楚两国均设有边亭，两国边亭的小吏各自种植了一块瓜田。梁人十分勤劳，经常给瓜田浇水，所以种的瓜长势良好。楚人则很懒惰，很少给瓜田浇水，所以他们种的瓜长得很差。

楚人因为妒忌，常常夜里去踩踏和扯断梁人的瓜藤。梁人发现情况后，便询问县令宋就，是不是可以报复回去，也去踩踏楚人的瓜藤。宋就

国学名句集锦

圣人贵宽，而世人贱众。

——西汉·陆贾《新语·术事》

却摇摇头："不可以这么做！人家对我们不好，我们就对人家不好，这是多么狭隘的心理！你们按我的办法做，每天偷偷去为楚人浇灌他们的瓜藤，千万不要让他们知道。"

楚人早上到瓜田一看，发现瓜田已经浇灌过了，纷纷感到十分惊奇。就这样，在梁人的暗暗帮助下，楚亭的瓜藤长势一天比一天好。楚人便暗中察访这件事，发现原来是梁人干的，便大受震撼，把这件事情汇报给楚国朝廷。楚王听说这件事后，备感惭愧，让手下人带着贵重的礼品向梁国边亭人员道歉，并请求与梁王结交。楚王后来盛赞梁王讲信义，梁楚两国的睦邻友好关系，就是从宋就完美处理边亭瓜田事件起始的。

包容是中华民族的优秀传统之一。"厚德载物"讲的是包容，"和而不同"讲的也是包容。纵观古今中外历史，成大事者都具有包容天下的胸怀，都善于在存异中聚力、不同中谋和。在党史上，既能宽容异己，还可以接受异见的事例并不少见。

1949年北平和平解放时，傅作义见毛泽东的第一句话就是"我有罪"。毛泽东却微笑道："谢谢你，北平和平解放是你为全国人民做了件大好事。"毛泽东正是以有容乃大的胸襟，率领中国人民取得了新民主主义革命的胜利。

包容是沟通情感、消除隔阂的法宝，也是共产党人的必备素质和传统美德。当下，我们大多数党员干部胸襟宽广，有大局观念。但也有很多这样的同志：有的在贫寒之际尚能有容人之量，但在得势之后就不大认人；有的能容庸才，却容不下水平超过自己的有才能的人；有的表面上一团和气，背后相互捅刀子；有的喜欢表现得高人一等，只听得了好话，不容许不同意见存在；有的对原来与自己"有矛盾"的同志，心存怨恨，伺机给其"下绊子"，甚至故意报复。这几种心态，不仅严重影响自己与朋友、

国学名句集锦

记人之功，忘人之过。

——《汉书·陈汤传》

同事之间的团结，更会阻碍个人及单位的发展，对党的事业很不利。

包容也是引领先进文化前进方向的共产党人必备的道德修养之一。我党有包容的胸怀，作为每一位党员尤其是领导干部，要有包容多样、尊重差异的气度，不仅要比群众政治上更坚定，业务上更精通，思想上更解放，还要比群众更能接受别人的批评，包容别人的缺点，更能受得了曲解、容得了异议。如果这些都能够成为中共党员的道德自觉，那么他就是一个高尚的人，一个坦荡的人，一个有益于国家和人民的人。

我们一向看重“爱憎分明的立场”，但这和包容的理念并不相违背。爱憎分明，是对共产党人党性的基础考量，是原则问题、立场问题。而包容对于政党来说是政治智慧，对于党员来说是党性修养。在一些原则问题上，必须坚定立场，而在处理问题和思维方式的方法上，应有包容的心态、包容的胸襟。

包容不等于纵容，而是和谐处事、与人为善。当然，包容也是要有原则的，没有任何底线的一味包容就会造成精神的失守；包容也不等于软弱，是在平等基础上的理解和尊重。

国学名句集锦

取其一，不责其二；即其新，不究其旧。

——唐·韩愈《原毁》

帮扶——天时、地利不如人和

孟子曰："天时不如地利，地利不如人和。"便于作战的时令、天气，不如便于作战的有利地势；便于作战的有利地势，不如作战中士兵的上下团结、人心所向。那么，如何才能"得人心"呢？供给其所需，是最基本的措施。

孟子从军事方面探讨了天时、地利、人和三者之间的联系，观点异常鲜明："天时不如地利，地利不如人和。"之后，又回到了"仁政"的话题。

根据孟子的思想，老百姓不是靠闭关锁国就可以限制住的，国家也不能单纯依靠山川河流险阻就可以保全的。所以，必须对老百姓实行仁政，恩威并施。做到了这一点，才能多助到极点，全天下的人民都会顺服归从，也就会出现圣人所说的那种情况——"则四方之负其子而至矣"。"得道者多助，失道者寡助"就这样成了警世名言，甚至在今天依然有很大的活力，我们常常用这句话来谴责霸权主义者，评价国际关系。

春秋时期，齐国国相晏婴受命出使晋国，途经中牟，看到一个人头顶

国学名句集锦

夫地形者，兵之助也。料敌制胜，计险厄远近，上将之道也。

——《孙子兵法·地形》

着破帽子，反穿着皮袄，身背饲草，坐在道路一旁休息。晏婴便下车问了他几句话，知道这个人叫越石父，发现他是一位有涵养的君子，便用拉车的马把越石父赎买下来，还和他一起坐车回家。

等回到相府，晏子却没有和越石父告辞就独自进了自己的房间。越石父感到很生气，表示要求与晏婴断绝关系。晏婴哈哈一笑，派人对越石父说："我并没有与你结交，哪里有绝交一说？你为奴三年，我把你赎买回来，对你哪里不好？你怎么却恩将仇报，要跟我绝交？"

越石父回答说："士人在不是朋友的人面前遭受委屈，在朋友面前耀武扬威，所以君子不能因有恩于人就轻薄别人。我虽然做了别人三年奴仆，但是那些人不是我的朋友，现在你将我赎回，我把你当成朋友。先前您坐在车里，不曾与我打招呼，我还以为是你一时失误。现在你又不与我告辞，这不是把我当作奴仆吗？既然你不对我坦诚相待，我还不一样是奴仆？"晏子听到越石父的话，主动与越石父见礼。后来，晏子把越石父拜为上宾。

党员干部尽管帮助了他人，却不能居功自傲，随意轻薄。因为服务人民恰恰就是党员干部的义务，即便没有得到感谢，也要兢兢业业完成自己的任务。我们在帮扶别人的时候要做到以礼待人，才会赢得人民群众的真心拥护。

孙中山在领导中国资本主义民主革命过程中，曾一度以西方国家为榜样，并努力争取西方国家对中国资本主义革命的支持。但是西方国家对中国革命的暧昧态度，却使孙中山越来越灰心。尤其是1922年6月，陈炯明在西方国家和反动军阀的支持下发动政变，炮击总统府，逼迫孙中山离开广东去了上海。

孙中山从绝境中沉痛地反思了过去对帝国主义的幻想，并发现依靠反

国学名句集锦

战道：不违时，不历民病，所以爱吾民也。不加丧，不因凶，所以爱夫其民也；冬夏不兴师，所以兼爱民也。故国虽大，好战必亡；天下虽安，忘战必危。

——《司马法·仁本》

动军阀势力是靠不住的。与西方国家的态度相反，苏俄政府并没有因为孙中山遭到失败而减少对他的支持。在陈炯明发动叛变时，苏俄政府的驻华全权代表马林正在广州，与孙中山探讨国共合作问题，促使孙中山下决心采用联俄政策。

在马林将要离开中国时，孙中山让陈友仁向马林转告他的话："在过去这些日子，我思考了很久中国的革命道路，我对过去的种种全部失望。但是现在我相信，中国革命最需要的朋友是苏联。"在中国的革命道路上有很多的艰难险阻，但是在最困难的时候能够伸出手来帮助你，这才算是真正的朋友。

"一花独放不是春，百花齐放春满园。"在访问欧洲时，习近平数次谈到了文明的多样性、多元化问题，也谈到了各个国家之间需要互相帮助、互相供需的问题。阳光有七种色彩，因而绚丽；世界有多种文明，所以精彩。一个民族和国家的文明，是一个民族和国家的集体记忆。你面对大海，我处于沙漠；你源远流长，我多元荟萃。

人类在漫长的文明发展中，创造和发展了多姿多彩的历史，从茹毛饮血到刀耕火种，从工业革命到生物科技，构成了一幅巨大的文明图谱，书写了震撼人心的文明史诗。如果世界上只剩下一种花，哪怕再美，也构不成春天。全体党员干部要尽心竭力，推动各地、各国的文明交流，相互融合，丰富人类文明内涵，让世界人民享受更具有内涵的精神生活，开创执政党更光明的未来。

国学名句集锦

上得天时，下得地利，观敌之变动，后之发，先之至，此用兵之要术也。

——《荀子·议兵》

底线——圣达节，次守节，下失节

《左传·成公十五年》中说："圣达节，次守节，下失节。"意思是说，圣人通达节义，其次保守节义，最下失去节义。"节义"是一个人的行为准则、道德水准，对于普通人来说，在道德操守上是很难与圣人相提并论的，但至少要守住做人的底线，决不能"失节"。

战国时期，赵国都城邯郸的人举止打扮都非常得体，就连走路的姿势也极为优雅。外地的人都十分羡慕邯郸的这种风习，所以时常有人来学一学。

这时，赵国的邻国燕国有一个少年来到了邯郸，发现别人的走路姿势和自己的走路姿势确实不一样，于是他就跟着一位年轻人学了起来。一步一个脚印，动作一模一样，结果搞得他顾得了腿顾不上胳膊，满头大汗却什么都没学到。这时从另外一边来了一个老年人，老年人走路比较缓慢，所以少年便学起了老年人的走路姿势，不过老年人的走路姿势比较特别，少年怎么学也学不像，也不美观。老年人走了，又来了一名美少妇，年轻

国学名句集锦

天行健，君子以自强不息。

——《周易·乾》

的女人走起来婀娜多姿，美极了。少年看到之后又学了起来，走了没几步，周边的人都对着少年指指点点，掩口而笑，少年脸上一红，觉得怪不好意思，想要快点离开这里。

在慌乱之中，少年不仅没有学会邯郸人走路的姿势，还把自己原本走路的方法给忘记了。没办法，只好爬着回到了家乡。后来，人们就用“邯郸学步”来形容那些只知道盲目地学习别人，结果却丢掉了自身的原则和底线的人。

春秋时期，鲁国的相国公仪休爱吃鱼，于是有人送鱼给他，他却拒而不受。送鱼的人问：“听闻你喜爱吃鱼，可为什么不愿接受我送的鱼呢？”公仪休说：“正是因为我喜爱吃鱼，所以我更不能收受你的鱼！如今我身为相国，自己的俸禄买得起鱼，若我因为收受了你送的鱼，又因此丢掉相国之位，那么我从此以后就买不起鱼了，你还会再给我鱼吗？”

公仪休嗜鱼的故事，说明了一个很实在的道理：做人要有底线，要学会计算得失，若是在交往的过程中，对于别人的贿赂不及时退却，便要丢官。丢官后，人家便不会再送东西给你，而你自己却因为失去了经济来源，连自己的爱好也无法满足了。因此，受贿是得不偿失的。

如今被关进监狱的贪官们，原本都是有地位的干部，本身的薪金足够他们享受不错的生活，但是他们在人际交往的过程中受到了腐败因素的侵蚀，如今再想要自由地享受自己本来应得的薪金，还有机会吗？

所以，在日常的人际交往中，一定要守住底线，不能够因为某些私人因素而胡作非为。人际交往固然重要，但是维护党的政治纪律是一个共产党员的底线。

党的政治纪律是规范党组织以及党员的言论、行动、立场的规则，党员必须自觉地接受党的政治纪律的约束，绝对不允许党员干部在群众中散

国学名句集锦

学然后知不足，教然后知困。知不足，然后能自反也；知困，然后能自强也。

——《礼记·学记》

布一些违背党的理论以及路线方针政策的意见，也绝对不允许党员干部公开发表与中央的政治决定相违背的言论，更绝对不允许对中央的决策部署实行阳奉阴违的态度，还要坚决不编造、传播政治谣言和丑化党以及国家形象的言论，坚决抵制泄露党和国家的秘密的行为，不参与各种非法组织的非法活动。

维护我们党的政治纪律，是严肃的政治斗争，“六个绝不允许”是党员干部的政治行为底线标准。当前有一些党员干部，纪律观念很淡薄，常常做出违反政治纪律的事情，有极少数的党员干部，甚至在涉及党的基本理论、基本路线、基本纲领、基本经验等一些重大政治问题上说三道四。还有的党员干部对中央的决策阳奉阴违，私底下另搞一套。更有不负责任的党员干部道听途说，捕风捉影，编造和传播政治谣言，使党和国家的形象丑化，在干部和群众中造成了极其恶劣的影响。这些行为都是党的政治纪律绝对不容许的。

党的政治纪律是一条高压线，任何一个党员干部，不论在党内的威望如何，职务多高，只要违反了党的政治纪律都要给予严肃的批评和教育，甚至纪律处分，对其所造成的严重后果，一定要依纪依法给予严肃惩处，决不能姑息迁就。

国学名句集锦

反听之谓聪，内视之谓明，自胜之谓强。

——《史记·商君列传》

第二章　察　势

党员干部必须讲政治，讲方法，那就要有敏锐的洞察力。只有具备相当程度的政治敏感度，具有一定的鉴别力和全局观念，才能准确把握政策方向，顺应时代的发展，促进个人的进步。党员干部要善借东风，甚至创造东风，顺势而为并且借势而上，提前谋划，抓好落实，才能将工作做到最好。

◎**应时**——礼义法度，应时而变

◎**顺势**——得时者昌，失时者亡

◎**造势**——借冕播誉

◎**机遇**——因时施宜

◎**察情**——以民情验天心

◎**解策**——策之而知得失之计

◎**预见**——见微知著，睹始知终

◎**备需**——有备则制人

应时——礼义法度，应时而变

“礼义法度者，应时而变者也。”出自《庄子》，意思是，礼义法度均为随时代改变而改变的事物，要顺应时代、与时俱进，才能永远站在先进的行列。

上古时代的礼义法度，并非因为恒久不变而让人们珍惜，而是因为适于管理才被人们重视。顺应时代这种观念，在任何时期都非常重要。

古时候，大量变法均为顺应时代的需要而产生的。明代中期，土地兼并的问题非常突出，主要表现在皇亲国戚、王公贵族等凭借政治上的特殊权力，通过各种不正当手段，大肆占领土地。江南地区，一些大地主占有土地甚至能达到七万顷。朝中仅大学士徐阶一人就拥有土地二十四万亩。

整个国家50%以上的应税土地被大地主占领，税收不畅，使国家财政遭受了巨大的损失。地主大规模侵占土地，封建压榨更加严重，租种国家土地的农民生活更加艰难。当时流传着“一亩官田七斗收，先将六斗送皇州，止留一斗完婚嫁，愁得人来好白头”及“为田追租未足怪，尽将官田作民卖，富家得田民纳租，年年旧租结新债”的民谣，可见百姓生活十

国学名句集锦

古之善用天下者，必量天下之权，而揣诸侯之情。量权不审，不知强弱轻重之称；揣情不审，不知隐匿变化之动静。何谓量权？曰：“度于大小，谋于众寡。”

——《鬼谷子·揣篇》

分困苦。

同时，徭役的种类也越来越多，大量征民服役的情况非常严重。社会矛盾越来越尖锐，暴乱时有发生。国家的经济状况堪忧。北方少数民族经常入侵边境，南方也经常发生武装叛变。黄河多次决堤，动不动就有几十个县城遭遇水灾。张居正揭露了当时政治上的五个严重弊病："曰宗室骄恣，曰庶官瘝旷，曰吏治因循，曰边备未修，曰财用大匮。"就以上弊病，张居正果断做出决定，彻底改革，根除时弊，终于改善了百姓的生活质量。

"应时"就是与时俱进。顺应时代要求是党的思想路线的重要内容，更是马克思主义发展规律的体现。江泽民在党的十五大报告中指出："与时俱进，就是党的全部理论和工作。要体现时代性，把握规律性，富于创造性。"改革开放就是应时而生的。在新中国成立后的几十年里，由于种种复杂的原因，我们曾经经历了曲折的探索道路，甚至在一定程度上照搬了苏联模式，没有完全开创出适合我国国情的社会主义道路，特别是"左倾"错误的放大和发展，直接导致了十年浩劫。

任何社会形式的发展都是不断变化的过程，必然要经历一个生产关系与生产力、上层建筑与经济基础磨合适应的过渡。在当时的特定条件下，这种过渡和不适应就要通过改革来解决。改革是顺应时代的必然举措，也是解决社会主义基本矛盾的主要方式，更是完善社会主义制度的必由之路。

1978年12月，中国共产党第十一届中央委员会第三次全体会议决议，开始实施对内改革和对外开放政策，这就是我们常说的"改革开放"。邓小平曾经一针见血地指出："如果现在再不实行改革，我们的现代化事业和社会主义事业就会被葬送。"

国学名句集锦

文学曰："明者因时而变，知者随世而制。孔子曰：'麻冕，礼也。今也纯，俭，吾从众。'"

——西汉·桓宽《盐铁论·忧边》

30 多年来，我们党和国家所取得的所有成绩和进步的根本原因就是：通过改革开放，开辟出中国特色社会主义道路，形成了中国特色社会主义的理论体系。然而变化是客观世界的本质属性，改革之路走到今天，必然要与时俱进，要有新的举措来促进新的进步和发展。“全面深化改革”就是时代造就的必然产物。中央全面深化改革领导小组组长习近平在该小组第十六次会议上强调要坚定不移实施对外开放的基本国策，实行更加积极主动的开放战略，以扩大开放促进深化改革，以深化改革促进扩大开放，为经济发展注入新动力、增添新活力、拓展新空间。

2015 年 10 月 13 日，习近平在中央全面深化改革领导小组第十七次会议上发表讲话时指出，中央通过的改革方案要落地生根，必须要鼓励和允许不同地方进行差别化探索。全面深化改革任务越重，越要重视基层探索实践，要把鼓励基层改革创新、大胆探索作为抓改革落地的重要方法。坚持问题导向，着力解决好改革方案同实际相结合的问题、利益调整中的阻力问题、推动改革落实的责任担当问题，把改革落准、落细、落实，使改革更加精准地对接发展所需、基层所盼、民心所向，更好地造福群众。

可见，要想顺应时代就要与时俱进，要准确地洞察并掌握时代特性，始终站在时代的前沿，重视实践，坚持解放思想、实事求是和开拓创新的思想，在探索中谋求发展。

国学名句集锦

大其心，容天下之物；虚其心，受天下之善；平其心，论天下之事；潜其心，观天下之理；定其心，应天下之变。

——唐·施肩吾撰、李竦编《西山群仙会真记》

顺势——得时者昌，失时者亡

“得时者昌，失时者亡。”出自《列子·说符》，意思是，顺应时势的就昌盛，违逆时势的便灭亡。时势显示着人心所向和社会发展的整体趋势，因此，我们应该站在时代大局的高度，高瞻远瞩，顺应时代发展的潮流。

东汉末年，刘备亲往隆中三顾茅庐，拜访诸葛亮，根据当时局势，诸葛亮为刘备出谋划策，提出了天下三分的远景趋势。诸葛亮认为曹魏作为竞争对手，难以谋取，东吴方面只能作为合作对象，然后详细分析了荆州和益州的情况，这两个地方的刺史软弱，存在可乘之机。而且，唯有占据这两个重要地点才能够进一步争夺天下。这就是后来人们所说的“隆中对”。

刘备听了之后非常高兴，极力邀请诸葛亮出山相助。有了诸葛亮的辅佐，刘备如鱼得水，按照诸葛亮安排的顺势之举，一步一步完成大业。最后天下形势果然如诸葛亮所料，三分而治，刘备独占蜀地。

宋朝周敦颐在《通书》中讨论“天下”这个概念：“天下，势而已

国学名句集锦

顺者福之门，逆者祸之府。

——北齐·刘昼《刘子·思顺》

矣。”“天下”是什么呢？就是社会，就是国家，就是世界。世界上事情的发生都遵循着“势”。“势”简单来说就是客观规律，无论做任何事情，都应该顺应发展规律。尤其在社会主义建设进程中，善于顺应、利用自己的优势是一种先进思路。

塔昌村是著名的革命老区，距离海南省海口市区约70公里，在革命战争年代，先后有50多名党员和90多名群众为革命事业牺牲了宝贵的生命，整个村庄曾经三次变成“无人村”。抗战胜利后，全村只剩下9人还活着。解放之后，塔昌村被授予“革命模范村”的称号，追认41名牺牲党员为革命烈士。

改革开放以来，很多革命老区发展“红色旅游”，塔昌村也是其中之一。为响应新型城镇化建设的号召，塔昌村依托现有独特自然资源和历史文化底蕴，顺势而为，转变经济发展思路，以弘扬红色文化为主线，打造集红色历史、休闲养生、观光旅游为一体的特色村庄之行，帮助农民走上致富道路。

在发展旅游业的同时，该地区还依托身边的先进人物事迹，提升和巩固党员群众的文化水平和精神境界；依托生态环境优势和红色文化背景，不断挖掘、整理历史人文古迹，修复革命遗址，丰富品牌内涵，形成了一套适合当地可持续发展的独特思路。

习近平在全国宣传思想工作会上强调，要胸怀大局、把握大势、着眼大事，做到因势而谋、应势而动、顺势而为。党员干部除了要把握时代脉搏，对内做好群众工作，还要着眼于世界，关注瞬息万变的国际形势。

近几年，习近平多次出访各个国家。在这个关键节点上，2015年10月12日，中央政治局召开了第二十七次集体学习，内容为全球治理格局与全球治理体制，会上讨论了在国际社会中，为应对世界局势变化，我国

国学名句集锦

势者，适也。适之则生，逆之则危；得之则强，失之则弱。事有缓急，急不宜缓，缓不宜急。因时度势，各得所安。

——明·张居正《权谋残卷》

的各项经济方针应该进行哪些方面的调整。

在会上，习近平做出了五项判断：

第一，全球治理体制改革正处于关键时刻，大量问题不仅限制在一个国家内部，大量考验也并非一个国家的力量就可以应付的；

第二，推动全球治理体制改革已经势在必行，这关系到为世界秩序与体系确定规则和方向；

第三，目前国际上存在的种种冲突与不合理，并非由于联合国宪章的宗旨与原则不再适用，反而是因为这些宗旨与原则没有被真正执行；

第四，要迅速改变全球治理体制内有失公允的情况，让其更为均衡地体现大部分国家的意志与利益；

第五，全球治理规则反映更为公允的要求，与对人类种种优良文化成果的吸纳密不可分。

针对以上几点情况，习近平不止一次强调，对待世界形势发展变化，对待世界上出现的新事物、新情况，对待各国出现的新思想、新观点、新知识，我们要加强宣传报道，积极借鉴人类文明创造的有益成果。我们要精心做好对外宣传工作，创新对外宣传方式，着力打造融通中外的新概念新范畴新表述，讲好“中国故事”，传播好“中国声音”。

这里提到的做好宣传工作，指的就是目前我们党非常重视的多种媒体、线上线下相结合的宣传手段。随着时代的进步，在新媒体格局日趋完善的过程中，必须清醒地认识到，当前的中国的确存在两个舆论场，一个是官方舆论场，一个是民间舆论场。为了让群众更好地了解中国国情，更全面地了解党和政府的政策方针，以往人们印象中最严肃、与流行脱节最严重的党报、党刊也纷纷顺应潮流，开办了网站、微信公众平台、微博账号等，甚至还登上了 Facebook 等国外平台。

国学名句集锦

夫天有贞一之理焉，有相乘之几焉。知天之理者，善动以化物；知天之几者，居静以不伤物，而物亦不能伤之。

——清·王夫之《读通鉴论·卷二》

2008 年，胡锦涛考察人民日报社时曾提出要“不断提高舆论引导的权威性、公信力、影响力”。2012 年，《人民日报》国际部一个年轻编辑提议，传统媒体应与自媒体相结合，而微博便是一块重要“阵地”，应该主动开通微博，以顺应时代潮流，及时有效把握群众的心声，增强《人民日报》的品牌影响力。在《人民日报》官方微博的简介里，写着“参与、沟通、记录时代”八个字，显然，这是新闻工作最基本的宗旨和原则，也是当代新闻界应该秉承的工作理念。新闻工作者们应认真研读目前新闻传播的发展趋势、受众群体的特点和心理需求，创新手段和方法，依靠舆论引导的有效性和自身的公信力来争取更多的受众。

一味“等”“靠”“要”，最终只能坐失良机。顺应时代潮流，应势而为，是深入推进社会发展进程的重要思想基础。各级党员干部在全面深化改革的非常之时，大胆开创非常之举，克服闭塞的保守思想，打破常规勇于创新，坚持与时俱进，克服思维瓶颈，向媒体工作者学习，勇于挑战过去的工作业绩，战胜困境，解决群众难题，不做“不识时务”的人，不做“不合时宜”的事。

国学名句集锦

漫言法古，而不审时度势以图之，鲜有不败者也。

——清・陆以湉《冷庐杂识・师古》

造势——借冕播誉

“借冕播誉”是一个成语，其中“冕”字特指皇上的冠冕，也就是借助皇帝的权威来传播自己的声誉，目的就是为了造势。

清朝官员张伯行，因清正廉洁闻名天下。张伯行到江苏担任按察使一职，依照规矩，要向当地总督与巡抚奉上价值四千两银子的礼金。对于这种积久相沿的腐败弊病，他坚决反对。张伯行说：“我为官，誓不取民一钱，安能办此?”因此得罪了总督和巡抚，总是被他们排挤。

第二年初，康熙南巡来到江苏，诏令总督与巡抚推举德才兼备的官员。然而，康熙在推举的官员当中并未见到早已美名远扬的张伯行，便斥责总督和巡抚说：“朕听说张伯行居官清廉，是个难得的栋梁之才，你们却不举荐!”之后又对张伯行说：“朕很了解你，他们不举荐你，朕举荐你。将来你要居官而善，做出些政绩来，天下人就会知道朕是明君，善识英才；如果贪赃枉法，天下人便会笑朕不识善恶。”

于是，康熙当场破格提拔张伯行任福建巡抚。张伯行到福建赴任，看

国学名句集锦

激水之疾，至于漂石者，势也；鸷鸟之疾，至于毁折者，节也。是故善战者，其势险，其节短。势如彍弩，节如发机。

——《孙子兵法·兵势》

到衙门内的帷幕均为锦绣，器具均为金银。问过之后，方知这都是老百姓摊钱购置的，于是全部撤换以破除鄙俗。康熙中期，贪污腐败的风气逐渐盛行。张伯行被调到江苏担任巡抚，他一到任便马上发布檄文，严格禁止送礼。张伯行说："一黍一铢，尽民脂膏。宽一分，民即受一分之赐；要一文，身即受一分之污。"

康熙五十年秋，张伯行拼死上书，状告时任两江总督的噶礼科场舞弊，皇帝把两人全部革职。张伯行离开的时候，百姓扶老携幼前来送行，还送上水果蔬菜，悲痛地说："公在任只饮江南一杯水；今将去，无却子民一点心！"张伯行没有办法，只好留下一块豆腐和一捆青菜，以示自己"一清二白"。第二年初，审讯结束，张伯行返回苏州听候结果，沿途几万百姓聚集江边夹道欢迎。后来朝廷下旨：张伯行留任，噶礼革职。

百姓得到消息，欢声雷动，都在门边贴上红幅，上书："天子圣明，还我天下第一清官。"张伯行一辈子清正廉洁，就像他在给朝廷的奏疏中所言："臣虽历官巡抚，而服食、起居未脱寒酸故态。"

毛泽东经常将打仗喻为下棋，强调谋势的重要性，1936 年，他在中国抗日红军大学发表的《中国革命战争的战略问题》的演讲中指出："指挥全局的人，最要紧的是把自己的注意力摆在照顾战争的全局上面"，不然，将"一着不慎，满盘皆输"。

在战争中打造声势，即领导战争的人在考虑敌我双方军事实力与作战区域政治、经济、地理情况的前提下，经过自己的努力，想方设法占领那些可以提高我方实力的地点，积极营造一个对自己有利、对对方不利的地理环境、布局与形势。打造声势的目的在于提升我方实力，赢得战争中的主动权，即谋者通过造势的手段，实现"任势取胜"的目的。

打造声势在毛泽东的战争策略中至关重要。可以说，毛泽东的所有战

国学名句集锦

兵无常势，水无常形，能因敌变化而取胜者谓之神。

——《孙子兵法·虚实》

略思想均以“势”为中心展开。在领导我国革命战争的实际工作中，毛泽东不但看重营造声势，也擅长营造声势，将声势营造得绘声绘色。毛泽东指出，作战策略、战斗和战斗的方法均存在营造声势的问题，其中的作战策略和战斗特别需要营造声势。

我国的革命战争就是因为毛泽东准确地选择了拥有良好“民势”与“地势”条件的根据地，以此为依托，领导军队灵活应用“敌进我退，敌驻我扰，敌疲我打，敌退我追”的十六字方针与“诱敌深入”的战略，建立了坚固的“自保势”，让我们的军队既保全了自己，又消耗了敌人，而且军队实力由弱变强，根据地范围也不断扩大。

当今，在国事访问中，不少国家领导人总是携带一些民族品牌，不但可以突出国家的独特风格，还可以迅速提高民族品牌在全世界的知名度，可以说是一举两得的好办法。

2013 年，习近平访问俄罗斯的时候，就带了一幅绣有普京总统肖像的沈绣，其精良的工艺令普京总统和众多俄罗斯领导人赞叹不已。沈绣作为国礼马上受到了全球的关注。身为苏绣的一个支系，沈绣始终依靠其“人物仿真绣”的优势参与市场竞争，然而在营销方面却显得有所欠缺。

习近平此次出访，切实为沈绣造足了声势，马上实现了其高溢价能力，乃至出访一结束，金融资本市场便把注意力转移到了这里，“沈绣”或将由传统纺织用品工艺升级转型为现代艺术品，持续提升它的市场收藏价值。

事实上，习近平带动起来的民族品牌大量存在。习近平还是国家副主席时，便在访美的行程中，带着“国粹”黄酒来到美国艾奥瓦州小镇探望多年不见的友人。习近平和他的国际友人们围炉把酒，欢声笑语，将我们国家的传统酒文化带到了地球的另一端，使黄酒品牌驰名世界。

国学名句集锦

虎求百兽而食之，得狐。狐曰：“子无敢食我也！天帝使我长百兽，今子食我，是逆天帝命也。子以我为不信，吾为子先行，子随我后，观百兽之见我而敢不走乎?”虎以为然，故遂与之行。兽见之皆走。虎不知兽畏己而走也，以为畏狐也。

——《战国策·楚策一》

在习近平出访活动中，大家也非常关心彭丽媛将会以怎样的盛装亮相，让中国风再次席卷全世界。随同习近平一起参加国事访问的彭丽媛一次又一次吸引了世人的眼球，其优雅的服饰风格被世界传媒大加赞誉，我国原创服装品牌也迅速火遍全球。将国事活动当作机遇，通过平时的对外交往，宣传本国民族品牌，提高其知名度，成了如今选择国礼的出发点。

有势的时候要利用好，没有或者势力微弱的时候要注重营造和引导，使之蔚然成风。作为党员干部，要有效地利用自己身边的资源，顺势、造势、运势，为百姓谋得实实在在的利益。

国学名句集锦

势可乘乎？势不可乘乎？智者睹未明，况已著乎，惟在断矣。智无识不立，无胆不行。

——明·张居正《权谋残卷》

机遇——因时施宜

《汉书·韦贤传》中有一个词："因时施宜。"意思是说，根据不同时期的具体情况，采取适当的措施。社会是不断进步的，不同的时期，具体情况也不尽相同，因此治理国家或者处理事务的方式，也应当相应地进行改变，因循守旧，故步自封，做事犹豫，缺乏决断，都是不行的。

把握机会，是成功的第一步。秦末陈胜吴广起义之后，天下纷纷响应，项梁、项羽叔侄和刘邦也在其中。后来，陈胜吴广起义失败，项梁扶持楚怀王之孙熊心为楚王，刘邦也依附于项梁。公元前 207 年，项梁死在战场上，楚怀王派项羽前去援助受困于秦军的赵国，并派刘邦率军进攻函谷关。出发之前，怀王和将领们约定，先入关者就封为关中王。

项羽歼灭秦军之后，获悉刘邦已经进入了咸阳，十分愤怒，便攻入函谷关，来到新丰鸿门。此时刘邦手下的曹无伤偷偷差人告知项羽：刘邦意图称关中王。因此，项羽决定次日即率军攻打刘邦。

张良分析了当时的形势，劝刘邦不要公然和项羽对抗。刘邦只好离开

国学名句集锦

不为不可成，不求不可得，不处不可久，不行不可复。

——《管子·牧民》

咸阳，来到灞上。他深知己方兵力无法和项羽的40万大军相抗衡，便将在咸阳的全部战利品丝毫未动地送至项羽军营，并表示愿意让项羽在关中称王。

范增已经感觉到刘邦不是一个平凡的人物，如果不早图之，日后一定会成为项羽的强劲对手，就让项羽摆下“鸿门宴”，意图借机消灭刘邦。然而这件事被项伯知道了，他念及与张良的交情，暗中给刘邦通风报信。刘邦意识到这鸿门宴是不能前往的凶险之处，可张良却指出，如果不去则毫无生机，去了或许还有希望。刘邦没有办法，只好前去赴宴。

鸿门宴当天，范增早就准备就绪，要将刘邦置于死地。不料刘邦的赔罪消除了项羽的恨意。范增又安排了项庄舞剑，想在席间刺杀刘邦，却被项伯与樊哙化解，最后刘邦以方便为借口逃走。项羽错失机会，最终刘邦暗渡陈仓，建立千秋霸业，而项羽却落了个四面楚歌乌江自刎的下场。

俗语说，愚者错失机会，智者善抓机会，成功者创造机会。有一个著名的关于“创造机遇”的笑话：一位父亲要给儿子找个老婆。儿子不同意，想要自己找。父亲说：“这个女孩儿是世界首富比尔·盖茨的女儿!”儿子这才同意。父亲又找到比尔·盖茨，对他说：“我给你女儿找个老公怎么样?”比尔·盖茨推脱道：“我的女儿还小。”父亲说：“这个小伙子可是世界银行副总裁!”比尔·盖茨虽然惊讶，但是也表示能够接受。接着，父亲便找到了世界银行总裁，对他说：“我给你推荐个副总裁吧。”总裁笑道：“我有很多副总裁了。”父亲说“如果这位副总裁是比尔·盖茨的女婿呢?”总裁欣然接受。这位父亲通过创造机遇，达到了自己的目的。

虽然这只是一个笑话，但是可以从中看出，机遇对于我们来说是多么重要。

古人云：“虞舜不逢尧，耕耘处中田。太公未遭文，渔钓泾渭川。”对

国学名句集锦

故三军可夺气，将军可夺心。是故朝气锐，昼气惰，暮气归。故善用兵者，避其锐气，击其惰归，此治气者也。

——《孙子兵法·军争》

于一个人来说，机遇是成长成功的关键条件；对于一个组织来说，是巩固地位、提升业绩的良好基础；对于一个政党来说，是执政执法的必要环节；对于一个国家来说，是创造历史的重要前提。在机遇来临的时候，能否准确地抓住机遇、利用好机遇，无论对于一个人来说，还是对于一个国家、一个民族的发展来说，都是至关重要的。1978 年，以邓小平同志为中心的党的领导班子，以令人惊叹的远见卓识，为困境中挣扎的中国创造了一个改革开放的“机遇”。在之后的 30 多年里，勤劳勇敢的中国人民利用这个“机遇”，打开国门，迎接挑战，取得了举世瞩目的成就。

“机不可失，时不再来”，党员干部想要更好地把握机遇，前提就是全面深入了解当地的建设规划和历史文化，站在战略的角度，纵览全局，所有方案的制定都必须有规律，成系统，多思考，这样才能带领整个党组织抢占先机，赢得主动。

古人说：“君子藏器于身，待时而动。”党员干部在工作过程中，一定要抓住一切机遇，珍惜人民赋予的职权，珍惜党给予的职务，忠于职守、安心工作、乐于奉献，在艰苦奋斗中成长，在创新中成才。无论遇到多少矛盾、多大困难，都不能放弃自己的信念和信仰，保持清醒的头脑，正确地看待得失名利，勇于批评和自我批评，树立良好的形象，谦虚谨慎、低调自重，自我加压、自我勉励。

国学名句集锦

治国无法则乱，守法而弗变则悖，悖乱不可以持国。世易时移，变法宜矣。

——《吕氏春秋·察今》

察情——以民情验天心

"以民情验天心"是康有为的名句。意思是说，以老百姓的民心所向检验统治者的制度措施。凡是与民心相悖的，必定会贻害于民、遗臭万年；顺应民心的，必定会造福于民、流芳千古。

徐有功，名徐宏敏，字有功，唐代长安人，是当时非常有名的专门审理案件的官员。古时候，大部分官职均为行政司法合一，唯独中央设有专门审理地方案件的官员，但在官僚系统内的地位非常低，也不易做出成绩。徐有功虽然长时间担任这样的职位，却因执法严厉且敢于冒犯皇权、查纠无数冤案而流芳百世，经他查纠的冤案就挽救了上万无辜者的性命。

徐有功曾担任过蒲州司法参军、大理寺司刑丞、刑部员外郎、郎中侍御史司刑少卿等官职。他在担任这些官职的时候，正处在武则天统治时期，朝廷中流行着许多不正之风，对公正执法造成重重困难。因为徐有功先后纠正要案近千件，挽救性命上万条，所以难免得罪佞臣、恶吏，屡遭弹劾、构陷，但最终都因查无实据而无法定徐有功的罪，所以他为官期间

国学名句集锦

凡度权量能，所以征远来近。立势而制事，必先察同异，别是非之语，见内外之辞，知有无之数，决安危之计，定亲疏之事，然后乃权量之。其有隐括，乃可征，乃可求，乃可用。

——《鬼谷子·飞箝》

三次被判处死罪又三次获得赦免，两次被免职又两次被重新起用。尽管有这样的波折，徐有功还是一如既往地坚持严正执法、明察秋毫。

秦桧则走向了徐有功的反面。秦桧是南宋时期臭名远扬的“投降派”代表人物，中进士之后任密州教授，后又担任太学学正。北宋后期担任御史中丞，与徽宗、钦宗一同被金人俘虏。被放回中原之后，秦桧担任礼部尚书，并两次出任宰相，先后掌管政务 19 年，深得高宗喜爱。但是他不考虑国计民生，只为自己的利益着想，不仅害死了民族英雄岳飞，排挤忠良，还里通外国，极力主张对外妥协退让、称臣纳币，对内打击朝廷中的“主战派”。至今，在杭州的岳王庙前，仍然有秦桧夫妇的铜像跪在那里，受万世唾骂。

“以民情验天心”这句话，在我们党这里就变成了“密切联系群众”的优良作风，也是我们党百战百胜的一个重要法宝，一代代得以不断传承。对于我们党来说，人民群众就像是我们的“上帝”“眼睛”“土地”“水”。如毛泽东曾在不同的历史阶段，说过与此相关的话——“这个上帝不是别人，就是全中国的人民大众”“共产党员应该紧紧地和民众在一起，保卫人民，犹如保卫你们自己的眼睛一样”“我们共产党人好比种子，人民好比土地。我们到了一个地方，就要同那里的人民结合起来，在人民中间生根、开花”“党群关系好比鱼水关系。如果党群关系搞不好，社会主义制度就不可能建成；社会主义制度建成了，也不可能巩固”。这些都是在说明我们党与人民群众的密切关系。

进入新世纪之后，我们党与人民群众的关系并没有发生任何根本的变化。以习近平同志为总书记的党中央，仍然坚持“以民心为心”的宗旨，坚信人民群众对于我们党的强力支持，以尊重人民群众的态度来赢得支持，全面激发人民群众的力量，不仅得到了人民群众发自内心的爱戴和拥

国学名句集锦

失之乎数，求之乎信，疑。失之乎势，求之乎国，危。吞舟之鱼，陆处则不胜蝼蚁。权钧则不能相使，势等则不能相并，治乱齐则不能相正。

——《吕氏春秋·慎势》

护，还取得了非常重大的建设成就。所以在 2015 年的新年贺词中，习近平才发自内心地喊出要“为我们伟大的人民点赞”，体现出对人民群众的真情实感。

李克强在群众路线教育实践活动联系点——内蒙古赤峰市翁牛特旗调研指导时，与党员和群众进行过面对面的交流，不仅了解了当地群众的生产、生活情况，还广泛听取了群众的意见和建议，实地、实时地指导翁牛特旗的教育实践活动。李克强特意叮嘱当地党员干部要将关心贫困群众的工作落到实处，顺应群众的期盼，带领人民群众一起奋斗，让人民群众过上更加幸福美好的生活。党员干部开展的各项活动，都应该让人民群众把脉，以民情为先。民情明晰了，党员干部才能更有影响力、战斗力和凝聚力。

李克强还组织基层干部群众召开党员群众座谈会，村民们畅所欲言，提出了风沙治理、医疗卫生、水利建设、乡村道路建设、农村电网改造、农民技能提高等方面的问题。李克强表示，这些意见和建议非常好，反映了人民群众的想法，表达了自己的心声。这些问题都是具有普遍性的问题，是广大农村的共性问题。

民情就是“天意”。如果不能让人民群众满意，那么党员干部便不能算是一个“好官”。虽然现在党员干部都采取“打开门听意见”的态度，在听取意见的方式上也是五花八门，但真正取得实效的却是少之又少，而取得实效并能坚持去做的，更是凤毛麟角。“要想知道梨子的滋味，就要亲口去尝一尝。”党员干部想要了解民生、体察民情，就要亲自去基层走访。只有真正与人民群众坐在一条板凳上，能将心比心、以心换心了，才会被人民群众当成自己人，人民群众才会跟你说实话、诉苦衷，也才能让基层党员干部的工作真正落到实处。

国学名句集锦

故察于利而惛于道者，众之所谋也；果于力而寡于义者，兵之所图也。

——西汉 · 陆贾《新语 · 本行》

解策——策之而知得失之计

《孙子兵法》中说："策之而知得失之计。"意思是说，行军打仗之前，要筹划一下计策，分析好得失利害方才实施军事行动。孙子一向认为，必须多预先筹划，了解规律后才可以实施计划。反映在基层干部身上，首先就要正确地解读中央政策。

治国之策，百家各异。老子讲究的是"无为而治"，孔子讲究的是"施行仁义"，墨子讲究的是"兼爱""非攻""尚贤"。而对于一个国家来说，无论采取什么样的政策，都需要最基层的政府公务人员来执行。那么什么是检验工作执行情况的标准呢？就是当突发事件出现时，社会仍然能够保持有序状态，这样的状况就说明政策确实得到了有效的执行。

春秋战国时期，齐国军队攻打鲁国。在鲁庄公迎战之前，曹刿前去觐见，与鲁庄公探讨作战事宜。

曹刿问："您认为自己为百姓办了哪些好事，能让百姓与您同心同德去迎战敌人呢？"鲁庄公回答说："我不贪婪，衣食一类的生活资料，我得

国学名句集锦

夫小快害义，小慧害道，小辨害治，苟心伤德，大政不险。

——西汉·刘向《说苑·谈丛》

到后从来不敢独占，一定会分给身边的大臣。”曹刿说：“这种小恩小惠虽然能让身边人分享，但是不能遍及百姓，所以百姓不会顺从您的统治。”鲁庄公又说：“我守诚信，祭祀祖先的牲畜和玉器等祭品从来不敢虚报数目。”曹刿继续摇头，又说：“这点小小的信用，不足以取得神灵的信任，是不会让您得到保佑的。”鲁庄公又说：“即便很忙，但是大大小小的诉讼案件，我虽然不能逐一查明情况，但是一定会根据实情合理裁定。”曹刿这才满意地回答道：“这才算是尽了职责，凭借这个条件，可以依托百姓和军队跟齐军打一仗了。”鲁庄公于是在曹刿的帮助下于长勺大败齐军。

对于“曹刿论战”这件事，毛泽东在《中国革命战争的战略问题》一文中发表了评论，认为这是一场经典的防御战。很多人都从策略的角度来解读这场战争，却往往忽略了这场战争背后的民心基础，以及鲁庄公结合“无为”与“仁义”施行的“御民之道”。如果国家内部不安定，还何谈举国上下齐心御敌呢？

毛泽东曾指出：“政策和策略是党的生命。”政策，即无产阶级和它的政治代表为了完成某一历史阶段的革命目标而确定的行动纲领和规定；策略，即依照实际情况的发展演变而确定的行动目标、斗争方法与措施。

1948 年 2 月 27 日，毛泽东为中国共产党中央委员会草拟的有关工商业政策的内部指示中提出：“政策是革命政党一切实际行动的出发点，并且表现于行动的过程和归宿。一个革命政党的任何行动都是实行政策，不是实行正确的政策，就是实行错误的政策；不是自觉地，就是盲目地实行某种政策。所谓经验，就是实行政策的过程和归宿。政策必须在人民实践中，也就是经验中，才能证明其正确与否，才能确定其正确和错误的程度。但是，人们的实践，特别是革命政党和革命群众的实践，没有不跟这种或那种政策相联系的。因此，在每一次行动之前，必须向党员和群众说

国学名句集锦

行或合于世，言或顺于耳，斯乃阿上之意，从上之旨，操直而乖方，怀曲而合邪，因其刚柔之势，为作纵横之术，故无忤逆之言，无不合之义者。

——西汉·陆贾《新语·辨惑》

明我们按情况规定的政策。否则，党员和群众就会脱离我们政策的领导而盲目行动，执行错误的政策。”

对我们党而言，政策与策略非常重要，中国共产党与中国人民的实际活动，是与某种政策紧密相连的。一个指导革命的政治党派，其一切活动均不能脱离政策，均是以实施一定政策为目的而进行斗争的。中国共产党的政策与策略，反映了我们党与人民群众的利益。政策和策略是否正确，决定着中国共产党能不能切实充分地团结最广大的人民群众，为完成其在各个历史阶段的战略目标而积极进取。政策与策略是为方针及战略目标服务的途径与措施，一个指导革命的政治党派一定要拥有在某个历史阶段之内的整体方针、整体目标与整体政策，如果没有对应的详细政策与策略，革命的目标就无法得以实现。

政策与策略决定着指导革命的政治党派能不能统一整个党派的思想，建立坚固强大的领导核心。为了预防与校正指导革命的政治党派之内“左倾”与“右倾”的错误思想，一定要时刻注重用正确的政策与策略教导党员干部，维持整个党派在政治方面与思想方面的一致，维持革命群体的强大力量与统一步伐。

国学名句集锦

谋贵众，断贵独。

——南宋·辛弃疾《美芹十论·自治》

预见——见微知著，睹始知终

东汉人袁康在《越绝书·德序外传记》中说："故圣人见微知著，睹始知终。"意思是说，有能力的人看见事物很细微的开端，就能够预见到发展的最终结果。

在党员干部的日常工作中，对于政策的制定、分析和解读，应该具有一定的预见能力，这是一种极其重要的素质，对于决策和政策制定、执行的过程，都具有十分重要的作用。

预见能力对于政治决策非常重要。根据马克思主义哲学观点，事物的发展都是由隐性逐渐变为显性的，甚至很多事情都会是其他事情发生的征兆。如下雨前的燕子低飞、动物在地震发生前的异常行为等，这些都能够给富有相关经验的人以提醒或提示。

曾国藩手下备受器重的幕僚赵烈文，称得上是当时能够准确预见清王朝将要灭亡的第一人。同治六年（1867），赵烈文便预言清朝将在五十年内必亡。后来的史实证明了赵烈文的预见，果然在44年后的1911年，清政府被推翻了。

国学名句集锦

善战者，见敌人之所长，则知其所短；见敌之所不足，则知其所有余。见胜如见日月。其错胜也，如以水胜火。

——《孙膑兵法·奇正》

赵烈文是江苏常熟人，年少成名，思想先进，学识渊博，在佛学、易学、医学、军事学、经济学等方面都有很深的造诣。后来，赵烈文受好友周腾虎的推荐进入曾国藩幕府。当时，曾国藩正被太平军困在南昌前线，随行的幕僚大都不在身边，这给了赵烈文显露卓越见地的机会。他提醒曾国藩："樟树营陆军营制甚懈，军气已老，恐不足恃。"让曾国藩对他日渐重视，经常与他一起讨论时局、战况。当然也有过对清政府的看法，但曾国藩乐观地认为，清政府虽然处处潜藏着危机，但通过努力还是能够力挽狂澜的，但赵烈文并不这样认为。

同治六年（1867）六月二十日晚，时任两江总督的曾国藩忧心忡忡地对赵烈文说："京中来人云：'都门气象甚恶，明火执仗之案时出，而市肆乞丐成群。'民穷财尽，恐有异变，奈何？"赵烈文说："天下治安一统久矣，势必驯至分剖。然主威素重，风气未开，若非抽心一烂，则土崩瓦解之局不成。以烈度之，异日之祸必先根本颠仆，而后方州无主，人自为政，殆不出五十年矣。"也就是说，在他看来，朝廷会先垮台，然后各地各自为政、政权割据分裂。曾国藩又问"南迁"能否解决清政府的危亡问题，就像北宋在被金人攻灭后又在南方建立起南宋王朝，维持"半壁江山"达一百余年之久。但是，赵烈文明确回答道："恐遂陆沉，未必能效晋、宋也。"也就是说，赵烈文认为即使清政府南迁，也很难仿效晋、宋偏安一隅那样的局面了。

但是，曾国藩还是不肯相信这样的局面，反驳道："本朝君德正，或不至此。"赵烈文再次否定了曾国藩的想法，因为清王朝"得天下"，根本就不具备道德性，"创业太易"导致民心基础薄弱，再加上满清入关后为震慑汉人而大开杀戒，更加削弱了统治阶级的民心基础，尽管出现了历经康熙、雍正、乾隆三朝的兴盛局面，但仍无法掩盖其根深蒂固的腐败。赵

国学名句集锦

明君者，非遍见万物也，明于人主之所执也。有术之主者，非一自行之也，知百官之要也。知百官之要，故事省而国治也。明于人主之所执，故权专而奸止。奸止则说者不来而情谕矣，情者不饰而事实见矣。此谓之至治。

——《吕氏春秋·知度》

烈文从“创业”易到“守业”难的分析，让曾国藩无语、沉思。及至44年后，清王朝果然在起义军的进攻中土崩瓦解，并随后陷入了军阀割据的混乱局面。

1945年，毛泽东在中国共产党第七次全国代表大会上的致辞中提到：“没有预见，不叫领导。”这一重要而深刻的思想，体现了毛泽东领导思想的精髓。

毛泽东的话让我们知道，大至一个国家、一个政治党派，小至一个机关、一个科室的管理者，甚至是一个行业的领导者，尽管工作内容各异，但在各自的工作实践中，都应当拥有一定程度的预见能力，能够根据客观实际，制定出切实可行、顺应客观规律的短期与长期计划，如果缺乏预见能力，就会缺乏确定的目标，就会“走一步看一步”，至于工作会做到哪一步、队伍会被带到什么地方、工作会被做到什么程度，连他们自己也不知道，就像是“盲人骑瞎马，夜半临深池”，极易步入危险的境地甚至是“死胡同”，给国家和人民群众带来重大损失。

所以，身为党员干部，必须要有一定程度的预见能力，这种预见能力要与其所在的职位相匹配。但政治敏感和预见能力并不是一朝一夕培养起来的，必须经过系统的理论知识的学习，并经过长期基层实践的检验和经验的传授等。2000年，时任福建省省长的习近平在与记者谈话中说道：“一个人政治上的敏感性、预见性，以及对全局和时机的把握并非一时一刻能培养起来，我认为应由几部分组成：理论学习、自我实践和前辈们教导等因素。”所以说，一次成功的预见，是与党员干部切实调研、大量吸取建议、认真思索、全面分析、正确决断，以及合理决定是分不开的。

党员干部，无论职位高低、责任大小、工作内容及个人情况有何不同，都需要有预见能力。从逻辑学方面来说，预见能力是党员干部一定要

国学名句集锦

君子谋国，而小人谋身。谋国者，先忧天下；谋己者，先利自身。盖智者所图者远，所谋者深。惟其深远，方能顺天应人。

——明·张居正《权谋残卷》

拥有的最起码的执政能力，也是各种条件中不可缺少的一项。现阶段，党员干部身负引领人民群众实现全面小康社会的重任，要求拥有预见能力也是理所应当的，这是我们党的事业进步所必需的。这就需要各级党组织、行政机关和组织人事机构，在建成全面小康社会的时代条件下，在教育、任用党员干部的时候，尤其是对于准备委以重任的党员干部，一定要认真考察他们了解问题、剖析问题、处理问题的水平，认真考察他们思考、决策方面的水平，认真考察他们对于未来的预见能力，挑选出那些能够高瞻远瞩、具有预见能力和创造能力的党员干部，带领人民群众顺利实现建成全面小康社会的总目标，全面推进中国特色社会主义事业的伟大进程，进而实现“中国梦”的伟大历史任务。

国学名句集锦

守之伐之，不如以德伏之。宜远图而近取。见先机，善筹划。

——明·张居正《权谋残卷》

备需——有备则制人

"有备则制人，无备则制于人。"出自《盐铁论·险固》。有所准备就能控制别人，毫无准备就会被别人所控制，在意思上与"有备无患"这个成语相近。

春秋时候，有一个英明的君主叫晋悼公。他有一个臣下叫魏绛，是一个执法严明的好官。有一天，北方的戎族来向晋国献礼，请求晋国能和戎族和睦相处。晋悼公说："戎族没什么情义，又贪心，不如把它攻下来吧！"魏绛马上劝晋悼公说："戎狄既然来求和，就是我们晋国之福，何必去攻打它呢？"晋悼公听了魏绛的话，与戎族和平相处，从此断了北方的外患，专心治理国事。

过了几年，晋国在魏绛的治理下，愈来愈强大。郑国出兵侵犯宋国，宋国向晋国求救，晋悼公马上召集了鲁、卫、齐、曹等十一个国家的军队，由魏绛率领，把郑国的都城团团围住，逼郑国停止侵略宋国。郑国害怕了，就和晋、齐、宋等十二国签订合约。

楚国看到郑国和晋、齐、宋等十二国签订了和约，非常不高兴，便出

国学名句集锦

巧者善度，知者善豫。

——《淮南子·说山训》

兵去攻打郑国。郑国无法抵抗强大的楚兵，只好又和楚国签订合约。北方十二国知道了，就又出兵攻打郑国，郑国没有办法，只得派使臣来向晋国求和。

晋国答应平息战争，郑国为了感谢晋国，就送了大批的珍宝、歌女等。晋悼公要把一半歌女赐给魏绛，可魏绛非但不要，还劝晋悼公说："国君，居安思危，思则有备，有备则无患。"晋悼公一听："你说得很对！"就把歌女送还给郑国。

之后，晋悼公在魏绛的帮助下，顺利地完成了晋国的霸业。后人用"有备无患"形容做事情有了万全的准备，就不怕任何突发的状况，可以避免失败了。

抗美援朝时期，毛泽东和周恩来站在战略高度，用长远的眼光观察分析时势，在军事方面适时地采用了防患未然、居安思危的策略。他们敏锐地意识到：尽管朝鲜军队勇于作战，进军迅猛顺利，可是敌军的主要力量尚未遭到最严重的创伤；而作为二战之后的"世界霸主"，美国绝对不可能这么容易就投降，战争非常可能出现反复。而且，东北地区是我国最为主要的工业地区和战略地区。朝鲜战争开始的时候，东北的正式驻军仅有第四十二军一支正在进行农业生产的军队，整个东北地区的兵力不到二十万，已经成为我国驻扎军队最少的战略地区。

有鉴于此，周恩来在 1950 年 7 月 7 日和 10 日，接连两次举行国家的防务会议。经过几次商讨，参会者全部赞成马上组成东北边防军并驻扎于鸭绿江畔。秉持积极防御的指导方针，决定抽调战略预备队共 26 万人，组成东北边防军，负责保卫东北边防，并准备在必要时支援朝鲜人民军作战。

国学名句集锦

王者知所以临下而治众，则群臣畏服矣；知所以听言受事，则不蔽欺矣；知所以安利万民，则海内必定矣；知所以忠孝事上，则臣子之行备矣。

——《说苑·谈丛》

8 月 26 日，周恩来又一次举行相关人员与会的国家防务会议，查验东北边防军的全部准备工作。31 日，周恩来召开东北边防建设会议，决议东北边防军以 11 个军（36 个师），共 70 万人作三线配置；从第四野战军中抽调 10 万老兵，准备在参战后补充到第一线部队中去。上述戒备方式，在之后的抗美援朝战争中被证实是具有长远眼光的。

1954 年，我国派出了以周恩来为团长的约二百人的代表团，参加在日内瓦举行的以处理越南及朝鲜问题为目的的国际会议。在会议准备期间，周恩来从大政方针至各项事宜，全部进行了周密的计划。

在历时三个月的会议中，周恩来针对朝鲜问题先后发表了六次讲话，展示了他非同一般的政治敏锐性。雷英夫曾经如此评价："周恩来是名副其实的副统帅兼参谋长。他既有远大的战略目光，又有周密的组织才能；既能协助毛泽东运筹帷幄、深谋远虑、一掷千钧地定下战略决心，又能将毛泽东的意图和决策，化作严谨细致的技术措施，环环相扣的具体步骤，贯彻到千军万马的行动上，落实为千里之外的决胜事实。正因为有了毛泽东的掌舵和周恩来的辅佐，我们才能无往而不胜。"

2013 年，习近平在一次重要会议上强调：要善于运用底线思维的方法，凡事从坏处准备，努力争取最好的结果，做到有备无患、遇事不慌，牢牢把握主动权。

每一级党员干部形成底线思维，对我们正确评估发展中可能遇到的每一类风险与考验，马上做出反应，将考验变成机会，具有巨大的指导作用。我们审时度势、做出决断，均需秉承"两点论"，不但要发现优势，也要发现劣势；应当从整体与战略的角度，充分剖析国际形势与国内形势，牢牢把握住关键的战略时机，迅速预防处理每一类风险，确立自信，

国学名句集锦

水火既交，各得其用，为既济。时当既济，唯虑患害之生，故思而豫防，使不至于患也。自古天下既济而致祸乱者，盖不能思患而豫防也。

——北宋·程颢·程颐《二程集·易传卷四》

面对考验，努力做出更多成绩。

实现雄伟宏大的中国梦，希望就在眼前。但我们党员干部一定要清楚地意识到，现实和梦想之间还隔着一条波涛汹涌的大河。如今，我们的改革业已进入危机重重的大河中心。“纷繁世事多元应，击鼓催征稳驭舟”，唯有在坚守底线的基础上攻克难关，“中国号”巨轮方可勇往直前、高歌猛进，抵达梦想的另一端。

国学名句集锦

为谋，所重者胆，所贵者智；胆智兼备，势则可为。

——明·张居正《权谋残卷》

第三章　实　践

“空谈误国，实干兴邦”，党员干部要想将工作落到实处，就要养成求真务实、勤于实践的习惯。这就要求我们多角度思考问题、多途径探索方法、多层次解决困难，走近群众、融入群众，沉下心来，深入调查，不断学习，时刻准备着迎接新的机遇和挑战。

◎**执行**——知之不难，行之不易

◎**细节**——天下大事，必作于细

◎**创新**——天下之治，有因有革

◎**同心**——万人操弓，共射一招

◎**察觉**——不明察，不能烛私

◎**求变**——兵无常势，水无常形

◎**多维**——三思而后行

◎**转换**——横看成岭侧成峰

执行——知之不难，行之不易

“知之不难，行之不易”是《贞观政要·征伐》中的一句话，意思是说，知道道理并不难，但付诸行动却不容易。

诸葛亮是非常优秀的政治人才，尤其注意对于政策的执行。在建立蜀汉政权之前，刘备所依靠的力量主要包括李严在内的自己的旧部，与诸葛亮关系最亲密的“荆襄集团”，以及西凉的军人集团，前期主要是马超兄弟，后期则是从曹魏投诚来的姜维。

蜀汉立国后，诸葛亮雷厉风行地平定了南中地区的叛乱，“九月渡泸，深入不毛”，收伏了孟获，并委任他做了御史大夫。其他几股势力互不服气，想要把他们团结到一起，非常不容易。于是，诸葛亮用“信赏必罚”的做法确保纪律的贯彻实施，以法家的观念治理国家。

诸葛亮从来不为个人谋取私利，他所制定的法律甚至连他的子侄和亲朋好友都要严格遵守，犯了法也一样会按律治罪。诸葛亮信奉法家，强调法令严明，坚持赏罚必信，无论何人犯法都会严厉惩罚。参军马谡在军中

国学名句集锦

道虽迩，不行不至；事虽小，不为不成。其为人也多暇日者，其出人不远矣。

——《荀子·修身》

极受器重，在北伐中被任命为先锋，但因为胡乱用兵而被魏军打败。尽管与马谡私交甚好，但诸葛亮还是“挥泪斩马谡”，并以自己用人失察为由而自请贬官。诸葛亮治蜀严格但不严酷，让受到他处罚的人都能虚心接受，没有怨言。如李严在诸葛亮出兵祁山时负责督运粮草，但因道路泥泞而供应不利，致使诸葛亮不得不退兵。后来，为了推卸自己的责任，李严意图将贻误战机的责任推到诸葛亮的身上，却在诸葛亮出示的证据面前无话可说，最终理屈认罪。

严明是诸葛亮被大家信服的原因，而在严明之后还有诚信，也就是他对人十分信任，但一旦出了问题，他也一定会严加处罚，从不姑息。

诸葛亮在治蜀上的成功，体现在他所制定的制度，直到蜀汉灭亡时仍然在遵守执行，他制定的那些规范、制度维持时间很长，任何获得川蜀大地统治权的力量都沿用这套规矩，可见这种执行是非常到位了。

如今，强大的执行力也是人民群众愿意信服政府的一个重要因素。

执行力是保证计划顺利实现的关键所在。毛泽东曾经指出：“政治路线确定之后，干部就是决定的因素。”对于我们党来说，党员干部就是贯彻落实路线、方针、政策的重要依傍，是实现中华民族伟大复兴、全面建成小康社会的中流砥柱。党的十八大以来，中央多次提出了全面从严治党的要求，从严治党的关键在于从严治吏，管理和监督干部就要从干部的执行力做起。如果执行不力，就必须予以严惩。

2013 年，为保障作业安全，四川省政府明令全省煤矿停产整顿，乐山市峨边县大堡煤矿在不具备安全生产条件也没有取得任何部门审批同意的情况下，不顾近百名矿工安危，采用“假密闭”的形式逃避有关部门监管，擅自组织企业违法生产。此事被省政府获悉后，很快责成峨边县委、县政府做出检讨，县长立克幸福停职检查，县委书记钟小川向省委做出书面检查，吕天平等五名干部受到处理。追究发生这种问题的原因，是峨边

国学名句集锦

令在必信，法在必行。

——北宋·欧阳修《司门员外郎李公谨等磨勘改官制》

县委、县政府在贯彻落实省政府要求上执行力不够，督促监管职能部门和大堡镇党委政府不够严格。简而言之，这是一种失职的表现。

什么是领导干部的执行力呢？所谓执行力，就是党员干部能够将党和国家的路线、方针、计划、政策付诸实施的能力，是执政能力的具体表现。再好的政策，如果得不到认真的贯彻执行也是白费。

邓小平提出："世界上的事情都是干出来的，不干，半点马克思主义都没有。"习近平上任之初，也首先提出了"空谈误国，实干兴邦"的为政之要，强调一切政策贵在落实。

目前，我们党正面临着种种复杂的政治、经济形势，所以我们更应当清醒地认识到，个别党员干部在执行力上确实存在着种种问题。如执行完成的标准太低，完成的质量不高，有些地方、有些部门甚至甘于平庸、不思进取；执行的时候速度慢、效率低，工作主动性差，工作作风不好，对任务执行拈轻怕重；执行过程中无法上通下达，政策部署落实不到位，只走过场不走心；没有创新意识，用老思路、老套路处理新问题，简单粗暴地处理人民群众的意见；对于会议精神的贯彻仅限于开会传达、纸上谈兵，即使及时执行也抓不到重点，甚至敷衍了事；落实政策的动机不是在服务百姓、履行职责上，而是优先考虑个人或部门的利益等。

总体来说，执行力不足势必会影响到工作的实际效果。正如习近平所说的，要切实解决好世界观、人生观、价值观这个"总开关"问题。"总开关"关乎思想源头，从根本上决定着党员干部的作风状况和行为方式。党员干部只有从思想上找到工作的起点，解决"我是谁、依靠谁、为了谁"的基本问题，从而能从符合党的要求、群众意愿的基本点出发，积极改善人民群众的生活面貌，做到毫不犹豫、迅速落实，才能真正践行党的宗旨。对于损害人民群众合法权益的，必须做到明令禁止，马上纠正，绝不姑息。

国学名句集锦

若号令烦而不信，赏罚行而不当，则天下不服。

——北宋·欧阳修《准诏言事上书》

细节——天下大事，必作于细

“图难于其易，为大于其细。天下难事，必作于易；天下大事，必作于细。”这句话出自《老子》，意思是说，处理问题要从简单的地方入手，在细节之处开始干成大事。世界上的难事，必定先从简单的做起；世界上的大事，必须先从微小处着手。也就是说，做什么事情应该从基础入手、认真对待，切不可松懈大意。

据说，古时候在黄河边上有一个村庄，为了减少水患，村民们筑起了坚固的长堤。直到有一天，有一个村民偶尔发现大堤上有很多蚂蚁窝。村民心想，这些蚂蚁窝会不会破坏长堤呢？他急匆匆地回村报告，路上碰到了村长的儿子。

村长的儿子听后不以为然，认为那么坚固的大堤，洪水都冲不塌，怎么还会害怕几窝蚂蚁呢？结果，当天晚上下起了滂沱大雨，致使河水暴涨。河水渗透进了蚂蚁窝，一开始是出现了小缺口，后来缺口慢慢扩大，最终形成了溃堤的决口，将沿岸的村庄和田野全都淹没了。这就是“千里

国学名句集锦

大行不顾细谨，大礼不辞小让。

——《史记·项羽本纪》

之堤，溃于蚁穴”的故事。

《玉泉子》中记载，唐人吕元膺任东都太守时，有位方士常陪他下棋。有一天，两人正在对弈，突然有公事需要吕元膺处理，他只好无奈地离开棋局去批阅公文。谁知那个棋友趁机变动了两个棋子的位置，让处理完公事回来后的吕元膺最终输了棋。其实，吕元膺早已看出方士变动了棋子的位置，只是没有说破罢了。

后来，吕元膺让那个方士去别处谋生，让大家都觉得莫名其妙，甚至连那个方士都不知道自己被赶走的缘由。吕元膺解释，之所以这样做，主要是他从那次对弈中看出方士搞了一个奸诈的小动作，这个细节让吕元膺觉得，这个方士是个不诚实的人，是个不值得长久交往的人。这就是细节的力量。

对于细节的重视程度，体现着一个人对于做事、对于人生的态度。如“娃哈哈”集团总裁宗庆后对于一个饮料瓶身上不同位置有多少螺纹都能了如指掌，则更能体现他的做人态度。

也许常人并不注意我们常常饮用的矿泉水瓶身的螺纹，但在一家电视台的一期人物采访中，作为受邀嘉宾的“娃哈哈”创始人宗庆后，却注意并重视这一细节。宗庆后在42岁时才开始创业，先后做过15年的农场农民，烧过砖、采过茶、栽过秧、晒过盐，推着三轮车卖过冰棒，但是在短短20年间，他便向世人证明了自己的价值，不仅创造了一个商业帝国，还打造了一个中国饮料业的传奇，成为中国本土饮料业中当之无愧的“巨无霸”。

那次访谈中，主持人与宗庆后谈起了“娃哈哈”品牌的铸造、宗庆后的创业过程以及“娃哈哈”的管理团队，在临近访谈结束的时候，主持人却突然从身后拿出了一瓶最为普通的“娃哈哈”矿泉水，在现场对宗庆后

国学名句集锦

举大事不细谨，盛德不辞让。

——《史记·郦生陆贾列传》

进行随机考证。

主持人的第一个问题是，“娃哈哈矿泉水的瓶口，一共有几圈螺纹？”

“四圈。”宗庆后毫不犹豫地答道。主持人当场验证，果然是四圈。

第二个问题是，“娃哈哈矿泉水的瓶身，一共几道螺纹？”

“八道。”宗庆后还是毫不犹豫地答道。主持人非常惊讶，数来数去却只有六道，宗庆后嘿嘿一笑：“上面还有两道。”

两个问题都没有难倒宗庆后，让主持人有点心有不甘。她拧开矿泉水瓶，仔细看着手中的瓶盖，思索了片刻便问出了第三个问题，“你知道这个瓶盖上有多少道锯齿吗？”

观众们都为主持人的问题搞得莫名其妙，都好奇她葫芦里到底卖的是什么药，不解主持人为什么会用珍贵的时间，问这样一个无关紧要的问题。只见宗庆后微微一笑，说，“你是一个细心的人，这个问题真的很刁钻。但我可以肯定地告诉你，每个普通的娃哈哈矿泉水瓶盖上，一般都有18个锯齿。”

主持人对宗庆后这样的回答觉得很不可思议，她瞪大眼睛道：“连这个你都知道？我不信，我一定要数数。”认真数过之后果然是18道锯齿。

主持人激动得站起来，为节目做了最后总结：“关于财富的传奇，总是让人神往。一个身价170亿的企业家，管理着两万多人的团队和几十家公司，开发生产了几十上百个品种的饮料产品，每日需要处理决断的事务何其复杂，但是他连自己生产的矿泉水瓶盖上有多少道锯齿都一清二楚。或许正是这些，解释了他是如何一步一步走向成功的。”

这就是宗庆后，这就是他在通往成功路上的一个小插曲，却非常明显地显示出他对于细节的重视。如果把我们党员干部的日常工作比作一瓶“娃哈哈”矿泉水的话，那么又有谁会知道自己的“瓶盖”上有多少道锯

国学名句集锦

夫建大功于天下者，必先修于闺门之内。垂大名于万世者，必先行之于纤微之事。

——西汉·陆贾《新语·慎微》

齿呢？

细节能够成就一个人，也可以毁掉一个人。古人讲“千里之行，始于足下”，也讲“千里之堤，溃于蚁穴”，可见所有的成功都不是偶然的，都是要从细节开始做起，而所有的失败也是如此。对于党员干部来说，细节也是非常重要的。不论处在什么工作岗位上，也不论所从事的是什么样的工作，都不能只讲宏观架构而不注重细节的落实。党员干部是党和政府在人民群众眼中的“代言人”，执行党和组织的命令要从大处着眼，小处落实，彰显当代共产党员的“求实”精神。

但是，我们也并不能掩饰目前工作中存在的一些问题，如个别党员干部讲究名牌、公车私用、摆架子、显官威……细节虽小，但反映的却是思想上的腐化堕落，作风上的“官僚主义”倾向。当前正处于社会转型期，人民群众越来越敢于提出问题、建议，只有树立良好的党员干部形象才能凝聚民族向心力，多为党赢得群众的信赖和支持。

细节虽小，但影响深远。各级党员干部只有从小事入手，从细节出发，兢兢业业、克勤克俭，才能真正成为受人民群众信赖的贴心人和领路人。

国学名句集锦

听一边话，且莫判断是非，必细参两家情事，乃得。

——清·申居郧《西岩赘语》

创新——天下之治，有因有革

《宋史》中说："天下之治，有因有革，期于趋时适治而已。"意思是说，治理天下都会有继承、有变革，无论是哪一种，都是为了能符合时代和政治统治的需要。由此可见，创新在政治统治中是有着重要的作用的。

我国古代天文学的发展有着非常悠久的历史，到汉武帝时，落下闳在前代天文学的基础上，创制了当时最准确的历法"太初历"，提出了"浑天说"，并发明了浑天仪。汉和帝时，崔瑗的老师贾逵发明了黄道铜仪，提出用黄道坐标测算日月运行轨道的主张和方法，对古代天文学的发展起到了承上启下的作用。张衡在继承前人的基础上，又推动了"浑天说"的发展，并潜心钻研"研核阴阳"，终于在改进前代浑天仪的基础上，发明了著名的漏水转浑天仪，是世界上第一种以水力为运行动力的天文仪器，对后世产生很大影响。

漏水转浑天仪的几层结构，都是可以旋转的铜制圆环，最外面的一层周长一丈四尺六寸（约合 4.86 米），每一层分别刻着南、北极，赤、黄

国学名句集锦

苟日新，日日新，又日新。

——《礼记·大学》

道，二十八星宿，二十四节气，还有日、月、五纬和“中”“外”星辰等天象。浑天仪上还附着两个漏壶，每个壶底都有孔，通过滴水推动圆圈按照刻度缓缓转动，呈现出各种神秘的天文现象。这件仪器后来被放置在灵台大殿的暗室之中。黑夜里，室内观测人员把某时某刻出现的星辰天象及时汇报给灵台上的钦天监人员，结果是天象与仪上所展现出来的完全一样。

作为古代中国科技发展的重要成就，纸的发明也遵循着一条不断演进、不断创新的过程。到东汉蔡伦时，造纸术已经存在，但并不普及，所以造出来的纸都比较昂贵。蔡伦出身于铁匠世家，从小学习《周礼》《论语》，对生活和生产中的冶炼、铸造、种植、养蚕等有着很大的兴趣。元兴元年（公元 105 年），蔡伦向汉和帝进献自己带领工匠制造出的纸张。他仔细挑拣了树皮、破麻布、旧渔网等物品，在剪断切碎后放入大水池中浸泡，直到大多数物质都烂了，再将这些原料捞起，经搅拌呈浆状，最后平摊在竹篾上，经干燥后轻轻揭下来就成了纸。蔡伦带着工匠们反复试验，终于找到了取材容易、成本低廉的方法，用这种方法和工艺制造出来的纸，被后世称为“蔡侯纸”。此后，蔡伦改进的造纸术沿着“丝绸之路”传播到中亚、西欧，直至整个世界，为世界文明的发展做出了不可磨灭的贡献。

可以说，没有创新，整个世界都不会存在，一个民族也难以屹立于世界民族之林。江泽民说：“创新是一个民族进步的灵魂，是国家兴旺发达的不竭动力。如果自主创新能力上不去，一味靠技术引进，就永远难以摆脱技术落后的局面。一个没有创新能力的民族，难以屹立于世界先进民族之林。”

当今社会，科技创新与进步越来越成为社会生产力发展与解放的重要

国学名句集锦

温故而知新，敦厚以崇礼。

——《礼记·中庸》

标志，也越来越成为决定一个民族，甚至一个国家发展的决定性因素。十一届三中全会以来，邓小平创造性提出了“科学技术是第一生产力”的著名理论，并特别强调“科学技术现代化”是实现“四个现代化”的关键。由此可见，科技革命与创新对人类文明的演进始终产生着深远的影响。

不可否认，“文革”十年，中国科学技术的发展遭受到了严重的打击，与世界先进水平之间的差距也越来越大。而当代科学技术的发展则应该从20世纪90年代开始。在1989年的国家科学技术奖励大会上，江泽民指出：“科技进步对社会生产力发展越来越具有决定性的作用，并且正在人类社会生活的各个领域发生广泛而深刻的影响。”“世界范围的综合国力竞争、经济竞争，在一定程度上就是科学技术的竞争。科学技术长期落后，缺乏改革创新的国家和民族，就不可能繁荣昌盛，更不要说自立于世界民族之林。”

时隔一年，在四川调研时，江泽民又指出：“当代科学技术发展迅速，已广泛影响到社会生活各个领域，越来越紧密地影响着社会发展和世界经济的进程。从今后十年直到下个世纪中叶，肯定会有一系列新兴科学技术领域会如同雨后春笋般出现重大发现，对自然现象的新认识和新的生产技术，将会改变当前一些产业的外表，成为推动社会发展的巨大力量。我们必须明白这个趋势。”

在之后的“十四大”报告中，江泽民再次强调独立自主地发展科学技术的重要性：“振兴经济的关键是振兴科技。必须坚定地推进科技进步，才能在激烈的竞争中站到主动的地位。目前，我国经济正面临着调整结构、提高效益、加速发展的重大任务，尤其需要全民族全社会提高科技创新意识，多方面加大科技投入，坚持依靠科技进步。”

如今，中国社会正处在转型期和改革的“深水区”，如何让创新成为

国学名句集锦

虽有圣贤之宝，不遇暴乱之世，可以全身，而未可以霸王也。汤、武之王也，遇桀、纣之暴也。桀、纣非以汤武之贤暴也，汤、武遭桀纣之暴而王也。

——《淮南子·诠言训》

时代进步的主要推动力，能否推陈出新，决定着中国未来的发展和状态。所以，2015 年，习近平在主持召开中央全面深化改革领导小组第十七次会议时，就特别强调指出，中共中央通过的改革方案必须得到坚决贯彻，必须鼓励和扶植并允许不同地方进行个性化的探索。习近平的讲话代表了党中央对于中国未来的全面谋划，既是对于之前社会发展成果的继承，也是在继承的基础上所进行的成果创新，最终目的也是促进整个社会能够取得更大的成果。

故而，当改革全面深化并不断加深之时，党员干部一定要更加重视基层探索和实践，注重创新、发明适于基层管理的方法。同时，党和政府要鼓励基层创新改革，鼓励基层党员干部的大胆探索，坚持“重点论”和“两点论”相统一，着力解决好主观与客观相结合的问题，推动改革落实的责任担当问题、利益调整中的阻力问题，真正能把中央的各项改革措施落到实处。

国学名句集锦

仁以厚下，俭以足用，和而不弛，宽而能断，故民咏维新，四海悦劝矣。

——《晋书·孝怀帝孝愍帝纪》

同心——万人操弓，共射一招

“万人操弓，共射一招，招无不中。”出自《吕氏春秋》，意思是即使一件事情很难办成，但只要大家齐心协力，朝着同一个目标共同努力，也一定能完成任务。

唐玄宗时期，当朝有两位威震四海的将军郭子仪和李光弼。两人因为一些误会积怨很深，相互之间都没有好感。即使坐在同一张桌前吃饭，两人都懒得瞧上对方一眼，更别提说话了。

安史之乱中，安禄山叛军的声势越来越大，刚刚登基的唐肃宗便任命郭子仪为朔方（今宁夏一带）节度使阻挡叛军的进攻，并拥有调动李光弼的职权。唐朝节度使的权力非常大，大致相当于今天的军区司令，并兼行地方的行政长官职权。

李光弼知道这个消息后有些担心，觉得郭子仪可能会公报私仇，借故陷害他，便下定决心找到郭子仪说：“你要怎么处置我都没关系，我不抱怨，但是请求你不要迫害我的妻小。”李光弼的话让郭子仪很是诧异，他连忙从座位上起来，热忱地说：“如今国家有难，我们就不要再内讧了，

国学名句集锦

人主之患在莫之应，故曰：一手独拍，虽疾无声。

——《韩非子·功名》

一定要同心协力，抵御外敌才是啊。”

郭子仪没有食言，上任之后不仅没有打压李光弼，反而向唐肃宗推荐他。结果，唐肃宗任命李光弼为河东节度使，与郭子仪一起抵御安禄山叛军。同时，郭子仪还从自己的部队中抽调了一万精兵给他，让李光弼带兵东征。郭子仪的宽大心胸也得到了李光弼的回应，在平定叛军的过程中，郭子仪与李光弼齐心协力，共同立下了汗马功劳，直至平乱结束。

古代，以宽大心胸化解矛盾，最终同心戮力的例子不胜枚举，而今人中也有不少这样的事例，如“刘邓大军”的灵魂人物——刘伯承和邓小平，两个人真正成为搭档是在 1938 年。1938 年 1 月，邓小平接替原一二九师政委张浩的职位，与时任师长的刘伯承共同工作，前后共事达 13 年。

师长刘伯承比邓小平大 12 岁，两人共事时，刘伯承已近五十，而邓小平才刚过而立之年。从出身上讲，刘伯承是老革命，出身农民阶层，邓小平是外国留学归来的知识分子；从分工上来讲，刘伯承主管军事作战方面，邓小平主管政治思想方面；从性格上说，刘伯承面色慈祥，有着长者般的平易近人、和蔼可亲，邓小平则十分严肃、不苟言笑；从爱好上说，邓小平擅长在各种棋牌类游戏中斗智斗勇，而刘伯承平日除了看书、工作，就没有其他的嗜好了。

性格爱好差距如此之大的两人，却最终形成了互补组合，两人互相尊敬，互相信任，成为当时全军公认的“黄金搭档”。邓小平曾说：“刘司令员年龄大了体质弱了，司令部要特别注意刘司令员的饮食保健！有的琐事可以找我和李达参谋长传达，他是我们的军事家、战术大师，等要作重大决策的时候再找他。”刘伯承在平日里也经常把一句话挂在嘴边：“邓政委是一个优秀的政委，文武双全，值得敬佩。我们大家都要尊重他，凡事都要听政委的安排。”除此之外，刘伯承有句口头禅：“政委的话，就是

国学名句集锦

千金之裘，非一狐之腋也；台榭之榱，非一木之枝也；三代之际，非一士之智也。

——《史记·刘敬叔孙通列传》

命令。”

刘、邓二人虽有明确的分工，但也时常互相帮助，两人毫无芥蒂，全力维护对方的威信。有一次，指挥所需要找地方调用车辆搬运物资。刘伯承事前调查运送这些物资只需 5 部车辆，但办事人员却向当地要了 25 部。刘伯承听说这件事后，立即质问办事人员：“拿这么多车要干嘛？这是破坏军民关系！群众会谴责我们的。”他没和邓小平商量，就立刻下令召集干部训话。

有的干部就在底下嘀咕：“这是生活方面的事，应该邓政委负责，他发那么大的火干嘛！”这个时候，邓小平就站在台下，也在认真听取刘伯承的训话。在刘伯承讲完后，邓小平立刻走上台，说：“师长刚才的训话，是让我们要注重军民关系，军民团结才是大事，刚才的批评很重要，很及时，也让我们冷静了下来。希望大家回去认真研究传达，绝对不能够再犯这样的错误。”大家看着邓小平都这样一副恭敬的样子，有意见的人也就不敢再吱声了。

《周易大传》中说“二人同心，其利断金；同心之言，其臭如兰”，同样的任务，因为共同面对的人多了，就会被分化成不同的部分，办起来也会简单很多，凝聚在一起的团队也就会无往而不胜了，这是在强调我们一定要注重凝聚并重视团队的力量。

大到国家，小到团队，没有成员之间的信任和支持，没有密切的分工协作，遇事推诿，遇利则争，那么任何事情都不可能取得理想的成就。古人讲“须戮力同心，切勿如蟹六跪”，其实也是在说戮力同心对于团队的重要性，对于今天广大的党员干部来说，仍具有深远的教育意义和启示。

国学名句集锦

千人同心，则得千人力；万人异心，则无一人之用。

——《淮南子·兵略训》

察觉——不明察，不能烛私

《韩非子·孤愤》中说："不明察，不能烛私。"意思是说，如果不仔细调查研究，了解具体情况，就不能够洞察事物中隐私的情况。了解真实情况的最佳的策略就是调查研究，只有认识到事物的本质，才能做出最正确的判断和决策。

我们常说，为官者尤其是政法干部要明察秋毫。那么，明察秋毫到底是由何而来的呢？

齐桓公、晋文公都是春秋时期的霸主，都曾引导着自己的国家走向强盛，被后世人纷纷效仿。战国时的齐宣王就非常羡慕齐桓公、晋文公的成就，便请教孟子关于这两位霸主的事迹，但孟子却拒绝了。他说："孔子的门徒不主张成为霸主，也不讲霸主的事情，我们讲求的是王道，就是用道德的力量来征服民心、统一天下。"齐宣王又问："那么君主要具备怎样的道德才能统一天下呢？"

孟子答道："我听人说，当新钟刚刚铸成，准备杀牛祭钟的时候，您

国学名句集锦

采善不逾其美，贬恶不溢其过。

——东汉·王充《论衡·感类》

因为不忍见到牛无罪而被杀，这就可以看到您的善心。凭借这种善意，您就可以实行王道、仁政，进而统一天下。需要解决的问题不在于您‘能不能’，而在于您‘做不做’！这就像是有人宣称，自己的力气能举起三千斤重物，却举不起一根羽毛；眼力好到能看清秋鸟身上毫毛那样细微的东西，却看不见满车的木柴。请问，您相信这种说法吗？”

齐宣王当然不相信了。孟子接着说：“是啊，这种话当然不能相信。如今您能善待动物，却不能用同样的善意对待自己国家的百姓，这也同样让人难以相信。百姓之所以达不到安居乐业的程度，根本原因在于您没有关心百姓。这显然是‘做不做’的问题，而不是‘能不能’的问题。所以，您问我的这个问题，在于您‘做不做’。”

孟子以“明察秋毫”为例，告诉齐宣王“王道”的道理，而孟子又何尝不是洞察力超群，一眼就看出齐宣王得民心的关键所在呢？通常，敏锐的洞察力都是成功的重要前提。

河北廊坊市纪委纪检监察主任李长海是一名普普通通的纪检干部，在他奋战纪检监察阵线的十几年间，用他如炬的慧眼识别出了许多国家政府机关中的“蛀虫”。多年的办案经验磨练出了李长海极强的洞察力和敏锐性，让一些隐藏很深的贪腐分子都难以逃过他的“火眼金睛”。

在查处副处级干部曹某的违纪问题时，李长海发现曹某利用“小金库”资金买车，便与同事一起到曹某单位取证，在接受调查的过程中，财务人员不安地瞄了一眼墙上的镜框，李长海敏锐地发现了疑点，猛然大吼：“把镜框摘下来！”财务人员听到这话脸色大变，曹某也大惊失色。镜框背后果然是两本存折，“小金库”就这样被发现了。

李长海有一种爱较真的倔强，他洞察力强，能够及时发现问题，并且涉猎知识广泛，善于总结归纳。在查处廊坊市安次区民政局原局长刘某贪

国学名句集锦

良工涂漆，漆缓则难晞，急则弗牢，均则缓急，使之调和，则为美也。人之含性，有似于兹；刚则伤于严猛，柔则失于软懦，缓者悔于后机，急者败于儇促。

——北齐·刘昼《刘子·和性》

污受贿案的时候，他很快就察觉出刘某身上的问题，从下午五点到晚上九点三十分，短短四个半小时就查证了刘某的确凿证据，将其移送司法机关处理。在查处“小官贪腐”的专项行动中，他仅用两天时间就查出了 3 名村官，并对 3 名科级干部进行追责。

2012 年，查办某市法院腐败案件期间，该单位财务人员谎称“有事不在”，但是李长海和同事并没有放弃。他们在楼下暗处蹲守观察，终于在傍晚时分见到财务室和隔壁房间的灯光相继亮起。李长海当即冲上楼去，将这家单位的账外资金账目、凭证等材料一举查获。

长期奋战在反腐败斗争一线，纪检干部也会面临利益诱惑、人情负累以及方方面面的恐吓威胁等。妻子刘建英对此非常担忧，生怕丈夫一心为公得罪人，但李长海总是宽慰妻子，只要不谋求私利，就没有什么好害怕的。这就是一名纪检干部的担当，也是一位党员的素养。

随着国家执法透明度越来越高，社会大众对反腐倡廉的探讨越来越深入。古人说“不明察，不能烛私”，在这短短的七个字中，“明察”是前提，“烛私”是结果，所需要的是工作中的深入细致和高瞻远瞩。

在新的时代条件下全面深化改革、开创事业发展新局面，党员干部必须具备发现问题的敏锐、正视问题的清醒、解决问题的自觉，能以解决问题为方向，坚持问题导向，不仅是工作方法、精神境界，更是党性原则、政治品质。具备解决问题的自觉，我们才能“知不足而后进”“防患于未然”，及时发现问题，认真解决问题，从而不断适应新形势，推进新发展。

“实践是检验真理的唯一标准。”虽然很多人在喊口号的时候声音很高，在开会的时候说得头头是道，但是，这些人在实际的执行过程中却恰恰相反，推诿塞责、不敢直面问题、不愿为群众切实地解决问题，甚至躲着问题走，即便是执行起来，也是前怕狼后怕虎，畏首畏尾。对于群众的

国学名句集锦

敕法以峻刑，诛一以警百。

——北宋·苏轼《论河北京东盗贼状》

呼声置若罔闻，对于群众的疾苦置之不理，使干群间的问题越积越多、矛盾越闹越大，造成好的政策推行不下去，改革良机白白浪费。

针对这些现象，党员干部必须洞察先机、真抓实干，不要做“语言的巨人，行动的矮子”，要及时依照形势发展的新动态制定适当的执行策略，抓紧时间解决本区域、本部门长远发展上存在的重大问题，在群众工作的道路上打赢一场又一场“攻坚战”。

国学名句集锦

察者智，不察者迷。明察，进可以全国，退可以保身，君子宜惕然。

——明·张居正《权谋残卷》

求变——兵无常势，水无常形

《孙子兵法》说："水因地而制流，兵因敌而制胜。故兵无常势，水无常形。能因敌变化而取胜者，谓之神。"孙武认为"兵形像水"，用兵作战没有定势，正如水没有固定的形状和流向一样，能根据敌情变化而取胜的，才叫作用兵如神。

用兵如此，行政也是如此。社会在迅速发展，我们的思想观念、工作思路也要跟着变，这样才能化解改革中出现的新问题。

战国时，齐将田单以火牛阵大败燕军，成了一个经典的战例。唐朝时，房琯想重演火牛阵，却成为笑柄。

安史之乱后，唐太子李亨逃出长安，在灵武即位，称肃宗。李亨经过一番努力后，聚集了一些人马，准备反攻，收复长安。这时房琯便趁机献策，毛遂自荐，要求统帅大军收复京城。李亨真以为他文武全才，就委任他为两京招讨使。房琯随即号令大军分兵三路，会攻长安。

房琯经与亲信幕僚商议后，决定效法古制，以车战对敌。于是他将征

国学名句集锦

宗原应变，曲得其宜。

——《荀子·非十二子》

用来的两千辆牛车排列在中间，两翼用骑兵掩护，浩浩荡荡，向长安进发。一路上烟尘滚滚，旌旗蔽日，杀气腾腾，好不威风。

房琯亲自率领中军，并督促北军。他们进到咸阳北面的陈涛斜，即与叛将安守忠的骑兵相遇。这时，房琯本想先稳住阵脚，调整一下队形，再出阵迎战，谁知道这老牛破车慢慢吞吞，很难调动。这边房琯为调整队形吵吵嚷嚷，越整越乱，急得满头大汗，毫无办法。那边安守忠一看对手竟如此用兵，真是喜出望外，忙令部队迅速转到上风的位置，收集柴草，一面乘风纵火，一面擂鼓呐喊。老黄牛哪里见过这种阵势，一见烈焰腾空，又听战鼓声响如雷，吓得四处乱跑。安守忠乘势追杀，唐军大败。房琯慌忙令南路军投入战斗。那些老牛同样经不住人喊马嘶和震耳欲聋的战鼓声，不战自乱，败下阵来。唐军尸横遍野，死伤四万余人。房琯领着几千残兵败将向灵武逃去。

他苦思冥想悟出的火牛阵法，就这样被作为笑料录进史册。前人的经验不是不能用，重要的是能否因时顺势，用得合适。前人的经验是宝贵的，但不能食古不化，否则就会像那个刻舟求剑的人，又像死守古代作战规则的宋襄公一样，受到天下人的耻笑。

那么，在今天，改革发展的形势在变化，我们的思想观念、工作思路和工作重点也应跟着变，否则就会出现能力不足、思路不对、方法不当等问题。习近平总书记高度重视干部队伍的“本领恐慌”问题，曾经用“新办法不会用，老办法不管用，硬办法不敢用，软办法不顶用”来形容一些干部存在的能力短板。

在快速发展变化的时代，迫切要求提高干部推动科学发展的能力、维护社会稳定的能力、解决民生突出问题的能力、开拓创新的能力、依法办事的能力、应对突发事件的能力、舆论引导的能力等。有的党员干部知识

国学名句集锦

变化应来而皆有章，因性任物而莫不宜当。

——《吕氏春秋·执一》

严重老化，还停留在几十年前学到的知识上，对本职工作只靠过去的“老本”应付，这怎么能满足群众的需要，怎么能适应社会发展的要求？

贵州仁怀双龙村党支部副书记徐支刚，不仅是群众眼中的“能人”，也是群众认可的“带头人”。他还有另一重身份：二合镇蔬菜协会党支部书记。这几年，在他的带领下，双龙村发生了不少可喜的变化。徐支刚说，随着人们生活水平的提高和健康意识的增强，人们对农产品的需求已经从吃得饱转为吃得好、吃得安全、吃得健康。面对这种变化，不仅我们的发展方式需要转变，而且基层干部的能力和素质也必须跟上，否则怎么带领群众发展？

现在，群众的权利意识、自我保护意识越来越强了，但履行义务的意识依然不足，一旦出了问题，干部光靠蛮干是不行的。河南新乡县委书记刘继红回忆起当村民组长时的解决办法，过去群众闹矛盾，村干部两边一骂，骂完请两家一起喝顿酒，就握手言和了。现在，不敢骂也不能骂了，群众的民主意识很强，处理矛盾的方法也必须转变。

互联网时代对我们的执政方针和执政能力是一大考验。人们的维权意识越来越强，对党员干部的监督越来越直接，稍有负面新闻，一条微博、微信瞬间传遍大江南北。网络是把双刃剑，我们是惧怕它呢，还是学会利用它呢？现在一些领导干部已经重视起了网络，开设了微博、微信等官方账号，搭建网络平台，采取网络问政的方法听民心、解民意，获得了社会的一致好评。那些在互联网时代“落后”的干部们，“落后就要挨打”的历史教训声声在耳，子训“见贤思齐”更是余音绕梁，作为学习型政党的一员，我们的党员干部必须赶紧行动起来，紧跟时代步伐。

国学名句集锦

数虽有定，而君子但求其理，理既得，数亦难违；变固宜防，而君子但守其常，常无失，变亦能御。

——清·王永彬《围炉夜话》

多维——三思而后行

"三思而后行"是《论语》中的一句话，是在教导人们养成动手做事之前多思考的习惯。需要指出的是，这种习惯并不是胆小怕事或瞻前顾后，而是一种成熟、负责的体现。

"三思而行"，最典型的例子莫过于《三国演义》中诸葛亮与邢道荣之间的较量。邢道荣曾是零陵太守刘度的上将，因敌不过赵云被俘后请降，在刘备喝令斩首时被诸葛亮拦住了，并令其回去捉了刘度的儿子刘贤之后再来投降。邢道荣即刻献计，说他可以到刘贤军寨后做内应，等诸葛亮率军劫寨时，可一举抓获刘贤。诸葛亮假装爽快答应，而邢道荣回到营寨后并不落实承诺，而是与刘贤商量如何在营寨外设置伏兵，静等诸葛亮前来偷袭时擒获他。

诸葛亮早就料到邢道荣会采取这样的计策对付自己，于是便也用了一个"将计就计"的计策，派出一支军队前去偷袭，并假装什么都不知道的样子。邢道荣、刘贤喜出望外，等着军队一到营寨门口就围歼他们，却不

国学名句集锦

多闻阙疑，慎言其余，则寡尤；多见阙殆，慎行其余，则寡悔。言寡尤，行寡悔，禄在其中矣。

——《论语·为政》

料这支军队又疾速退去。他们奋起直追十多里，却仍不见这支军队的踪影，惊讶之余退回营寨的时候，才发现营寨早已被张飞占领。随后，他们立即决定再次袭击诸葛亮的营寨，没料到途中便遭遇赵云的埋伏，结果邢道荣被赵云刺死，刘贤则被追赶而来的张飞擒获。

邢道荣虽然与诸葛亮同时用“将计就计”的战法，但结果证明优劣迥异。邢道荣的拙劣表现在，他的“将计就计”使用得过于机械，丝毫没有想到自己的心思早已被诸葛亮看穿，也没有想到诸葛亮会顺从他的“将计就计”之后，再施“将计就计”。诸葛亮的高明之处在于，他不仅准确地判断邢道荣会想办法对付自己的偷袭，还预料到邢道荣一定会在发现营寨被占后来攻打自己的营寨，所以才让赵云在其必经之路上守株待兔，率军伏击，可见诸葛亮思虑深远、严密周详。

从古至今，无论是生活还是工作，事前的思考都是非常值得提倡的，只有将事情想得周全一些，才不会在执行过程中冒出各种各样的问题。对于党员干部来说，学会“三思”不仅是要学会在实际工作中多角度思考、多方面执行，更是要学会在锤炼中坚守职责，用党纪国法来约束自己，磨练自己的党性。

1966 年邢台地震后，周恩来到邢台慰问灾民。他来到会场后发现群众的位置刚好面对着西北风，便坚决要求改变会场布置，让作为临时讲台的卡车开到南头，让几千名群众都转过身来。开始时群众还都不明白周恩来的用意所在，但当大家背风而坐，听呼啸的西北风从耳边吹过，看着风沙打在周恩来的脸上的时候，没有一个人不动容。

虽然仅仅是一件小事，却在细节上体现出作为政府总理的周恩来贴近百姓、关爱百姓的“公仆之情”，以及崇高的思想境界。虽然只是一个空间方位的转换，但却通过角度的切换为以后的党员干部作出榜样，立下

国学名句集锦

前虑不定，后有大患。

——《战国策·魏策一》

标杆。

老一辈无产阶级革命家们始终践行着立党为公、执政为民的政治思想，对得起组织的信任、群众的期盼。反观当下，少数党员干部在工作过程中思路单一僵化，难以将政策落到实处，“换位思考”的时候容易偏离正确角度，导致问题愈演愈烈。有的党员干部则喜欢“自我本位思考”，将自己的主观意愿强加给人民群众，所谓的“民心所向”不过是自己的一厢情愿和自以为是罢了。更有甚者，一些干部为了自己的仕途通畅，不惜耗费巨资大搞面子工程，惹得民怨沸腾……作为人民公仆，党员干部应清醒地认识到，自己手中的权力是人民赋予的，工作要对得起党组织，对得起人民群众，多为人民群众办实事、办好事，多学会换位思考，站在群众的立场上思考问题，才能让我们的决策更符合群众的期望，也才能让我们的工作更容易获得人民群众的认可。

实际上，领导干部应该转换角度的不仅仅是思维方式，也需要在工作方法上进行一下调整，并且注意工作作风，提高个人修养。党员干部要始终坚信我们的力量来自人民群众，只有深入基层，深入一线，才能知道老百姓需要的是什么，我们还缺少什么，只有真正与群众心贴心、面对面，才能真正了解到群众的想法。不要坐在办公室等群众反映问题，而是要主动走到群众身边，融入人民群众，实实在在地把事情办好，把事情落实，让老百姓得到真正的实惠。

除此之外，党的群众路线教育实践活动也要求各级领导干部尝试多角度看问题，不仅要善于寻找对照，多种途径听取意见，更要采取多种方法深入解析问题，通过有针对性的整改来有的放矢地解决根本问题。党员干部要想修炼自身，就要勇于“照镜子”，多个角度一起照，多面镜子一起照，以小见大、虚心对待，重视小问题可能造成的大影响，审视自身存在

国学名句集锦

善为师者，既美其道，又慎其行。

——西汉·董仲舒《春秋繁露·卷一》

的种种问题，通过多种行之有效的形式检验自己的行为。

另外，“三思而行”也是深化改革的需要。2013 年 10 月 7 日，习近平在亚太经合组织工商领导人峰会上发表演讲时指出，改革“既要大胆探索、勇于创新，也要稳妥审慎、三思而后行”。换句话来说，既要有敢想敢干的魄力，也需要有沉静思考、审慎决策的意识。这样的做法，既能保持改革的力度，保证改革能够顺利进行，也能避免改革失速造成的漏洞百出，从而保证改革顺利、稳妥而又有序地进行下去，直到取得预想的成果。

国学名句集锦

不忍一时有祸，三思百岁无妨。

——清·史襄哉《中华谚海》

转换——横看成岭侧成峰

“横看成岭侧成峰，远近高低各不同。不识庐山真面目，只缘身在此山中。”这是宋朝大文豪苏轼的一首诗，其中蕴含的哲理便是，世间万物都有多种观察角度，想要看透其本质，了解其内涵，就要懂得转换角度，多方面考察。

换个角度看问题，能获得意想不到的成功。世间事物就如同一枚硬币，有正面也有背面，看待问题的角度不同，自然心态也就不同，对事物处理的方式与产生的结果也就不同。

有一位记者在家写稿时，他四岁的儿子总是吵着闹着要他陪。记者为此很烦，于是他将一本杂志的封底完全撕碎，对他的儿子说：“你先将这碎纸上面的世界地图拼出来，爸爸就陪你玩。”

过了不到五分钟的时间，儿子过来拉着他的手说：“爸爸，我已经拼好了，你陪我玩！”记者非常生气：“小孩子爱玩是可以理解的，但说谎话就不好了。你怎么可能这么短的时间就拼好了世界地图！”

国学名句集锦

唯天下至诚，为能尽其性。能尽其性，则能尽人之性；能尽人之性，则能尽物之性；能尽物之性，则可以赞天地之化育；可以赞天地之化育，则可以与天地参矣。

——《礼记·中庸》

儿子非常委屈地说："可是我确实拼好了呀！"记者一看，果然是拼好了。不会吧？家里出现了一个神童？他非常好奇地问："你是怎样做到的？"

儿子说："很简单，世界地图的背面有一个人的头像。我反过来拼，只要把这个人的头像拼好，世界地图自然也就完整了。"

人在思维过程中，需要大脑合理想象和创造性的思维，只有这样，人类的认识能力才能有进一步的发挥。而创造性思维其中的一个表现是，敢于打破常规，让大脑进行逆向思维。

习近平一次到重庆调研时指出，我党干部做群众工作时要注意换位思考，要设身处地地为群众着想。只有官员将心比心，才能换取民众的真心，这样才能找到解决问题的好办法。

所谓的"换位思考"，就是站在对方的利益和立场上，处在对方的思维角度上来思考和处理问题。实践表明，懂得"换位思考"是做群众工作的良策，同样也是我党赢得人民群众的信任和支持的宝贵经验之一。

解放战争时期，一次行军中，有一位身穿干部服装的人扬鞭策马，一边跑还一边对旁边步行的行军队伍大声呼叫："跟上！跟上！都快跟上！"彭德怀同志看到这种情景，到达宿营地后，马上召集全部的干部来开会，还详细描述了路上看到的事情，然后他很严肃地说："我看，这位领导同志应该要和战士换个位置，让战士来骑马奔跑，还要催促他：'跟上！跟上！'看看他是否能'跟上'，对于这样的情况，他又有何感想。"

彭德怀这样的一句话，恰恰道出了他懂得换位思考的深刻内涵。你可以这样要求别人做到，那么请你自己先让自己做到。自己骑着高头大马向前奔跑，却让用两条腿走路的人"跟上"。按照老百姓的说法，这就叫作"骑驴的不知赶脚的苦，饱汉子不知饿汉子饥"。

国学名句集锦

智短则不知化，不知化者举自危。

——《吕氏春秋·骄恣》

如此说来，很多的事情只要采取了换位思考的方法，那想法、看法和行动的结果就大不一样了。无须讳言，当前的确有一些党员干部，头脑里面缺乏替群众思考的观念，对群众缺乏同志感情，和群众没有共同语言，同样也很难听进群众提出的意见，更不可能体会到群众的难处。他们想事情、做事情，很少站在群众的立场上去思考，对群众的要求太多，为群众考虑又太少，还要常常抱怨民众对自己工作的不理解、不支持，更有的党员干部甚至说刁民太多、工作难做，动不动就使用行政措施乃至强制的手段来逼迫群众“就范”，这样的党员干部，其一言一行，俨然是一副官老爷的模样。

其实，这样的干部早已经忘记了，他们的权力是党和人民给的，理应反哺于人民，为人民办好事情。随意使用权力或滥用权力，这绝对不是为政之道。长此下去，必然是要栽跟头的。

由此可见，无论是习近平嘱咐的党员干部要“眼睛向下看”，还是寄语于党员干部要“注意换位思考”，核心的问题就是要求党员干部必须站在群众的立场上，从群众的角度出发来看问题，使每项决策都能够充分地反映群众的愿望，体现出群众的利益，最终得到群众的拥护。

从这个意义出发，换位思考不仅仅是拉近官民之间的距离，还是增进干群感情，使干群关系密切的一剂良药，更是各级党员党员干部必须要长期坚持的一项必修课。各级干部都是从群众中来的，最终要回到群众中去。不论是昨天，今天，抑或是明天，这一点是永远都不会改变的。

国学名句集锦

仁者不以盛衰改节，义者不以存亡易心。

——《三国志·魏书·何晏传》

第四章　决　策

毛泽东曾经说过，领导的工作千头万绪，但大事只有两件：一是出主意做决策，二是用干部用人。对于党员干部来说，决策思维绝不能够想当然，仅凭主观臆测和少数人的决定指挥实际工作，忽略客观因素和不可预知性。决策是一种重要的公权力，应谨慎对待，多思考多实践，自觉接受党和群众的监督或审查，尽可能避免决策的失误。

◎**逐源**——民为天下国家之根本

◎**符实**——闭门造车难合辙

◎**熟虑**——远虑者安，无虑者危

◎**顺民**——政之所兴，在顺民心

◎**集思**——集众思，广忠益

◎**缜细**——河海不择细流

◎**推敲**——路漫漫其修远兮

◎**恒用**——政贵有恒

逐源——民为天下国家之根本

“民者，国之根本也。”出自北宋石介的《根本策》。意思是说，人民群众是国家的基础和根本，因为国家是由老百姓组成的。

提到追逐根本，很多人都会第一个想到“饮水思源”这个成语。所谓“饮水思源”，也就是说喝水时一定要想到水的源头，喻指做事情不能忘本。中国人最忌讳的就是“忘本”，忘记了自己的来处也就意味着背叛。这里的“本”，既可以指人的故乡、故土，也可以指最初时所处的位置等。“饮水思源”一词最早出自南北朝时梁人庾信，梁元帝时受委派出使北朝的西魏。没想到在出使期间，自己的故国被西魏灭亡了，致使以使臣身份出使的庾信被扣留在了西魏。

西魏的皇帝很欣赏庾信的才华，想封他做大将军，但是庾信却很想回到自己的家乡，南朝也曾多次向北朝抗议，要求释放庾信回国，但都没有得到同意，庾信不得不旅居北朝 28 年。常常思念故国而不得返，于是他在《征调曲》中写道：“落其实者思其树，饮其流者怀其源。”以此来表达

国学名句集锦

民为贵，社稷次之，君为轻。

——《孟子·尽心下》

自己的信念。

中国传统中有非常浓厚的故土意识，论起对祖国和故乡的热爱，庾信之前还有很多，如先秦时期的楚国诗人屈原，就在《九章·涉江》中写道："鸟飞反故乡兮，狐死必首丘。"此外，《礼记·檀弓上》也记载："狐死正丘首，仁也。"意思是说狐狸将死的时候，一定会将头朝向出生时所在狐穴的方向，其实也是表达对故土的怀念，这就是"狐死首丘"所蕴含的意义。"代马依风"表达的同样也是这个意思，这个故事出自西汉桓宽的《盐铁论·未通》，指的是北方出生的马儿总是怀恋从北边吹来的风，也是喻指对故土和家乡的眷恋和怀念。兽犹如此，人何以堪。而人之所以记述这些，其实也是在表达对故土的怀念。

汉乐府《古诗十九首》中有一首《行行重行行》，其中的每字每句都是在表达对远方亲人的思念，以及对家乡的想念之情："道路阻且长，会面安可知？胡马依北风，越鸟巢南枝。"邓小平曾说："我是中国人民的儿子，我深情地爱着我的祖国和人民。"其实表达的也是同样的意思。

在邓小平极其光辉的一生中，关爱百姓、爱护士兵的例子不胜枚举。当军队没有粮食的时候，邓小平就与战士们一道去挖野菜，警卫员担心他的身体吃不消，就想办法向老百姓要了一些玉米，可邓小平却一定要警卫员将玉米还给老百姓，还通过这件事情教育警卫员无论何时都不能侵占人民群众一丝一毫的利益。邓小平军队中的一个战士曾不小心骑马撞伤了一个从身旁经过的老百姓，邓小平不但让那个战士亲自上门赔礼道歉，还用自己的补助给这名受伤的百姓治伤。

1931年，瑞金已经完成了土改工作。一天中午，邓小平来到农民黄木生家时，看到他们一家人正在吃着野菜红薯拌饭。"老黄，秋粮刚刚收下来，你们怎么吃野菜红薯呢?"邓小平疑惑地问。通过接下来的谈话，

国学名句集锦

农，天下之本，务莫大焉。

——《史记·孝文本纪》

邓小平了解到黄木生家里虽然分得了三亩地，但都是山田，土质差，又缺水，根本不能种水稻，只能种红薯，但即便是种红薯也收不了多少。邓小平一听就明白了，这里面肯定有人在捣鬼。

第二天，邓小平就挨家挨户地调查，惩办了暗中捣乱的地主土豪。随后，他又发动大家重新丈量土地，并按照好坏均分、远近搭配的原则合理分地，将军队与人民之间的关系又拉近了一步，同时也是邓小平对老百姓情真意切的体现。就这样，邓小平以其独特的人格魅力，博得了广大人民群众的热爱与尊重。

反观现在，少数党员干部总是将自己当成“父母官”，将自己架在“主人”的位置上下不来，丝毫看不出“人民公仆”的角色。也有的党员干部为群众做一点事情便觉得自己高人一等，是人民群众的“恩人”。还有一些党员干部总是坐在办公室里发号施令，就算来到基层也是走形式、做样子，压根就没把人民群众的事情放进心里，更有一些党员干部欺上瞒下，眼光只放在搞“政绩工程”上，丝毫没有为民办事的意识。更有甚者，还成了当地的“土皇帝”，独断专行，不允许群众提出丝毫建议，乃至滥用职权，打击报复……归根结底，就是因为这些党员干部完全抛弃了“全心全意为人民服务”的宗旨，完全不记得自己党员干部的身份，倒置了与老百姓之间服务与被服务的关系。

《中国共产党章程》中明确规定：“党的干部是党的事业的骨干，是人民的公仆。”所以，党员干部要牢记这一点，要学习伟人的“人民观”，将“以民为本，民为父母”的思想贯彻到自身工作的方方面面，用“公仆”的心态竭尽心力，用纯洁善良的心态为人民服务，身体力行，真正做到“权为民所用，情为民所系，利为民所谋”，当好党的干部和百姓的子女。

“群众利益无小事。”习近平在《心无百姓莫为官》《为民办实事成于

国学名句集锦

强本节用，则人给家足之道。

——《史记·太史公自序》

务实》等文章中，都指出了领导干部怎样对待“大事”“小事”的问题。他一语中的地说：“对百姓来说，他们身边没一件琐碎的小事，都是实实在在的大事，有的甚至还是急事、难事。如果这些小事得不到及时有效的解决，就会影响他们的思想情绪，影响他们的生产生活。”

习近平着重指出，为民办的这些实事，既体现于推动经济社会发展和惠及全社会的“大事”，也体现在与老百姓日常生活息息相关的家门口的“小事”。“群众利益无小事”，抓好为民谋利的“小事”，必须要像抓“大事”那样坚持“求真务实”的精神，将这种精神体现在为民办事的具体工作之中。

习近平还非常重视人民群众的陈诉和请求，重视面对面地消除矛盾。他在《面对面做好群众工作》一文中将领导干部“下访”制度作为例子，指出领导干部在危难险阻等关键时刻，应该冲在最前列。面对群众工作中比较重要的“信访”问题，领导干部也应该站在最前面，面对面地做好群众工作，要变“群众上访”为“领导下访”，这不仅是一种思想观念上的转变，也是一种工作方式上的创新，是又一种党员联系群众的重要渠道。

国学名句集锦

女有余布，男有余粟，国家殷富，上下交足。

——《汉书·扬雄传》

符实——闭门造车难合辙

中国有句俗语说“闭门造车难合辙”，意思就是自己关起门来造车，而不顾实际情况，最终做的都是无用功。政策是一种方向和指引，所以一定要符合基层实践的实际情况。

战国时期，楚国有个人坐船渡江。船到江心，他一不小心，把随身携带的一把宝剑掉落江中。船上的人对此感到非常惋惜，但那楚国人似乎胸有成竹，马上掏出一把小刀，在船舷上刻上一个记号，并向大家说：“这是我宝剑落水的地方，所以我要刻上一个记号。”大家虽然都不理解他为什么这样做，但也不再去问他。

船靠岸后，那楚国人立即在船上刻记号的地方下水，去捞取掉落的宝剑。捞了半天，不见宝剑的影子。他觉得很奇怪，自言自语地说：“我的宝剑不就是在这里掉下去的吗？我还在这里刻了记号呢，怎么会找不到了呢？”至此，船上的人纷纷大笑起来，说：“船一直在行进，而你的宝剑却沉入了水底不动，你怎么找得到你的剑呢？”

国学名句集锦

任人之长，不强其短。

——《晏子春秋·内篇·问上》

这个故事告诉我们，用静态的目光来看待动态的事物，一定会出现与实际相脱节的错误。

我们党为百姓服务的第一步，即是颁布执行与群众利益相符的政策。关于这一点，邓小平主张一定要坚持群众路线，无论在共产党内部还是外部都必须实行民主政治，采取民主式的领导方式。他在民主革命阶段就曾说过："民主政治的好处，正在于它能够及时反映各阶级各方面的意见，使我们能够正确地细心地去考虑问题、决定问题；它能够使我们从群众的表现中去检验我党的政策是否正确，是否为群众所了解所拥护。"

一个给老百姓争取利益的政治党派，最担心的是不知道百姓的想法，不了解基层的工作。早在革命战争时期，邓小平就明确指出："我党要善于在一切工作中，一切运动中，大大发扬群众的民主主义作风，与一切不民主的现象作斗争。有了民主主义作风，才有广大的群众运动；有了广大的群众运动，才是真正的布尔什维克党。"

听取百姓的意见，维护百姓的利益，这是一个态度问题。邓小平指出："人民群众提出的意见，当然有对的，也有不对的，要进行分析。党的领导就是要善于集中人民群众的正确意见，对不正确的意见给以适当解释。"他还在《五年来对敌斗争的概略总结》一文中说："经验尤其证明：谁关心人民的问题，谁能帮助人民想办法去和敌人斗争，保护人民利益，谁就是群众爱戴的领袖。"共产党是一个人数众多的执政党，然而相对于广大的人民群众而言，党员数量毕竟还是少数。

共产党为什么有力量，就是由于一直深入百姓、依靠百姓，能够将百姓的聪明才智与创新精神聚集起来。失去百姓的拥护，共产党一刻也无法立足。邓小平说："革命和建设问题解决得好不好，党能否领导得好，关键在于党能否依靠群众。"他在中国共产党第十二次全国代表大会的开幕

国学名句集锦

得言不可疑不察。

——《吕氏春秋·慎行》

词中指出："我们党现在已经是一个拥有三千九百万党员、领导着全国政权的大党。但在全国人民中，共产党员始终只占少数。我们党提出的各项重大任务，没有一项不是依靠广大人民群众的艰苦努力来完成的。"

关于改善党的领导，邓小平指出："极其艰巨复杂的社会主义现代化建设任务摆在我们的面前，很多旧问题需要继续解决，新问题更是层出不穷。党只有紧紧地依靠群众，密切地联系群众，随时听取群众的呼声，了解群众的情绪，代表群众的利益，才能形成强大的力量，顺利地完成自己的各项任务。"

2012 年，习近平在中共中央党校开学典礼上发表讲话时说："同志们出入中央党校大门时，都会看到花岗岩上镌刻的'实事求是'四个大字。这四个字，是毛泽东为中央党校题写的校训。大家在学习和工作中，要注意深刻理解实事求是的科学含义和精神实质，正确掌握实事求是这个马克思主义的精髓和灵魂，始终按实事求是的要求办事。"

习近平强调："坚持实事求是，就必须坚持理论联系实际。理论是从实践中产生的，理论是否正确还要接受实践检验并要在实践中得到丰富和发展；同时，理论只有与实际紧密联系，才能发挥对实践的指导作用，实现自身的价值和意义。"

习近平还指出："理论如果脱离了实际，就会成为僵化的教条，就会失去其活力与生命力。理论家如果脱离了社会实践，只是从书本上来到书本上去，就会成为空洞的理论家，而不可能成为党和人民所要求的实际的理论家。"

所以，党员干部只有能够对当今中国和世界的经济、政治、文化、社会等领域的重大问题做出科学的符实的决策，能够提供解决问题的正确方案，才能真正成为引领人民群众共同走向全面小康社会的正确的人。

国学名句集锦

诚有功，则虽疏贱必赏；诚有过，则虽近爱必诛。

——《韩非子·主道》

熟虑——远虑者安，无虑者危

“远虑者安，无虑者危。”出自诸葛亮的《便宜十六策》。意思是说，在事情发生之前就预先想到可能的结果并且做好应对准备，就会在事情真正发生时安全度过；如果在事情发生之前没有想到，也没有做好应对准备，那么事情发生时就会变得处境危险。

诸葛亮一生思虑周全，有很多相关的故事流传下来。诸葛亮的最后一次北伐是与司马懿对峙于渭水，终因操劳过度病死军中。诸葛亮在弥留之际嘱咐杨仪，死后不要办丧事，用木头制一个自己的雕像置于车上，所有事务像平时一样进行。诸葛亮病逝之后，尸身放在灵车上的一个盒子里，由 300 余名精挑细选的官兵护送，准备运回成都。司马懿率领部队追赶蜀军，料定诸葛亮已经去世。然而到了半路上，他开始犹豫，担心是不是又被诸葛亮算计了。此时夏侯霸领着探子来报告，五丈原的蜀军营地已经没有人了。司马懿听了之后将信将疑，率军前往五丈原，果然看到蜀军营地已经空无一人。他担心蜀军已经撤走，马上率军前去追赶。

国学名句集锦

人无远虑，必有近忧。

——《论语·卫灵公》

就在马上追赶上蜀军的时候，蜀军掉转头来猛烈进攻司马懿，“汉丞相武乡侯诸葛亮”的大旗也在迎风招展，而“诸葛亮”则端坐在四轮车上。这让司马懿吓得不轻，心想又被诸葛亮算计了，因此调转马头就跑，魏军士兵也纷纷抱头鼠窜，自相踩踏，一直逃出五十里开外才渐渐停下，得知蜀军已经走远，才放下心来。司马懿四处打听蜀军的去向，却早已看不到他们的踪迹了。

事后，司马懿获悉，诸葛亮的确已经不在人世了，蜀军也全都撤回了汉中，而他当时见到的诸葛亮，不过是一座木头雕像而已，这让他后悔不已。从此，便有了“死诸葛吓走活仲达”这句谚语。这其实也是反映了诸葛亮与司马懿两人的性格特点——诸葛亮思谋远虑，而司马懿则狡诈多疑。

毛泽东之所以能够成为时代的巨人，正是因为他遇事深思熟虑，面对当时复杂的国际情况，能够更加长远地看到未来，而不仅仅是靠足智多谋。

解放战争进行到 1948 年，毛泽东就做出了“再有一年左右的时间，便可能将国民党反动政府从根本上打倒了”的论断。也就是从那个时候开始，党和中央领导人就开始为“解放之后的国家要采取什么样的外交政策”“怎样在世界政治格局中确定自己的位置”等问题，进行积极的谋划。

而在国际环境方面，1946 年丘吉尔发表的“铁幕演说”，揭开了资本主义世界与社会主义世界的冷战，而中国共产党在国内革命战争中的接连胜利，更是直接打破了美苏在“雅尔塔体系”中的私相授受。因此，毛泽东在新中国成立之前不久，发表了《论人民民主专政》这篇文章，并明确表示“新中国将选择苏联作为盟友”“执行‘一边倒’的外交政策”。

之所以做出这样的决定，毛泽东是经过充分考虑的。解放战争迅速取

国学名句集锦

人恒过，然后能改，困于心，衡于虑，而后作。

——《孟子·告子下》

胜，长时间立足于乡村的中国共产党尚未具备充分的城市管理经验，也不知道怎样去建设一个工业化、现代化的新中国。实际上，从1927年开始掌握国家政权的国民党，在工业化建设方面也没有取得什么成绩。所以，这些迫切需要的帮助，是无法从美国或其他西方国家那里获得的。因此，和苏联结盟是当时中国共产党仅有的一个选择。

深思熟虑方可制定决策、修订决策、执行决策。在工作上，想多少都不怕多，只怕不愿意去想、不愿意担当。一个工作岗位要不厌其烦地从事十几年甚至几十年，能够做好、做到位是件非常不易的事情。

为了更好地贴近群众，适时地解放思想，作出调整工作也是很有必要的，在决策阶段就要舍得打破旧的思想壁垒，构建新的规则底线，大胆革除一切制约发展的旧制度，响应国家提出的探索开放型经济，根除一切束缚创新、创业的弊端。

进一步深化改革，已经成为目前中国最为急迫的事情。在这个关键时期，不解放思想就不能适应不断变化发展的实际，所以党员干部必须打破惯有思维，拆除思想上的"藩篱"，摒除不合时宜的旧观念，勇于接受新生事物。

在"熟虑"中解放思想，这是保持先发优势的基础。如今，在扩大开放和市场经济发展中会出现许多新生事物，"互联网＋"就是其中之一，这也是当前最热门的话题。想要更好地利用"互联网＋"推动地方开放进程、打开更大的市场，党员干部应当注重"放开"的实际效用，不要生搬硬套现有经验，要善于面对更大的风险，善于抓住更多的机遇，同时把工作重点放在各种风险的管控上，在服务中抓管理，主动改进制度，适应新形势和新趋势，鼓励敢于尝试、敢于创新的突破进取精神。

国学名句集锦

处满常惮溢，居高本虑倾。

——唐·陈子昂《座右铭》

顺民——政之所兴，在顺民心

“政之所兴，在顺民心；政之所废，在逆民心。”出自《管子·牧民》。意思是说，政权之所以能兴盛，在于顺应民心；政权之所以废弛，则因为违逆民心。

是否“顺民”导致的成败，最典型的例子就是“楚汉之争”。

秦朝末年，楚国贵族出身的项羽起兵反秦，他凭借军事方面的才华以及出身方面的优势，在所有反秦势力当中独树一帜。项羽天生神力，高大魁梧，非常有威信。而另一股反秦势力的首领刘邦，自年轻时就游手好闲，不安分守己，也不擅长作战，更无贵族儒雅之气。

然而，项羽在获得初步胜利之后，便肆意残杀六国旧贵族，还将各股反秦势力推举的代表楚怀王杀害。项羽对人民也十分残暴，就连已经归降的20万秦兵也全部屠杀。项羽非常自负，一向独断专行，对手下的提议根本不予采纳。

刘邦则因为生于普通百姓家，亲民爱民，待人宽容厚道，自知才疏学浅，因此非常看重人才，对归降的官兵也十分仁厚，想要继续当兵的就留

国学名句集锦

所谓平天下在治其国者，上老老而民兴孝，上长长而民兴弟，上恤孤而民不倍，是以君子有絜矩之道也。

——《礼记·大学》

下来，想要回家的全部放走，深得民心。

最后，项羽因为凶狠残暴、毫无仁爱之心而失去人心，陷入孤立，刘邦却赢得了人们的拥戴。在5年之久的楚汉战争当中，尽管刘邦被项羽打败数次，却还是持续得到人民的扶持，因此得以一次又一次反扑。可是项羽在败给刘邦之后，便成了孤家寡人，全部官兵都离开了他，最终彻底被刘邦击败，无奈之下拔剑自刎。刘邦由于赢得了百姓的拥戴而登上帝位，建立了掌握政权四百年之久的汉王朝。

群众路线是党的根本工作路线，以毛泽东为代表的中国共产党在长期斗争中形成了“一切为了群众，一切依靠群众”和“从群众中来，到群众中去”的群众路线。

邓小平曾经对“群众路线”进行了全面深入的阐释，早在1941年，担任八路军129师政委的邓小平，在发表于《党的生活》第三十五期上的《党与抗日民主政权》这篇文章中提到：“确切地说，党的优势不仅在于政权中的适当数量，主要在于群众的拥护。民主政治斗争可以使党的主张更加接近群众，可以使群众从自己的政治经验中更加信仰我党。”“我们要在民主政治斗争中，保证党对政权的领导，我们更要在民主政治斗争中，使党成为群众的党！”

1956年，邓小平又强调指出：“如果不从认识方法上解决党的主张必须是‘从群众中来，到群众中去’的问题，那么，党同人民群众的关系问题仍然不能真正地解决。”事实表明，很多党员干部并不是不想为百姓做事，而是事情没有做好，反而让百姓的利益遭受了严重的损害。这是由于他们自诩为先进分子，认为自己知道的比百姓多，所以遇到问题不走群众路线，最后他们的想法在百姓当中往往寸步难行。

可是，这些党员干部还不去反省自己，反而认为是百姓的无知与一些偶然因素导致其失败，所以又借助我们党的威望和信誉，继续独行其是，

国学名句集锦

得百姓之力者富，得百姓之死者强，得百姓之誉者荣。三得者具而天下归之，三得者亡而天下去之。

——《荀子·王霸》

导致其错误日益加深。此类脱离群众的做法给我们的党和群众带来的损害是数不胜数的，严重地影响了党和群众的关系。因此，不走群众路线，无论领导人多么富有才华都无法做出正确的领导。

我们的党源于百姓，依靠百姓，为百姓做事，博得百姓的信任，是全国所有老百姓忠诚可靠的代表。邓小平曾经说过："共产党是工人阶级和劳动人民中先进分子的集合体，它对于人民群众的伟大的领导作用，是不容怀疑的。它之所以成为先进部队，之所以能够领导人民群众，正因为，而且仅仅因为，它是人民群众的全心全意的服务者，它反映人民群众的利益和意志，并且努力帮助人民群众组织起来，为自己的利益和意志而斗争。中国共产党的含意或任务，如果用概括的语言来说，只有两句话：全心全意为人民服务，一切以人民利益作为每一个党员的最高准绳。"

习近平也非常重视并始终坚持群众路线，他在2014年新年贺词中指出："我们推进改革的根本目的，是要让国家变得更加富强、让社会变得更加公平正义、让人民生活得更加美好。"

从贺词当中可以看出，"让国家变得更加富强、让社会变得更加公平正义、让人民生活得更加美好"，不但是促进改革的基本目标，还是对如今百姓新希望的响亮回答。这个回答解民之忧、顺民之意、得民之心。

唯有坚定不移地深化改革，我们的国家方可变得更加富裕而强大。改革开放是我们党在新时期领导全国人民群众展开的又一次重大革命。从中国共产党第十一届中央委员会第三次全体会议举行开始，中国共产党用极大的政治魄力，全面实施改革，持续扩大开放，取得了震惊世界的成绩。

改革已经到了最重要的时刻，日益接触到深入的制度性问题，日益涉及到方方面面的利益，遇到的困难和障碍也日益增加。然而，要想全面建成小康社会，要想实现我们的中国梦，就一定要坚定不移地推进改革，并且在关键的方面与重要的步骤上加快改革的脚步。

国学名句集锦

夫兵者，凶器，财用之蠹，而民之残也。五帝三王弗能弭者，所以禁暴而讨乱，非欲耗财以害民也。

——北齐·刘昼《刘子·兵术》

集思——集众思，广忠益

陈寿在《三国志》中说："集众思，广忠益。"意思是说，集中群众的智慧，广泛吸收有益的意见，这样才能取得事业的成功。

"集众思，广忠益"是诸葛亮的一句话。诸葛亮足智多谋、学识渊博，但从不刚愎自用，他非常善于听取大家的建议，聚集大家的智慧，是我国历史上"智谋过人"的著名政治家和军事家。

刘备去世后，其子刘禅即位为蜀汉皇帝。诸葛亮作为丞相掌管蜀国的政权，成为实际上的执政者。诸葛亮在当时的威望极高，但从不独断专行，总是非常重视下属提出的建议。在诸葛亮府中掌管文书事务的杨颙，曾经劝他无需所有文书都亲自处理，委任那些不重要的事情给适当的部属去做，自己主要负责处理政治军事方面的大事即可。

诸葛亮虽然非常感谢杨颙的建议，但因为担心此举会辜负刘备的嘱托，还是凡事都亲力亲为。后来，杨颙因病去世，让诸葛亮非常伤心，他为了激励部属积极参政议政，专门写了《教与军师长史参军掾属》这篇文

国学名句集锦

静言思之，躬自悼矣。

——《诗经·卫风·氓》

告，并提及“夫参署者，集众思，广忠益也”的观点。

毛泽东的成功，在很大程度上就得益于向历史学习，他深知“以古为镜可以知兴替”的道理。并且在阅读史书的同时，他还对史书进行过精妙绝伦、独具一格的批注。如对于孙膑的评价是“攻魏救赵，因败魏军，千古高手”，对臧质的评价是“一解汝南之围，二胜盱眙之敌，三克刘劭之逆”，对于刘彧的评价是因“内线作战，以寡对众，以弱敌强”而获胜，“可谓奇矣”。至于后唐灭梁，毛泽东表示这是因为“审机独断，往往成功”。而对于契丹擅于使用的战争策略，则是“诱敌深入，聚而歼之”。

毛泽东不仅善于评价史书，更能将其中的一些用在实际斗争中，做到“古为今用”。如通过对每个朝代的农民起义的成败进行分析，毛泽东认为“革命不可以‘没有巩固的根据地’”。如郭沫若纪念李自成起义300周年的文章《甲申三百年祭》发表后，毛泽东予以高度重视，并将其作为“整风”文件来看待，产生了很大影响。对于战国时期楚国辞赋家宋玉的《登徒子好色赋》，毛泽东认为这是典型的“颠倒是非”的狡辩。对于曹操早期重要的谋士郭嘉，毛泽东认为他是“多谋善断”的，且“重点在‘谋’字上”。在阅读《吕蒙传》后，毛泽东认为“公安干警应成为有文有武的人”。在品读《触龙说赵太后》一文后，毛泽东得出了“不注意严格要求我们的子女，他们也会变质”的结论等等。这些都足见毛泽东集古代历史之精华，转而为当代政治服务的可贵精神。

毛泽东从历史中，也得出了“群众是真正英雄，而我们往往是幼稚可笑的”“只有人民才是创造历史的动力”等著名论断，从而形成了中国共产党人的“群众观”，确定了我们党“从群众中来，到群众中去”的工作方式，这也是他“集众思，广忠益”精神的实际体现。1964年8月29日，毛泽东在接见尼泊尔代表团的时候，有一名团员问他：“您之所以这样伟大的秘密是什么？您力量的源泉是什么？请告诉我们，以便让我们多少学

国学名句集锦

动必三省，言必再思。

——唐·白居易《策林一》

得一点。”毛泽东说：“我没有什么伟大，就是从老百姓那里学了一点知识而已。虽然我们学了一点马克思主义，但是单有马克思主义还不行，要从中国的特点和事实来研究中国问题。”

关于“群众观”，毛泽东还说：“力量的源泉是人民群众，不反映人民群众的要求，哪一个也不行。要在人民群众那里学得知识，制定政策，然后再去教育人民群众。”美国著名学者兼记者、作家罗斯特里尔曾经说过：“毛泽东是二十世纪魅力超群的政治家。”就连一向反对共产党的美国著名国际关系学者、地缘战略家、国务活动家兹比格涅夫·布热津斯基，也实事求是地说，“事实证明，土生土长的马克思主义领袖毛泽东”，是“本世纪中国革命的杰出领导人物”。2000 年，美国的一个文化团体评选出了一千年间影响人类的 100 个人与 100 件事，只有毛泽东同时入选“100 个人”和“100 件事”，并非常例外地只引用了毛泽东的“哪里有压迫，哪里就有反抗”这句名言。

习近平也非常重视集思广益的重要作用。中央所作出的每一项重要决策，都是在广泛听取各界人士的意见的结果。因为只有集思广益才能让工作越来越好，让我们党不断进步。如 2013 年 7 月 25 日在中南海主持党外人士座谈会上，针对全国经济工作情况，习近平在听取党外代表人士的看法与提议后指出，中国如今的经济形势总的说来还是很不错的，同时也存在一些比较明显的矛盾与不足之处，应当集中群众的智慧，实实在在地进行处理。

而在广大基层，党员干部在处理一些具体事务时，也一定要进一步扩大党内民主，充分尊重每一位党员在党内的主体地位，推动基层民主政治建设的更深层次发展，通过实践使基层干部深切体会到实惠，促进决策的科学性，让民意表达更畅通，监督监管落到实处，为党员参政议事、发挥作用搭建平台，从而推进社会的和谐发展。

国学名句集锦

圣人常自视不如人，故天下无有如圣人者。

——清·叶玉屏《六事箴言》

缜细——河海不择细流

“太（泰）山不让土壤，故能成其大；河海不择细流，故能就其深。”这句《史记·李斯列传》中的名言，说的是泰山不拒绝泥土，所以能成就它那样的高大；河海不挑剔细小水流，所以能成就它那样的深广。比喻任何伟大事业的建立，都离不开点滴的积累。

“太山不让土壤”这句话是李斯在劝阻嬴政将其他国家的人才赶出秦国时所说的一句话。嬴政就是由于听从了李斯的建议，没有将那些单独看来没有多少力量的人赶走，而是集中了他们的力量，才得以最终一统天下，建立帝业的。

李斯原本是楚人，因为发现秦国的实力强大，有统一天下的希望，便投奔秦国。李斯先投在秦国丞相门下，因为巧舌如簧、能言善辩，被秦王嬴政看中，封为客卿，即外来执政官。

此时，秦国来了一位水工，相当于我们现在的水利工作者，此人姓郑，是韩国人。这位水工提议秦国修建大运河，用来引水浇灌庄稼。而事

国学名句集锦

天下大事必作于细。

——《老子》

实上，这是一个阴谋：韩国想通过庞大的工程来消耗秦国的力量，让其无力攻打韩国。

在工程进行到一半的时候，嬴政发现自己被欺骗了，非常愤怒，决定处死这名韩国水工。而且，基于此次事件，原本就对客卿有意见的秦国大臣，便趁机向嬴政提出将客卿全部驱逐，当然也包括李斯。

此时，李斯向嬴政上书，劝他说，选用人才，不应当仅限于本国人，而应当大范围地搜集人才并为己所用，这才有利于国家的发展。李斯还引用了那个时候的一句俗语，即“太山不让土壤，故能成其大；河海不择细流，故能就其深”。通过泰山何以大，河海何以深的道理来劝阻嬴政不要驱逐客卿。嬴政听取了他的提议，不但没有驱逐客卿，还更加看重李斯。

李斯辅政二十余载，协助嬴政歼灭六国，一统江山，自己也官拜丞相。李斯还提出了大量的改革方案，令秦国富裕强盛。到现在，泰山上仍然保留着由李斯执笔的秦始皇封禅泰山的碑文。

党员干部是老百姓的公仆，必须将百姓的大事小情系在心间，用“天下大事必做于细”的态度，全心全意地为百姓处理实际问题、解决疑难问题。要真正落实涉及百姓实际利益的各项工作，积极争取民心。

习近平在《之江新语·心无百姓莫为官》这篇文章中表明：“群众利益无小事。”群众的一桩桩“小事”，是构成国家、集体“大事”的“细胞”，小的“细胞”健康，大的“肌体”才会充满生机与活力。对老百姓来说，他们身边每一件琐碎的小事，都是实实在在的大事，有的甚至还是急事、难事。如果这些“小事”得不到及时有效的解决，就会影响他们的思想情绪，影响他们的生产生活。

2013年，四川省芦山县发生强烈地震之后，习近平非常关心，专门赶往受灾地区进行调查研究。对于灾民的安置情况，以及后续工作的展开

国学名句集锦

择才不求备，任物不过涯。

——唐·元稹《遣兴》

等所有具体问题都给予了高度的重视。习近平在《之江新语·小事小节是一面镜子》这篇文章中强调：“于细微处见精神，于细微处也见品德。”“小事小节是一面镜子，能够反映人品，反映作风。小事小节中有党性，有原则，有人格。”

每一位党员干部要从自己开始、从小事开始，率先发扬和提倡优良作风，积极打造健康的从政氛围。百姓的眼睛里容不得沙子，百姓的建议就是我们面前的镜子。只要百姓的提议有利于从严治党，我们就应当仔细聆听、尽量吸纳。

国学名句集锦

一人之智，不如众人之愚；一目之察，不如众目之明。

——唐·马总《意林》

推敲——路漫漫其修远兮

“路漫漫其修远兮，吾将上下而求索。”出自屈原的《离骚》。在追寻真理方面，前方的道路还很漫长，但我将百折不挠，不遗余力地去追求和探索。

古时候的文人学者在吟诗作对的时候十分重视炼字，反复推敲，多次吟咏，方能下笔。“为人性僻耽佳句，语不惊人死不休”“吟安一个字，捻断数茎须”“诗赋以一字见工拙”等等，均体现了他们对炼字的重视。在关键位置炼得好字，整首诗词的水平马上得以提升，让人另眼相看，这就是我们常说的“诗眼”或者“词眼”。

古时候的文人学者因一个字而多次精心修改，这样精益求精的精神值得我们认真学习。以文章喻人，人在做事的时候，也应当反复推敲，不断纠正错误，寻找更好的办法，如屈原所说的“上下而求索”。

改革开放始于 1978 年。可是对邓小平而言，改革在 1974～1975 年便已经开始了。1975 年初，邓小平复出。面对“文革”后期杂乱无章的社会秩序，邓小平着重指出，党员干部应顾全大局，将社会经济发展起来，

国学名句集锦

言必虑其所终，而行必稽其所敝。

——《礼记·缁衣》

并制定了彻底整治的工作计划。实际上，整治即改革。由于那个时候派系斗争激烈，部分领导班子懦弱散漫，仅重视革命，不重视生产，所以邓小平在指导彻底整治的时候曾数次提出要“敢字当头”。

1975 年 5 月邓小平于国务院办公会议上指出：“现在，干部中的一个主要问题，就是‘怕’字当头，不敢摸老虎屁股。”同年 9 月至 10 月，邓小平在农村工作座谈会中又一次指出：“现在问题相当多，要解决，没有一股劲不行。要‘敢’字当头，横下一条心。这半年来，我讲了多次话，中心是讲‘敢’字当头。”“‘敢’字当头”，彰显着改革精神，不仅针对他人，也针对自己。

邓小平曾经提出了大量重要的改革思路。在精神上，邓小平着重指出“要‘敢’字当头”，敢于有自己的想法，敢于说出自己的建议，敢于进行实践和创新。在作风上，邓小平始终反对拖延懈怠，他认为处理问题绝对不可拖延，拖延永远解决不了问题。他指出改革就要把握机遇，及时做出决定。

在方式、方法上，邓小平指出，改革是一场大试验，“胆子要大，步子要稳，走一步，看一步”，也就是说每一项改革措施在实施之前均须进行试验，反复推敲，获得经验之后方可大力推行；而且，应当依照实际情况，确定改革措施的程序与强度；对短时间之内无法推行的改革措施，不能强加推行，而应当一步步奠定基础，使问题最终得以顺利解决。

2014 年，习近平在“党的群众路线教育实践活动总结大会”上做了重要发言，他立足于我们党的整体事业，全面归纳了此次活动获得的巨大成就，深入论述了新时代做好共产党内部集中教育获得的新见解和新经验。他说：“这次教育实践活动，对我们探索新形势下从严治党的特点和规律具有十分重要的牵引作用。”切实体会学习习近平此次讲话的重要精

国学名句集锦

动则三思，虑而后行。

——《三国志·魏书·杨阜传》

神，进一步在从严治党方面探寻求索，抓住规律，持续进步，是我们党必须面对的一项长期战略任务，不仅要坚持贯彻政策，确保执行力，更要在执行的过程中多次推敲，直到找到符合本地实际情况的执行方法。

在此次活动当中，党员干部用除旧布新、真抓实干的态度，不仅坚决保持了从严治党的优良传统与做法，还综合新时期的特征进行革旧鼎新，通过各种各样的内容与形式深入进行，从而令此次学习活动实现了预定的目标，获得了巨大的成就，加强了我们对新时期从严治党规律的了解。

从严治党一定要由领导者以身作则，从上至下地推行。亲力亲为、做好榜样是中国共产党的好传统。习近平在发言中，反复强调“坚持领导带头”的要求。中央在对党员干部提出要求的同时，自己应当做到前面，为党员干部树立榜样。“子帅以正，孰敢不正”，要使从严治党能够立足，并长期进行下去，一定要由上到下、上行下效、严格要求、谨慎推敲。

认识事物的道理简单，能够做到做好却困难，能找到不足之处不代表想要处理它，重点是应当做到既能够认识问题，也能够解决问题。其价值还体现在教育与实际活动相结合，齐抓并进，“以知促行、以行促知”，在认识和行动的不断互动中完成它们的有机结合。

国学名句集锦

凡事皆当谨始虑终。

——明·薛瑄《读书录·慎动》

恒用——政贵有恒

《尚书·毕命》中说："政贵有恒。"意为政策贵在持久。纵观中国历史朝代更替，其中周朝国祚绵延八百余年之久，相隔几千年至今，其政策法度对当代社会必然不能全部适用，但仍不妨取其精华为我所用。

周王朝之所以能够绵延八百余年，主要是因为其治国根基在孝与悌。当时，孝悌的基础已经十分深厚。周文王姬昌对其父季历十分孝敬，真正做到了"晨则省，昏则定"。每日早中晚，姬昌必定都要去问候季历，看看他觉睡得好不好？饭吃得好不好？如果季历食欲不佳，姬昌心里便会非常着急。直到季历胃口好一点，吃饭较为正常的时候，方才放下心来。

因为姬昌的以身作则，周武王姬发对他也十分孝敬。有一回姬昌患病，姬发在身边照顾了他 12 天，连衣帽都没有脱下来过，就那样一刻不离地侍奉父亲。因为姬发的孝心，姬昌的身体不久便恢复了，这就是"孝感动天"。

国学名句集锦

家有常业，虽饥不饿；国有常法，虽危不亡。

——《韩非子·饰邪》

除此之外，周代也用“悌”来治理国家。季历还有泰伯和仲雍两个哥哥。姬昌降生时，姬昌的爷爷周太王十分高兴，认为这个孩子有帝王之相。

而泰伯和仲雍见周太王如此喜欢这个孩子，便说好以为周太王出去采药为名一起离开，始终不曾回来，将君位让给了自己的兄弟季历，从而使姬昌得以继位。泰伯与仲雍的行为既对周太王尽了孝道，让他可以按照自己的心意行事，不必有所顾虑；同时也对季历尽了兄弟之义，连君位都能够相让，兄弟之间还会因何而不睦？周代的百姓都将这些圣贤当成楷模，因此周王朝可以延续八百余年。当时的百姓都知道谦让，因此形成了极佳的社会风气，国家才得以长盛不衰。

新中国成立后，很多政策法令同样存在着一定的连续性和稳定性。1989 年，邓小平提出了“冷静观察”“站稳脚跟”“沉着应付”“决不当头”“善于守拙”“做好自己的事情”等一整套针对当时特定历史条件所提出的应对之策，后来被总结为“韬光养晦，有所作为”的八字方针。

如果知道我国在当时所面临的国际国内局势，就知道上述应对之策自然属于暂时的办法。因为那个时候一些人不够冷静、自己乱了方寸，才会出现“冷静观察”“站稳脚跟”“沉着应付”这样的规劝，也是由于那个时候一些人极力主张中国举起社会主义阵营的大旗，才会出现“决不出头”的警告。

然而，局势迅速出现重大改变。从 20 世纪 90 年代起，我国遵循“韬光养晦”的战略方针，不露锋芒，脚踏实地，既在不稳定的局势中得以立足，还能够大步向前。在邓小平逝世 10 周年前后，我国的国内生产总值连续超越英国、法国和德国，又超越日本成为国际上仅次于美国的第二大经济体。

国学名句集锦

酒以成礼，过则败德。

——《三国志·吴书·陆凯传》

如此 30 多年不间断地突飞猛进，使我们国家成为真正的世界大国，既提高了我们自己，也影响了全球。

如今，不管中国有什么动作，均将对世界产生影响，就连内部事务都被理解为对外交往，上述八字方针似乎已经过时了。可是事实上，“韬光养晦”的战略方针一直都在发挥着作用。时至今日，国际关系学领域的大部分学者仍然坚持认为，中国“韬光养晦”的政策依旧具有重大意义。

2012 年，习近平在党外人士经济座谈会中发表重要讲话，他强调：“我们要坚持‘两点论’，一分为二看问题，既要看到国际国内形势中有利的一面，也要看到不利的一面，从坏处着想，做最充分的准备，争取较好的结果。”

同年，习近平在广东举行经济工作座谈会的时候再次指出：面对错综复杂、快速变化的形势，我们要“从坏处准备，争取最好的结果，牢牢把握主动权”。从最坏的可能性着想，在此基础上确立政策、部署工作，是毛泽东一贯倡导的工作方法，体现了马克思主义的唯物辩证法和科学方法论。

中国共产党第十八次全国代表大会之后，习近平曾经多次指出要坚持上述科学方法论，并将其总结为“坚持底线思维”“稳中求进”“稳中有为”，给我们提供了指导实际经济工作向前发展的纲领。

为何要采取这样的方针政策呢？习近平说：“中国是一个大国，决不能在根本性问题上出现颠覆性错误，一旦出现就无法挽回、无法弥补。”大国政策重在持久，不能朝令夕改，那样不是具有胆识、行事果断，而是欠缺稳重妥当的做法。

因此，我们在经济工作当中必须“坚持底线思维”，充分了解并准确判断机会与考验，事先做好准备工作，增强研究判断，谋划准确周到而后

国学名句集锦

法大弛，则是非易位，赏恒在佞，而罚恒在直。

——唐・刘禹锡《天论》

行动，在维护全局平稳安定的基础上，稳步前进、有所作为。

“凡事预则立，不预则废。”在每一项经济工作当中，我们唯有坚守底线，才可以在面对复杂局势的时候从容镇定，维护全局的平稳安定；唯有做最坏的打算，才能防患于未然，夺取主动权，获得最满意的结果。相反，假设我们仅盯着优势与机会，对危机与阻碍缺乏判断，轻率鲁莽，莽撞行事，就非常有可能因性急求快而无法达到目的，不仅无法取得满意的结果，还可能连已经取得的成绩也毁于一旦。

国学名句集锦

限以资例，则取人之路狭；不限资例，则取人之路广。

——北宋・欧阳修《再论台官不可限资考札子》

第五章　道　义

“铁肩担道义”是李大钊激励中国青年奋发有为的一句警语，如今也一样适用于广大的党员干部。和平年代，党员干部的“道义”就是坚持“立党为公，执政为民”的根本原则，继续发扬革命传统，磨砺自己，廉洁奉公，为全面建成小康社会做出更大的贡献。

◎**合心**——人心齐，泰山移

◎**遵法**——守法持正，嶷如秋山

◎**信仰**——虽九死其犹未悔

◎**守道**——道不行，乘桴浮于海

◎**崇义**——守正直而佩仁义

◎**端正**——心正则笔正

◎**诚挚**——以心相交者，成其久远

◎**敬天**——能敬必有德

合心——人心齐，泰山移

“人心齐，泰山移。”出自《增广贤文》，意思是只要大家齐心协力，就可以形成能够移动泰山的强大力量，克服一切艰难险阻。

古往今来，人们总是在面临巨大危机的时候，才会意识到团结的重要性，也才会爆发出巨大的能量。如《汤誓》中说：“聿求元圣，与之戮力同心，以治天下。”《左传·成公十三年》也说：“昔逮我献公及穆公相好，勠力同心，申之以盟誓。”

相传夏朝最后一位君主桀非常暴虐，他从各地搜寻美女，“筑倾宫、饰瑶台、作琼室、立玉门”，并专宠妹喜，日夜都在饮酒作乐，据说他所开掘的酒池大得可以航船，在酒池中的船上醉酒的人，常常直接跌入酒池溺死。桀骄奢淫逸，不修内政，弄得百姓怨声载道，民不聊生。这时候，各个诸侯国也在蠢蠢欲动，其中商的国君汤就以“贤明”而远近闻名，得到了贤士伊尹的辅佐，具备了空前强大的实力。随着桀变得日益残暴，汤见时机成熟，于是与臣民“戮力同心”，终于推翻了残暴的夏桀统治，建

国学名句集锦

二人同心，其利断金；同心之言，其臭如兰。

——《周易·系辞上》

立了商王朝。

公元 208 年，在长江边上的赤壁，孙权、刘备联军以弱胜强，用火攻的方式大破强大的曹操军队，这是东汉末年“三大战役”中最为著名的一场，也是中国历史上著名的以少胜多的战争之一。战争之初，曹操依仗自己军力强大，追逼得刘备毫无招架之力。在此危急情况下，诸葛亮奉命说服孙权，以求合作。孙权起初是不想合作的，但诸葛亮晓之以理动之以情：“如今天下大乱，曹操已夺得北方大部分势力，紧接着就要南下攻打荆州，在曹操大军威势压迫之下，谁能与曹操直接抗衡呢？不过，如果以江东的人马、实力，联合我们刘皇叔，事情的结果可就不一样了。”

孙权并不相信诸葛亮的说法，因为当时刘备刚刚在长坂坡战败，曹操的军队兵强马壮，就算是双方联手又如何能够取胜呢？诸葛亮道：“虽然刘皇叔在长坂坡失败，但是他还剩下一些兵马，加上关羽的水军，大概有一万精兵。另外，刘琦集结的江夏郡的战士也不下一万人。况且，曹操的军队奔袭而来，我们以逸待劳；曹操这些北方人不擅长水战，我们胜算还是很大的。”最终，孙权被诸葛亮说得动了心，终于答应双方联合抗击曹操，在赤壁之战后迫使曹操狼狈撤退到北方，“天下三分”的局面也由此初具雏形。

“团结就是力量”是亘古不变的道理，尤其在抗日战争中，在血的教训面前，我们明白了“齐心协力”的重要性。习近平在纪念“全民族抗战爆发 77 周年”时发表的重要讲话中指出：“全党全国各族人民要大力弘扬伟大抗战精神，不断增强团结一心的精神纽带、自强不息的精神动力。”“历史是最好的教科书，也是最好的清醒剂。”

1937 年 7 月，日寇发动了全面侵华战争，让我们的国家与民族一下子

国学名句集锦

四海之内，皆兄弟也。

——《论语·颜渊》

就陷入到了生死存亡的危急关头。这个时候，中国共产党挺身而出，肩负起了挽救民族危亡的艰巨任务，号召建立“抗日民族统一战线”，团结一切可以团结的力量，共同抗击日本侵略者。从此，全国各族人民齐心协力，共同对敌，勇往直前地投入到挽救民族危亡的斗争中去，最终赢得了抗日战争的伟大胜利。

八年的抗日战争给我们的民族留下了许多创伤，也给我们留下了非常珍贵的精神财富。这场中华民族抗击日本侵略者的伟大战争，让我们团结与觉悟达到了空前的程度，让无数有识之士意识到，只有全国各族人民万众一心、齐心协力，才可以通过发展道路上的一切危机与考验，才可以持续赢得一次又一次的胜利。只要我们万众一心，我们的国家与民族就不可战胜!

落后就会挨打，为了避免再次遭受到外敌的入侵，我们必须发展自己，壮大自己，这是我们的首要任务。新时期，我们只有坚定不移地拥护中国共产党的领导，充分推行改革，持续强化万众一心、众志成城的精神纽带，才能促进经济社会不断向前，保持中华民族和平发展的意志毫不动摇，伟大的复兴梦想也才能最终实现。

2013 年，习近平总书记在会见国民党荣誉主席连战和随行的各界台湾人士时表示:“大陆与台湾是同舟共济的命运统一体。近代以来，我们的国家惨遭列强欺辱。每每提及那段悲惨的历史，所有中国同胞的内心都无法平静。实现我们整个民族的伟大复兴，是我们从近代开始最为伟大的梦想。如今，中华民族比以前任何时候都更有自信和实力实现这一梦想。‘兄弟齐心，其利断金。’实现我们整个民族的伟大复兴，要靠两岸同胞一起努力。我们真心期待着和台湾一起进步，两岸同胞一起来圆‘中国梦’。”习近平的这段话，也很好地诠释了“齐

国学名句集锦

和民一众，不知法不可。

——《管子·七法》

心协力”的重要意义。

对于每个党员干部来说，尽管彼此之间的经历不尽相同，学习能力上也会有所差异，对同样的问题也会有不同的认识，但只要肯于为能更好地完成工作而摆正自己的位置，摒弃私心杂念，保持谦虚谨慎、不骄不躁的作风，并严于律己，以民主的精神团结同志，才能形成团结互助、和谐融洽的关系，从而团结一心、齐心协力地完成全面建成小康社会的伟大目标。

国学名句集锦

兄弟和，虽穷氓小户必兴；兄弟不和，则世家官族必败。

——《曾国藩家书》

遵法——守法持正，嶷如秋山

刘禹锡在《司空奚公神道碑》中说：“守法持正，嶷如秋山。”意思是说，严格遵守法律制度，主持正义，如高山一般坚定不移。

中国历史悠久，在五千年的历史长河中，有很多遵法守法的典故。战国时期法家重要代表人物申不害非常反对那些制定了法律却又徇私枉法的行为。他指出：“天道无私，是以恒正；天道常正，是以清明。”主张一国之君不但要拥有掌控众臣的“术”，还要做到公平正义、不徇私情，唯有如此方可使众臣忠诚地对待自己的岗位。

申不害曾经对韩国君主韩昭侯说：“法者，见功而与赏，因能而受官。今君设法度而听左右之请，此所以难行也。”可是，《战国策》中却记载了这样一件事情：申不害曾经私底下找到韩昭侯，希望为自己的哥哥谋个一官半职，结果被韩昭侯拒绝了，他非常不高兴。

这时，韩昭侯对他说：“这不是你教给我的治国之道吗？你总是对我说应当依照功劳的大小封官，现在又让我给你毫无功劳的哥哥授予官职，

国学名句集锦

法者，宪令著于官府，刑罚必于民心，赏存乎慎法，而罚加乎奸令者也。

——《韩非子·定法》

那么我应该接受你的要求而摒弃你的理论呢，还是应该奉行你的理论而拒绝你的要求呢?”

申不害连忙向韩昭侯请罪道：“您真是一位圣明的国君，请您对我进行处罚吧!”就申不害“请仕其从兄官”这一历史事件，历史学家一向颇有争议，有人认为这是虚伪投机的行为，也有人认为申不害推行“法治”的决心不够坚定。

可是，从申不害重“术”与战国时期复杂的社会环境来看，可以说这是申不害对韩昭侯进行的一次试探，就是因为韩昭侯对“徇私谋官”持有这样严正的态度，才让申不害认定韩昭侯是一位真正有所作为的圣明国君，以此下定决心帮助韩昭侯执行变法改革。

自古以来，一个国家长治久安，必定要先有一套合时的法律，然后才能贯彻执行。

根据马克思主义思想当中的法律观，法律为国家的意志，而国家的意志就是把握政治权力的统治阶级的意志。因此，拥有何种国家政权，就拥有何种法律。无产阶级取得革命的胜利成果之后，废止代表旧政权、为旧政权服务的法律势在必行，这是历史发展的客观规律。

1949 年新中国成立以前，毛泽东在《关于时局的声明》中呼吁“废除伪宪法”“废除伪法统”，这明确显示了我们党在夺取国家政权之后对国民党时期的旧法持有的彻底否定的态度。依照毛泽东的指示精神，同年又出台了《中共中央关于废除国民党〈六法全书〉与确定解放区的司法原则的指示》。《中国人民政治协商会议共同纲领》第 17 条明确规定：“废除国民党反动政府一切压迫人民的法律、法令和司法制度，制定保护人民的法律、法令，建立人民司法制度。”

国民党时期法律制度的取缔，为新中国的法制建设扫清了障碍。在毛

国学名句集锦

令之不行，禁之不止。

——《淮南子·本经训》

泽东的领导之下，一场轰轰烈烈的立法活动便展开了，我国的法制建设也进入了新的历史时期。

从 1949 年建国以后至 1957 年前期，在毛泽东的领导之下，中国的法制建设进入了首个蓬勃发展时期。截至 1954 年 9 月的人民代表大会召开之前，新中国已经制定并通过的法律二十三部。至 1957 年前期，我国制定并通过的法律六十部左右，而且已经着手进行民事法律及刑事法律的拟订工作，刑法草案已经草拟了二十二稿，民法草案的初稿也完成了一多半。

实事求是地说，因为那个时候中国刚开始进行法制建设，出台的法律相对较少，大量重要的法律还没来得及制定，部分法律的条款仍然较为粗略。不过总的来说，该阶段的法制建设在中国的法制史上是非常重要的一个部分。其形成了中国社会主义法制的根基，向全世界彰显了以毛泽东为核心的党中央崇尚法治的态度。该阶段出台的法律，在稳定无产阶级新政权，确立民主政治，维护社会秩序，推动经济进步，促进社会发展这些方面，起到了巨大的作用。

现在，中国已经全面进入深化改革的新时期。这就需要对社会、政治、经济、文化、党建、国防军队及生态治理这七个方面进行全面的、深入的改革。当然，与之前 35 年的改革相比，现在的改革“把好改的都改了、简单的都解决了”，面对的都是“硬骨头”“深水区”和一定要突破的“利益固化的藩篱”。

因此，我们更要具备改革之初的那种勇敢、坚定和智谋，努力吸收并借鉴邓小平为我们留下的政治遗产，显得尤为重要。

邓小平是我国政治改革的杰出推动者，他留给我们的政治遗产非常丰厚。总结起来一共有十项：第一，一定要实行民主化。第二，一定要实行

国学名句集锦

令者，所以教民也；法者，所以督奸也。

——西汉·桓宽《盐铁论·刑德》

法制化。第三，一定要取缔领导职务终身制。第四，一定要实行政治体制改革。第五，一定要实行党政分开。第六，一定要进行党的改革。第七，一定要进行政府改革。第八，一定要进行监督工作改革。第九，一定要进行反腐倡廉。第十，一定要推动中国特色政治发展。在这十项政治遗产中，尤为重要的一项就是实行法制化。

推行民主的重点就是，“必须使民主制度化、法律化”。法律是神圣不可侵犯的，不随领导者的思想及意愿而改变，不随领导者的改变而改变。邓小平留给我们的政治遗产，对我国现在的改革工作来说，仍然具有非常重要的指导意义。

国学名句集锦

贵而犯法，义不得宥；过而知改，恩不废叙。

——北宋·苏辙《栾城集》

信仰——虽九死其犹未悔

“亦余心之所善兮，虽九死其犹未悔。”出自屈原的《离骚》，说的是芳香花草等美好事物均为我心中最宝贵的，即便让我死九次也不会后悔。

屈原的一生为了自己内心深处的政治理想而奋斗，最后却由于不愿和别人同流合污而投江自尽。屈原虽然死了，可是其精神却被后人所传承，后世还有无数的民族英雄，为了自己内心深处的信念而牺牲生命。

1271 年，元朝建立，派出大量兵力进攻南宋，都城临安岌岌可危。文天祥虽非武将，却以国家安危为己任，主动承担起了保家卫国的重担。1275 年，文天祥将家中财产悉数变卖，招兵买马，购置军需。人民踊跃地参与到他所领导的抗击蒙元的队伍当中。

因为元朝军队兵强马壮，文天祥抵挡不住，只好撤回临安据守。1276 年，南宋当局让文天祥出面与元军谈判，元军却逼迫他归降，还以生命相要挟。

国学名句集锦

言忠信，行笃敬，虽蛮貊之邦行矣。

——《论语·卫灵公》

文天祥斩钉截铁地说：“国在，我在；国亡，我亡。即便你们将刀、锯、油锅都拿来，我也不怕!”元军无计可施，只得先将他关起来，然后押往大都。

路上，文天祥在一名船夫的帮助下，借机逃脱。在经历了千难万险之后，终于南归，再次率军抵抗元朝侵略者，并且数次战胜敌人，夺回了部分城池。

1278 年，文天祥兵败被俘。元军将领劝其归降，却被他一口回绝。1279 年，南宋灭亡。文天祥得知后，悲痛欲绝。为了表达自己以死报国的坚定信念，他留下了千古名句：“人生自古谁无死，留取丹心照汗青。”

随后，文天祥被关押在大都的地牢中。元朝统治者对他说：“只要你归顺我们，我们可以给你无尽的荣华富贵。”然而，无论他们如何威逼利诱，对文天祥都毫无作用。文天祥在狱中饱受摧残，终于在 1283 年被杀害。

文天祥视死如归，以死报国，体现了他对祖国的热爱，彰显了他高尚的气节。文天祥的伟大事迹与崇高精神，永远不会磨灭!

“敌人只能砍下我们的头颅，决不能动摇我们的信仰！因为我们信仰的主义，乃是宇宙的真理！为着共产主义牺牲，为着苏维埃流血，那是我们十分情愿的啊!”这是优秀共产党员方志敏同志留下的名言，体现了他对我们的党和革命的极大忠诚，让人们心生敬仰。

方志敏出生于 1899 年，1922 年入团，2 年后入党。1928 年初领导了弋横起义，开始建立赣东北革命根据地，并组织建立了红十军。方志敏先

国学名句集锦

贵义而不贵惠，信道而不信邪。

——《春秋谷梁传·隐公元年》

后担任赣东北及闽浙赣苏维埃政府主席，工农红军第十军、第十一军政委，中国共产党闽浙赣省委书记。

方志敏将马列主义的普遍真理和赣东北的客观情况综合起来，形成了一系列建立党组织、建立军队及建立革命根据地的经验，被毛泽东称作“方志敏式”的根据地。

1934 年底，方志敏担任中国工农红军第十军军政委员会主席，率军北上抗日，在皖南被国民党以多出我军七倍的兵力围堵，英勇作战 2 个多月。方志敏亲自率领先头部队突围成功，却为了接应后面的部队，再次陷入重重包围，终于在 1935 年初在敌我力量悬殊的情况下，在江西玉山被敌人俘虏。

方志敏被俘时，两个国军士兵在他身上搜了半天，只找到一块怀表及一支钢笔，连一文钱都没有。就像方志敏本人说的：“清贫、洁白、朴素的生活，正是我们革命者能够战胜许多困难的地方。”在监狱里，方志敏面对敌人的威逼利诱，依然一身正气，不屈不挠。

1935 年，年仅 36 岁的方志敏在江西南昌英勇牺牲。胡锦涛在《纪念方志敏百年诞辰座谈会》上指出：“方志敏同志一生对革命事业的耿耿忠心；在他身上体现的崇高品格和浩然正气，是我们党的宝贵精神财富。他一切从实际情况出发，不断开创事业发展的新局面；他始终保持旺盛的革命斗志，不屈不挠，英勇奋斗；一身正气，清正廉洁，始终保持共产党人的政治本色和革命气节。”

在我们党 90 多年的历史中，一代又一代共产党人为了追求民族独立

国学名句集锦

秉理虽死而非亡，违义虽生而匪存。

——东汉·赵壹《刺世疾邪赋》

和人民解放，不惜流血牺牲，靠的就是一种信仰，为的就是一个理想。

正是由于信仰，在战争年代，共产党人能大喊“砍头不要紧，只要主义真”，奋勇向前；正是由于信仰，在和平时期，共产党人能“心中装着人民，唯独没有自己”，身体力行；正是由于信仰，共产党人能领导中国人民，从被压迫、被剥削走向民族的伟大复兴。

缺乏坚定的信仰，是一切错误的源头。假设失去了共产党人的伟大信仰，便会失去目标，变为自私自利、急功近利的人，最终陷入堕落，将及时行乐作为自己的人生观，乃至出现‘人不为己，天诛地灭’的思想，将做领导当成为自己谋利的手段。

国学名句集锦

敬大臣则信任专，而小臣不得以间之，故临事而不眩也。

——南宋·朱熹《四书章句集注》

守道——道不行，乘桴浮于海

> “道不行，乘桴浮于海。”出自《论语》。意思是，如果政治主张没有了实现的可能，就乘坐着小筏子在大海上去漂流，表现的是孔子对于自己理想和信念的坚持。

作为三国时期最为著名的政治家、军事家，诸葛亮以“足智多谋”而著称，他为后世所做的打算也十分长远。他在写给兄长诸葛瑾的书信中，曾经专门提到自己的儿子诸葛瞻：“瞻今已八岁，聪慧可爱，嫌其早成，恐不为正器耳。”

诸葛亮所担忧的是太早表现出聪慧，容易产生骄傲自满的情绪，从而不会有太大的成就，因此诸葛亮为儿子取字为“思远”。诸葛亮在写给外甥的书信中也曾经指出所谓“思远”就是“志当存高远”的意思，表明诸葛亮是希望后人能拥有远大理想与志向的。

那么，如何才能拥有远大的理想呢？诸葛亮告诉儿子诸葛瞻：“夫君子之行，静以修身，俭以养德，非淡泊无以明志，非宁静无以致远。夫学须静也，才须学也，非学无以广才，非志无以成学。淫慢则不能励精，险躁

国学名句集锦

君子泰而不骄，小人骄而不泰。

——《论语·子路》

则不能治性。”

诸葛亮认为，一个人要想拥有才华就应当努力学习，想要学习就应当胸怀大志，还应当静下心来，否则便无法专心学习。生活过于安逸，也会造成精力分散，无法建立远大的志向。可见，朴素的生活是培养情操的重要条件。

诸葛亮还主张：“忍屈伸，去细碎，广咨问，除嫌吝。”也就是说，不要在意一时的得失，不要贪图享乐，要广泛地结交良师益友，不要计较私人恩怨，如此行事，“虽有淹留”，或许不会马上成功，“何损于美趣，何患于不济”，学习中存在的乐趣，必然会派上用场，就怕“志不强毅，意不慷慨，徒碌碌滞于俗，默默束于情”。在受到俗世的物欲与情欲干扰后，人就可能失去坚定的信念，便将“永窜伏于凡庸，不免于下流矣”！

因此，诸葛亮力主后代必须过朴素的生活，从而更加有所作为。在对于后代的教育上，诸葛亮的高瞻远瞩让人不由得佩服之至。

每个人的想法不同，心中的“道”亦不同，无论是孔子还是诸葛亮，他们的一生都在向着自己心中的“道”努力，一点一滴地去做，坚决不会被本心的私欲所干扰。

习近平曾在一次考察福建的过程中，回到了他一度朝思暮想的闽东地区。在看到闽东的翻天覆地的变化后，习近平备感欣慰。当年，习近平从经济特区调任至经济落后的宁德，针对这里经济条件差、百姓生活苦的实际情况，一到任便与当地领导干部一起努力思索、仔细规划，积极探索适合宁德的脱贫致富的发展途径。他曾深入到当地九个县城及邻近的温州、乐清等地区，进行过长达 30 天之久的调研工作，较为充分、准确地了解了当地经济社会发展的客观状况，以及党员干部和老百姓心中的想法，明确了闽东经济发展的新思路。

国学名句集锦

度功而行，仁也；择任而往，知也。

——《左传·昭公二十年》

习近平在接见宁德领导班子的时候说："我们当年讲的闽东人三大梦想：一是闽东建市，十年前就实现了。二是温福铁路通车，今天我们坐上了。三是三都澳的开发，现在是大开发。"他还表示："我和闽东的联系至今就没有断过，宁德的'滴水穿石'现在已经见到了效果，就是靠我们锲而不舍的努力，不断去探索。"

从习近平对于宁德的规划和发展中，可以看出"道"既是一种人生信条，也是一种行为准则，更可作为一种社会规范。只有心存信仰、心怀敬畏，做人、做事才不会"任性"。国家兴盛在于任人唯贤，政治清明在于廉洁在先，这是治国之道、用人之道，更是自我修养之道。

党员干部时刻都要自勉正己守"道"。古语说"凡善怕者，必身有所正，言有所规，行有所止，偶有逾矩，亦不出大格"，说的就是人们立世需遵循"道"的精神，对于官员来说则是遵循"为官之道"。

"信"也是一种道。遵守"信"就要做到诚实守诺、立足根本，为的就是赢得人心向背和群众的支持。党员干部只有做到对党、对同志、对人民忠诚，才能做到立身不忘做人、用权不谋已利，从而做一个对得起党和人民的好公仆。

把好"欲望关"，是公道正派的基本准则。党员干部必须讲党性，将道德标准当作做人标准，身要正、言要当，行为不逾矩。以优良务实的党风影响促进政风，进而带动民风，敢于批评各种"歪风邪气"，敢于接受"劝谏忠言"，不要总惦记着当"老好人""双面人"，要当"正派人"。

能做事、做好事是守"道"的目的。在追寻"道"的道路上，党员干部要以共产主义事业为毕生追求，增强学习能力，明辨是非，开拓创新，锻炼自己驾驭各种复杂局面、处理各种尖锐矛盾的能力，真抓实干，营造气正风清的政治环境；不能弄虚作假，欺上瞒下，遇到问题推诿责任、打

国学名句集锦

天下有道，小德役大德，小贤役大贤；天下无道，小役大，弱役强。斯二者，天也。顺天者存，逆天者亡。

——《孟子·离娄上》

马虎眼，不学无术、好大喜功，不要片面追求政绩，忽略了身边小事。求“道”要坚持不懈，守“道”要锲而不舍，如果不执行、不落实，喊多少口号都是“竹篮打水一场空”。

目前，我们正处在经济社会转型的关键时期，必然要面对不少机遇与挑战，这就要求广大党员干部既要坚持社会主义核心价值观不动摇，又要努力适应事物的发展和变化，在遵循中央的路线方针政策不变的前提下，创造有利并适用于本地情况的好措施，推进当地社会、经济的有序发展。

国学名句集锦

寄治乱于法术，托是非于赏罚。

——《韩非子·大体》

崇义——守正直而佩仁义

"守正直而佩仁义。"这句话载于朱熹的《宋名臣言行录》，说的是做人要心存正直，奉行仁义。

春秋时期，孟子曾经前往魏国宣传其政治思想，魏惠王接见了他。魏惠王说："先生不远千里来到我们国家，想必一定是要带给我们一些好处吧！"

孟子说："大王为何一张嘴就提好处呢？身为国君，拥有仁义则足矣，为什么一定要将好处挂在嘴边呢？假设国君一张嘴，说的全都是如何对自己的国家有好处；大夫一张嘴，说的全都是如何对自己的封地有好处；人民一张嘴，说的全都是如何对自身有好处。如此一来，上到国家，下到人民，全都追寻自己的私利，那么国家该多么混乱？"

孟子接着说："在万乘之国，弑君者必定为千乘之家；在千乘之国，弑君者必定为百乘之家。从万乘当中获取千乘，从千乘当中获取百乘，已经不少了。他们平日里就拥有十分丰厚的财富，可是好像总是得不到满足。所以，大王不可继续宣传私利了。假设继续这样宣传下去，举国上下

国学名句集锦

人而无义，唯食而已，是鸡狗也。

——《列子·说符》

所有的人，全都损公肥私，将会妨害大王的人身安全与国泰民安！”

魏惠王听后，认为孟子说得十分在理，马上问他怎么办。孟子答道：“奉行仁义之人，肯定不会遗弃父母，也不会不尊敬国君。因此，大王仅需奉行仁义，便能够将国家管理好。”

魏惠王终于认识到，奉行仁义居然有如此重要的价值！一个人奉行仁义不仅对他身边的亲友有好处，有时候甚至还关系到国家的前途。

周恩来拥有博大的爱心，推及国家、百姓乃至国际社会。我们可以看到，周恩来无论处理国家之间的大事，还是处理个人之间的小事，都展示出浓厚的爱心。美国与我国曾经积蓄了非常深厚的矛盾，然而 1954 年，周恩来首次在日内瓦见到美国代表团的时候，便对他们做出友好表示。尽管没有被对方接受，也许是不敢接受，不过周恩来仍然表现得十分宽容和自信。正是这样的宽容和自信，最终吸引尼克松后来不远万里来到中国和周恩来握手。

说到总理对百姓的爱，对革命同志的爱，更是像雨水滋润大地，像大地承载万物一样浑厚深沉。曾经担任我党的总书记，因盲目听从共产国际军事顾问李德的指挥，致使红军伤亡惨重的博古，可以说是被周恩来亲手“拉下马”的，可是后来他们的关系非常好。在重庆的时候，博古还成了周恩来的好帮手。乃至如陈独秀一般曾经给我们党造成惨重损失的人，在其意识到自己的错误，想要回头的时候，周恩来马上予以接洽，只可惜没有谈成。

恩格斯曾经评价马克思说：“他可能有过许多敌人，但未必有一个私敌。”这句话用来评价周恩来也非常恰当。在周恩来永远离开我们的时候，不管国内还是国外，全都陷入了深深的哀伤，全世界都在哭泣。

周恩来的仁德大义，成就了我们的党，成就了我们的社会主义祖国，

国学名句集锦

众封建，非以私贤也，所以便势全威，所以博义。义博利则无敌，无敌者安。

——《吕氏春秋·慎势》

而且把一位共产党人的无私与传统儒学的仁义完美结合，形成了一种新的美德，为我们的精神文明树立了新的典范。假如说毛泽东是我们党与新中国的缔造者，那么周恩来就是我们党与新中国的守护者。周恩来硬是把种种压力和矛盾压碎、榨干，润滑着我们党与新中国这台机器，让它得以正常运转。

周恩来从政50年，周恩来辅佐了两届国家领导人，三次救国家于危难。遵义会议周恩来托起了毛泽东，“文革”后期周恩来托起了邓小平。毛泽东和邓小平的功绩流传千秋万代，而周恩来却悄悄地化为那六个“大无”——“死不留灰、生而无后、官而不显、党而不私、劳而无怨、死不留言”。

新中国成立之后，周恩来首治战争留下的创伤，使国家恢复元气；二治大跃进极左错误，国家复兴；三治“四人帮”倒行逆施，铲妖除魔。然而，周恩来却在举国欢庆的前夜静静地离开了我们，连一点骨灰都不曾留下，他的大仁大义永远让人尊敬缅怀。

“仁义”是儒学的核心，在中华民族的内心深处延续了数千年。

2014年，习近平在“纪念孔子诞辰2565周年国际学术研讨会”上指出：“中国优秀传统文化的丰富哲学思想、人文精神、教化思想、道德理念等，可以为人们认识和改造世界提供有益启迪，可以为治国理政提供有益启示，也可以为道德建设提供有益启发。对传统文化中适合于调理社会关系和鼓励人们向上向善的内容，我们要结合时代条件加以继承和发扬，赋予其新的涵义。”

现在，中国已经步入了复兴文化的发展阶段。这时，儒学中那些优秀、精华、典型的内容，也再次复苏，并通过批判的继承，推动当今社会向前发展。例如，我们如今倡导的社会主义核心价值体系的内

国学名句集锦

夫妇之道，参配阴阳，通达神明，信天地之弘义，人伦之大节也。

——东汉·班昭《女诫》

核——富强、民主、文明、和谐、自由、平等、公正、法治、爱国、敬业、诚信、友善，就是既传承了儒学的智慧基础，又包含了社会主义新时期的需要，具有承前启后的作用，也是中华民族传统文化在新时代的一种创新与转化。

就像习近平所说的："我们要善于把弘扬优秀传统文化和发展现实文化有机统一起来，紧密结合起来，在继承中发展，在发展中继承。"

国学名句集锦

君子有容，其德乃大，不责人小过，不发人阴私，不念人旧恶。三者可以养德，也可以远害。

——明·洪应明《菜根谭》

端正——心正则笔正

“用笔在心，心正则笔正。”这句话的意思是，用笔的诀窍在于自己的内心，只有当思想品德端正了，书法才会纯正。这句话是唐代大书法家柳公权在唐穆宗问他如何用笔时的回答，其意为思想端正、毫无杂念，书法就会纯正，就会符合规矩。不仅在书法上，其他方面也是这样。

事实上，“心正”和“笔正”彼此并无必然的因果关系，可是一个人的才华、学识乃至个性、道德等方面的素养，通常可以经由他书写的文字显示出来。如个性潇洒之人，写出来的字也大多洒脱飘逸；个性醇厚之人，写出来的字大多朴实无华。因此，所谓“心正则笔正”，强调的是做人应当注重思想道德素养，这是永远值得大家认真借鉴的。

明代官员海瑞，因敢于直谏、惩恶扬善而被老百姓尊称为“海青天”“南包公”，流芳百世。尽管海瑞生于官宦之家，不过早年家中并不富裕，他四岁时丧父，与母亲相依为命，生活非常清苦。但海瑞的母亲十分坚强，操持家务勤劳节俭，教子有方。据记载，海瑞之母“苦针裁，营衣

国学名句集锦

动莫若敬，居莫若俭，德莫若让，事莫若咨。

——《国语·周语下》

食，节费用，督瑞学”。

海瑞在母亲的亲自监督教导之下，从小就学习《大学》《中庸》之类的书籍，母亲还为他请了严厉的老师。因此，海瑞受到了很好的家庭教育和文化教育，使他早年就心存报效国家、热爱百姓的思想。

1569 年，海瑞前往十分富足的应天府赴任。可是，他到任之后却看到这里的百姓在沉重的赋税与贪官污吏的双重重压之下，生活得非常贫苦。如果遇到久久不退的洪水，冬天就会有一半农田被洪水淹没，就会导致粮食价格暴涨，贫穷的百姓只能外出乞讨才不至于饿死。因此，海瑞下定决心治理水灾，不仅要解决眼前的困难，还要彻底解决水患问题。

经过认真的调查，海瑞终于查明水灾的原因，就是因为吴淞江淤塞造成的。于是，他马上号召百姓抓紧冬季农闲时节，动工疏通吴淞江和它的支流，并上书朝廷请求减免灾民的税赋。这样就激发了人们的积极性，保证疏浚工作得以迅速有效的完成，也为海瑞在老百姓中间赢得了口碑。

海瑞死后，因其妻儿早逝，所以身后事由他人操办。人们吃惊地发现，海瑞的遗产仅有 8 两银子、一些粗布和几身旧衣服。后来，在同僚的资助下，海瑞的灵柩才得以运回家乡。每当运送海瑞灵柩的船只路过一地，闻风而来的送葬队伍便站满了江岸，绵延长达上百里。

由此可见，行得正、做得正是为官者一生都要遵守的职业标准。所以，只有党员干部端正自己的思想、态度和行为，才能真正做到有所担当。作为广大党员干部的思想楷模，毛泽东一生都在勤勤恳恳地工作与学习，一生都过着勤俭节约的生活。为了中国革命、为了能够与老百姓融为一体，他进行了大量的调研，写下了大量的著述，处理了大量的难题，做到了一生都在为党和人民服务，一生都廉洁奉公，不浪费国家一分钱。

毛泽东端正的价值观决定了中国革命的胜利。战争时期，他与普通士

国学名句集锦

仁之法，在爱人，不在爱我；义之法，在正我，不在正人。

——西汉·董仲舒《春秋繁露·仁义法》

兵、老百姓一起生活、一起劳动，从不享受特殊待遇，人民群众有饭吃他也有饭吃，人民群众没饭吃他也没饭吃。甚至连他的亲友也在他的要求和带动下，全都甘于奉献，从不索取。在他的亲朋好友中，没有人借助“毛泽东”这三个字牟取过任何利益，也没有人凭借他发财致富，只有为了共同的革命理想而奋勇向前、不畏牺牲。而毛泽东自己也是将所有的财产都交给了中国的解放和建设事业，仅有的一点稿费最后还是以党费的形式全部交出，没有给后代和亲友留下一分钱，唯一的遗产就是“毛泽东思想”。

党员干部只有对党和组织负责，对自己负责，才能保证对党忠诚、对人民忠诚，为党和人民的利益，敢于坚持原则、勇于承担责任、关键时刻挺身而出。因此，要想真正做到为组织分忧、为人民服务，就必须做到安守本心、勤奋笃实，要乐于和敢于做“刻板”的老实人，做出真正的业绩来。

当前，国家正处在政治、社会、经济转型的关键时期，需要各级领导干部积极落实“三严三实”的精神，展现能力，锤炼作风。党员干部应抱着巨大的热情和进取精神，把党员干部的作用发挥出来，进而化为推进改革与发展稳定的动力，积极推动实现全面建成小康社会目标的进程，为实现中华民族伟大复兴的“中国梦”做出更卓越的贡献。

国学名句集锦

夫君子直道而行，知必屈辱而不避也。故行不敢苟合，言不为苟容，虽无功于世，而名足称也，虽言不用于国家，而举措之言可法也。

——西汉·陆贾《新语·辨惑》

诚挚——以心相交者，成其久远

“以势交者，势倾则绝；以利交者，利穷则散。”出自隋代王通的《中说·礼乐》，意思是说，因为权势而结交的，权势没有了，交情也不复存在；因为利益而结交的，利益没有了，交情也不复存在了。

战国时，苏秦与张仪同在鬼谷子门下学习。苏秦先一步踏上仕途且一帆风顺。张仪初出茅庐的时候则无人赏识，仕途坎坷。他见苏秦已经有所作为，就想前往投靠，作为自己升迁的捷径。结果张仪来到苏秦家请求相见，而苏秦却接连几日都不曾见他。

后来，苏秦的仆人安排张仪住了下来。苏秦对这位曾经的同门并未盛情款待，就连用餐时也不跟他坐在一起，而是让他坐在最后一个座位上，吃和下人一样的饭菜。不但如此，苏秦还总是说一些羞辱他的话：“以你的才华，为何会沦落到这种地步呢？我可帮不了你，你还是自求多福吧！祝你好运。”

满怀希望前来的张仪，本以为到了苏秦这里必定会受到盛情款待和鼎

国学名句集锦

一死一生，乃知交情；一贫一富，乃知交态；一贵一贱，交情乃见。

——《史记·汲郑列传》

力相助，不料得到的却是如此的羞辱。因此，他愤然离开了苏秦家，想要依靠自身的才华与苏秦好好比试比试。

张仪离开之后，苏秦马上让门人一路暗中资助他，让他能够完成游说秦国的事业，这让苏秦的门客们十分不解。于是，苏秦告诉他们："张仪的才华比我高，我担心他因为贪图一时之利，太过安于现状而失去上进心。因此，我才对他进行羞辱，从而激发他的斗志。"

苏秦、张仪之间的友谊受到后代的传颂，而周恩来与毛泽东之间也坚持了长达半个世纪的友谊。当周恩来逝世的报告送到毛泽东手中的时候，据毛泽东的机要秘书兼生活秘书张玉凤回忆："毛主席审阅这个报告时，我一直守候在侧，不知道为什么在我这个普通人心中，一直存有一线希望，或许会有四年前参加陈毅同志追悼会那样的突然决定，或许也能去参加周总理的追悼会。一句憋在我心里多时的话，不由自主地脱口而出，像孩子般冒昧地问主席：'去参加总理的追悼会吗?'一直处于悲伤中的主席，这时一只手举着还没有来得及放下的文件，另一只手拍拍略微翘起的腿，痛苦而又吃力地对我说：'我走不动了。'"

此时的毛泽东已经无法站起来了，他不想让大家看到自己必须依靠轮椅才能行动，连说话都十分费力的年老虚弱的样子。因此，毛泽东未能参加周恩来的追悼会，而是用他惯用的一支红色铅笔，在报告上的"主席"一栏认认真真地画了一个圈，代表了毛泽东对周恩来的千言万语和沉痛悼念，尽管当时的人民群众是何等期待毛泽东能出现在周恩来的追悼会上。

多年以后，人们终于知道在周恩来逝世之后毛泽东的健康状况时，就更能深刻地了解他与周恩来之间的深情厚谊。因为在那个晚上，坐在电视

国学名句集锦

以权利合者，权利尽而交疏。

——《史记·郑世家》

机前的毛泽东，那张苍老的面孔上已经布满了悲伤的泪水。

未能亲临周恩来追悼会的毛泽东，让人给周恩来送去了一个花圈，放在曾经和他并肩作战50年之久的老战友、曾经担任国家总理27年为他分忧解难的周恩来的遗像旁边。而对于周恩来的评价，毛泽东曾对人说：上海一部分影响力很大的人张贴了让人担忧的大字报。上面指出，邓小平在悼词里面对周总理的称颂太过分了，“结论应该推翻”。攻击周恩来，人民一定不会答应。在周恩来追悼会上所作的悼词，其结论是不能改变的。要推翻这个结论，人民是不会赞成的。

这中间足见毛泽东对周恩来的高度信任。他了解周恩来，也相信周恩来，更深知老百姓热爱、拥戴周恩来，因此他绝不允许任何人诋毁周恩来。

以诚挚的心结成的友谊是可以长存的，这个道理不仅仅适用于人与人之间的交往，同样也适用于国与国之间的交往。2014年，习近平在斐济《斐济时报》与《斐济太阳报》发表了《永远做太平洋岛国人民的真诚朋友》一文，指出：“我们要做同甘共苦、守望相助的好兄弟。‘以心相交者，成其久远。’中国一贯主张，国家无论大小、贫富、强弱，都是国际社会平等一员。中国同太平洋岛国有着相似的历史遭遇，有着深厚的传统友谊，有着追求美好生活的共同理想。”这也诚挚地表达了中国对于国际交往的重视。

2015年7月，习近平在韩国首尔大学发表演讲，表示“加强人文交流，不断增进人民感情。以利相交，利尽则散；以势相交，势去则倾；惟以心相交，方成其久远。国家关系发展，说到底要靠人民心通意合”。

“心交如美玉，经火终不热。面交如浮云，顷刻即变灭。”我们国家提

国学名句集锦

以财交者，财尽而交绝；以色交者，华落而爱渝。

——《战国策·楚策一》

倡的是以心相交的对外交往政策。以利相交、以势相交、以权相交，均为单纯的物质互换，只需要遵循毫无感情的商业规则，双方均可能因计较得失而互相猜疑，所以，唯有以心相交才可真心实意、开诚布公，唯有以心相交才可历经考验、情谊长存。

“对坐成参商，咫尺成胡越。我有心交者，不见几岁月。”中华民族奉行的是以心相交的“大国”之义。正所谓“君子之交淡若水，小人之交甘若醴”，以心相交，虽如水般清淡却源远流长；以心相交，虽需真心付出却也受益无穷。

国学名句集锦

志合者，不以山海为远；道乖者，不以咫尺为近。

——东晋·葛洪《抱朴子·博喻》

敬天——能敬必有德

> “敬，德之聚也。能敬必有德。”出自《左传》，意思是说，敬畏之心，是因为道德积聚到一定程度的结果，能够有所敬畏必然会产生良好的德行。

在先秦诸子百家的学说中，尊重自然是一项非常重要的内容。如中国古代有“敬天”“天人合一”等哲学思想，认为只有当人类与自然融为一体时，才能更好地“顺应天时”，进而按照自然规律的要求来安排农业生产、生活节奏、社会工作等。也就是说，人们要主动去融合自然，而不是要求自然迁就人类。

为了更好地“敬天”，古人专门撰写了记载“天时”的书籍来指导自己的日常行为，如《礼记·月令》就是专门记述自然中的各种变化来决定人们在什么样的时节做什么样的事情，以及不能做什么样的事情。虽然其中不乏封建迷信成分，但是仍有很多是符合客观规律的。《汉书·货殖列传》中说，“草木未落，斧斤不入于山林；豺獭未祭，罝网不布于野泽；鹰隼未击，矰弋不施于徯隧。既顺时而取物，然犹山不茬蘖，泽不伐夭，

国学名句集锦

君子尊贤而容众，嘉善而矜不能。我之大贤与，于人何所不容？我之不贤与，人将拒我，如之何其拒人也？

——《论语·子张》

蝝鱼麛卵，咸有常禁。所以顺时宣气，蕃阜庶物，稸（蓄）足功用，如此之备也。然后四民因其土宜，各任智力，夙兴夜寐，以治其业，相与通功易事，交利而俱赡，非有征发期会，而远近咸足。”其中所阐发的，就是这样的道理。

从这一意义上说，诸子百家的理论其实就是要求百姓和执政者都能遵从自然规律行事，无论是道家倡导的“有法无法，因时为业”，还是墨家主张的“顺四时而行”，抑或儒家要求的“使民以时”，其实都是可以以《朱子治家格言》中的一句话来概括——“一粥一饭，当思来之不易；半丝半缕，恒念物力维艰”，用现代白话说，也就是要减少对资源的浪费和损耗，从而保持生态上的平衡。

现代人尊崇自然、敬畏生命的重要表现，就是保护人类共有的生存环境，这不仅是我们共同的责任，更是党员干部必须肩负起的监管、自律的责任。能否正视这种责任，关系到广大人民群众的根本利益和国家的可持续发展。党的十八大报告首次加入了对生态文明建设的系统性阐述和部署，并提出了要更好地建设生态文明，那么敬畏自然、善待自然、保护自然，就成为最基本的生态文明理念要求，是必须融入到政治建设、经济建设、社会建设、文化建设等各方面和过程中去的，也是我们党在科学、和谐发展理念上的又一次升华。

不可否认的是，在现实工作中，个别领导干部存在着“吃祖宗饭、断子孙路”的观念和行为，为了追求 GDP、创造所谓的“政绩”，在环保问题上仅仅摆个样子，做做面子工程，根本不顾及环境的恶化、资源的枯竭，造成滥砍滥伐、随意排污、无规律开采等现象层出不穷，导致地方土地沙漠化严重、自然灾害频发，让人民群众的居住环境受到严重威胁，可能带来了一时的 GDP 增长，却需要用更长的时间对自然生态进行维护和

国学名句集锦

入国而不存其士，则亡国矣。见贤而不急，则缓其君矣。非贤无急，非士无与虑国。缓贤忘士，而能以其国存者，未曾有也。

——《墨子·亲士》

修复，最终得不偿失。

所以，在构建和谐社会的工作进程中，要做到转变经济发展观念，改变思路，走出一条健康、可持续的发展之路，建设资源节约型社会，正确处理好经济发展与保护环境之间的关系，节约资源、保护环境，营造人与自然和谐发展的良好环境，让人与大自然的关系更加和谐。

对于广大党员干部来说，“敬天”还要求有敬畏之心，敬畏自己的信仰和追求，敬畏岗位的规则与戒律。只有常怀敬畏之心，广大党员干部才能在道德和法律底线面前保持头脑清醒，尊重自然规律和社会发展规律，尊重生命和群众利益的要求，言有所戒、行有所止，匡正自己的行为，以心中的“畏”来赢得群众的“敬”。

国学名句集锦

天地之所以不息，国之所以立，贤人之德业之所以可大可久，皆诚为之也。

——清·曾国藩《复贺耦庚中丞书》

第六章　慎　权

权力是一把“双刃剑”。秉公、依法、廉洁用权，可以造福人民；反之，必将祸害人民。如果领导干部权力观上出现偏差，把权力当作为个人或小团体谋取私利的工具，就必然在行使权力的过程中出现滥用，滑向腐败的深渊。党的十八大以来，习近平总书记多次强调领导干部要“心存敬畏，手握戒尺”。心存敬畏，行有所止；手握戒尺，举有所虑。如果说敬畏是内心的道德约束，戒尺则是党纪国法和各种规章的行为规范。

◎**心术**——不可得罪于天地

◎**施德**——无德而禄，殃也

◎**礼治**——礼也者，犹体也

◎**威严**——公生明，廉生威

◎**知遇**——人多知遇独难求

◎**作则**——以身教者从

◎**养晦**——圣人韬光，贤人遁世

◎**慎权**——天下之权，惟民主是主

心术——不可得罪于天地

明朝将领袁崇焕说："心术不可得罪于天地，言行要留好样与儿孙。"意思是说，我们应该严格要求自己，自己的心术不正，虽然其他人不知道，但已经冒犯了天地大道、违背了规律，因此必须警醒自己。

湖北公安"三袁"的家规《袁氏家戒十条》《袁氏家教十则》被中纪委网站登载后，人们将目光投向了这个长江岸边的家族，很多人忍不住追问：这个普通的封建家庭是如何培养出"公安派"文学三子的呢？

"公安三袁"指明代晚期的袁姓散文家兄弟，分别是袁宗道、袁宏道、袁中道。因其家族位于荆州公安县（今湖北公安），其文学流派被称为"公安派"或"公安体"。其中袁宗道是万历十七年（1589）礼部会试第一，殿试二甲赐进士出身。后来担任东宫讲官，也就是为皇子们授课。袁宗道为人稳健平和，非常清正廉洁，而且敬业、勤奋，"鸡鸣而入，寒暑不辍"，40岁"竟以惫极而卒"。为官十五年中，"省交游，简应酬"，"不妄取人一钱"，临死之时，仅余囊中数金，差点不能归葬。身为太子讲师，

国学名句集锦

任一人之能，不足以治三亩之宅也；循道理之数，因天地之自然，则六合不足均也。

——《淮南子·原道训》

竟然清贫至此，可见其为官心术之正。

袁宗道所在的袁氏宗族家规森严，传世的《袁氏家规》中严格强调族内子弟的精神修养和道德自律，要求袁氏儿女必须心术端正，人品正直，“穷不失义，达不离道”。《袁氏家规》有载：“人生祸福成败，莫不基于心术。心术一坏，即富贵亦消乏也；心术一端，即贫贱亦昌达也。”心术是为官的精神基础，根基不正，官风难正。

北宋名臣包拯被人们美誉为“包青天”，彪炳千秋。正是因为他正直无畏、秉公执法，一心为百姓谋福祉，所以在百姓心目中，他永远都能为百姓撑腰。无论是生前还是死后，百姓都没有用官职来定位他，而是用他的品质来称呼他，这恰恰说明了心术正的重要性。百姓认可你的工作的时候，也就是你的心术被肯定的时候。与包拯类似的还有寇准、海瑞、施世纶等等，这些官员虽为封建官员，却仍能做到利国利民，难能可贵。包拯、寇准等人的很多传奇故事，未必都是真实存在的，很多甚至掺杂了玄幻色彩，这并非是人们刻意渲染夸大，而是对官员品行的最高认可。

“富贵不能淫，贫贱不能移”的浩然正气要靠心术来支撑，我们党和国家历经“小米加步枪”对抗“飞机加大炮”的艰难，走过两万五千里的坎坷，如今政治清明，民心稳定，经济发展迅速，却出现了一些违法乱纪分子以权谋私、破坏团结的现象，正是这些心术不正的党员干部使为人民服务的宗旨蒙尘。

心术正是涵养勤俭品质的前提。如陕西省政协原副主席祝作利因为无情拒绝了老师请求帮忙而受到过表扬，后来竟被查实受贿800余万元，实在是可悲又可叹。他也曾经是克己奉公的公仆，到底是什么腐蚀了他的灵魂，让他抛弃了崇高的信仰？

“心正而后身修，身修而后家齐，家齐而后国治。”心术不正，如何舍

国学名句集锦

居上者不以至公理物，为下者必以私路期荣。

——《晋书·袁宏传》

己为公？如何抵御诱惑和陷阱？如何胜不骄、败不馁？如何富贵不淫、威武不屈、淫贱不移？

李克强针对反腐倡廉的问题强调：“为官、发财，应当两道。既然担任了公职，为公众服务，就要断掉发财的念想。”每个人都有选择职业的权力，但是不能通过从政来发不义之财。总有一些人对现状不满，以为自己比同僚强、比企业家强，不能正确地看待自己，觉得怀才不遇、大材小用，便心生邪念，以权谋私。一些领导干部认为有钱人追随他们鞍前马后非常有面子，实际上，驱使老板们为之效劳的是他们自己手中的权力，一旦东窗事发，无职无权了，谁还会拍马溜须呢？

心态摆不正，等于解除了思想武装，导致行为失范，一失足成千古恨。党员干部是人民公仆，不应将价值观与唯利是图等价看待，心里装的不是为百姓谋利，而是为自己谋财；不是公平，而是隐匿，做不到心底无私、清清白白、堂堂正正；难以拥有良好的心态，对手中的权力缺少敬畏之心，就会滑入腐败深渊。

《荀子》中说：“是谓是，非谓非，曰直。”心术正的人，权术也能正。因为在这些人眼里，正确的就是正确的，错误的就是错误的，是非之间泾渭分明；心术正的人内心充满的是公平和正义，“仰不愧于天，俯不愧于地”，从不为失败和错误寻找借口；心术正的人，勇于面对挑战、面对批评，勇于自我批评，不畏强暴、不惧强势。正所谓“心底无私天地宽”，如同习近平推崇的《贞观政要》中的一句话：“理国要道，在于公平正直。”党员干部的心术，应该是对得起组织的信任，对得起人民的拥戴，对得起内心的信仰，对得起亲人的期盼。

国学名句集锦

智者不以一能求众善，不以一过掩众美。

——西晋·袁准《袁子正书·论兵》

施德——无德而禄，殃也

《左传》中说："无德而禄，殃也。"没有德行而享用俸禄，便是祸害。这句话警示人们：享用着国家的工资，就要坚守道德，要有所作为。假如德行低下，无德而禄，便会给国家和人民带来危害，同时自己也会被人鄙视和厌弃。

况钟生于江西靖安，小时候家庭贫困，但是父母勤劳朴实。况钟虽然七岁丧母，年幼艰辛，但是他聪明好学，严于律己，知礼守法，处事得体，深受亲邻喜爱。明永乐四年，23 岁的况钟被县令俞益选为书吏，从此放下正在准备的科举考试，勤恳工作。九年任满后，俞益向朝廷推荐况钟入朝为官，由对书吏抱有极大偏见，且认为书吏"知利不知义，知刻薄不知大体，用之任风纪，使人轻视朝廷"的明成祖朱棣亲自"面试"，后授其礼部六品主事之职，可见其才德与能力。

况钟为官期间勤勉廉洁，谨慎自律，任劳任怨，兢兢业业，曾多次受到朝廷嘉奖，仅仅永乐帝就对其赏赐 31 次之多。后来，况钟因为工作能

国学名句集锦

所求于己者多，故德行立。

——《管子·君臣》

力突出，且为人正直，被调任到全国最富庶也是当时“天下第一剧繁难治”的苏州担任知府之职。苏州当时的人口和税粮是全国数量最大的，可以说，能否治理好苏州府决定着朝廷的财政收入和社会安定。明宣宗告诫吏部：苏州府事务繁剧，必须选择廉洁奉公而且有才能的人担任知府，贪污腐败或者对百姓不好的人可不行。由此可见，选择况钟是基于对他能力和德行的肯定。在以其为首的九人赴任前，皇帝亲自设宴为他们饯行，并为他们颁发赋予了一定特权的敕书，这就相当于“钦差大臣”了。

况钟深知吏治积弊，因此，到任后第一件事就是整顿吏治。苏州府当时的赋役繁重，为官者狡猾奸诈，很难委以重任。况钟装作什么都不懂的样子，暗中对吏员进行考察。这些吏员认为新来的知府无能可欺，逐渐肆无忌惮起来。几天后，通过观察，况钟对吏员们了如指掌，便召集群吏，责问他们，当众宣读皇帝的敕书，处死贪赃枉法情节特别严重的几个人，其他违法者送到京城受审，裁撤了一大批平庸无能的官员。这些吏员看到况钟做事果决，逐渐收敛起来，苏州府官场上的坏风气也随之逐渐转变，吏治越来越清明，民风也好了起来。

朱元璋因为曾在苏州府与张士诚有过激战，便迁怒于此地百姓，导致明朝建立以后，此地的税粮过于繁重。况钟鉴于苏州府的实际情况，深入调查，走访百姓，得出应该核减官田税粮的方案，多次上疏请求减轻百姓负担，终于被朝廷采纳，减轻了当地百姓的负担，让社会更加安定。

况钟出任苏州知府未满一年，便能够整顿当地官场恶风，核减赋税，废止多项杂税，为民伸冤，疏浚水利，自筹善款兴办儒学，举荐人才，因此很得民心，被苏州府百姓以“青天”称誉。宣德六年，况钟的继母去世，按例他要回原籍守制，但是苏州府的百姓对他很是不舍，便苦苦挽留，苏州的百姓甚至作歌谣唱道：“况太守，民父母。愿复来，养童叟。”

国学名句集锦

君子崇人之德，扬人之美，非谄谀也；正义直指，举人之过，非毁疵也。

——《荀子·不苟》

三万多百姓联名上书，请求朝廷任命况钟回到苏州任职。况钟 60 岁卒于苏州任所，他死后，苏州府百姓痛哭罢市，站在十里苏堤上送他的灵柩回故乡。况钟担任苏州知府多年，死后遗产“惟书籍，服用器物而已，别无所有”。

《三国志》中说：“士有百行，以德为先。”官德，是为官者立身之本。党员干部要清廉，杜绝以权谋私、贪图享乐的心态；对待信仰要真诚，做好道德建设；要敬业，不敷衍塞责、不搞政绩工程。官德决定官风，官风正民风就正，民风正社会就安定。党员干部肩负国家重任，手握经济、财政、用人大权，每天都会面对种种诱惑和考验，这些圈套和陷阱从隐性到显性，时刻腐蚀着人心、官德。习近平在《做人与做官》一文中引用北宋王安石的“修其心治其身，而后可以为政于天下”，表明将道德提高到党员干部做事立身的首要地位势在必行。

吏无德必乱，政无道必亡。官德是领导干部的基本素质，选干部、用人才，也必须坚持德才兼备的原则。原中共湖南省委副书记、湘潭市委书记郑培民说过：“做官先做人，万事民为先。”他便是一个始终牢记自己来自百姓、必须服务人民这一信念的好领导。新中国成立以来，我党涌现出的好干部，如焦裕禄、牛玉儒、孔繁森等，都与郑培民一样，把“立党为公，执政为民”作为自己的行事准则，秉承着“春蚕到死丝方尽，蜡炬成灰泪始干”的奉献精神，为人民流干最后一滴血、最后一滴汗。

2014 年 5 月，习近平与北京大学师生座谈时指出，一个人只有明大德、守公德、严私德，其才方能用得其所。郑板桥曾有诗云：“衙斋卧听萧萧竹，疑是人间疾苦声。些小吾曹州县吏，一枝一叶总关情。”只有始终牵挂百姓，与人民群众同呼吸、共命运、心连心的干部，才是党和人民需要的好干部。

国学名句集锦

德无细，怨无小。

——西汉・刘向《说苑・复恩》

"才为德之资，德为才之帅。"无论什么时期，官员都要修德立德，为政清廉，勤政爱民。孔繁森和王宝森，两个人是同时期的党的领导干部，两个人都出身贫寒，有着相似的成长经历。孔繁森为国为民，鞠躬尽瘁，甚至献出了宝贵的生命；而王宝森手握大权，受贿享乐，最终锒铛入狱。党员干部必须让自己德才兼备，才能不负人民厚望，才能引导人民群众，为把我国建设成为富强、民主、文明、和谐的社会主义现代化国家而奋斗。

国学名句集锦

德与年而俱进，如日升月恒。

——明·归有光《少傅陈公六十寿诗序》

礼治——礼也者，犹体也

《礼记·礼器》中说："礼也者，犹体也。"意思是说，"礼"就像是我们身体的一部分。为官者不可无"礼"，不可失"礼"。

儒家的"礼治"对我国历史有着深远的影响。"礼治"，即以礼仪制度和道德为准则来统御百姓，处理国政，这种思想一直被封建统治者奉为正统思想。其中最明显的表现就是，封建官员无论做什么，都要讲求"合礼"。

东汉末年，华歆曾被推举为孝廉，他是一个清正且有能力的人，严格遵守为官之礼，不取不义之财。汉献帝任命华歆为豫章太守，当时社会动荡，很多官员都暗地里中饱私囊，但是华歆却为政清廉，从不因无由之事烦扰百姓，所以当地的官员和百姓都很拥戴他。扬州刺史死后，扬州百姓都推举华歆为刺史，做他们的父母官。但是华歆很注重"礼"——皇命，以"不尊天子号令便不符合人臣的规矩"为由，拒绝了这一请求。尽管民众诚心请求，甚至在豫章太守府外守候了几个月，但是最后还是被华歆婉言谢绝了。

国学名句集锦

恭而无礼则劳，慎而无礼则葸，勇而无礼则乱，直而无礼则绞。

——《论语·泰伯》

江东孙策一度将华歆奉为上宾。孙策死后，曹操请求汉献帝召华歆至许昌任职，但是孙策的继任者孙权不同意。华歆便劝说孙权，服从皇命为臣子之礼，且这样的行为也是符合礼的要求的：我们都是因为皇命而相识，结下友谊，为什么不通过我让您和曹操的交情更深厚呢？孙权觉得华歆言之有理，就答应了。

华歆的同僚以及朋友知道他即将进京赴任，千余人前来相送，并向他赠送数百金作为盘缠。华歆表面上来者不拒，微笑着接纳了所有礼物，但是暗中却在这些礼物上做好了标记。等他临走之时，便把收到的礼物全都摆出来，还给对应的送礼人。他对再次前来的送行者说道："本来我并不想拒绝各位的好意，也很感谢各位送来的礼物。不过我想了想，我这次是孤身进京，本来'匹夫无罪'，如果拿上这些礼物就'怀璧其罪'了，所以，如果各位一定要我收下礼物的话，请帮我想个万全之策吧！"但是谁也保证不了华歆带着这么多贵重的物品上路没有危险，于是只好收回了礼物。这些当事人和知道这件事的人都很佩服华歆高尚的品德。

华歆一直很清廉，所得的俸禄和皇帝的额外赏赐都用来接济亲戚朋友，家中存储的米粮从不超过十斗。每当朝廷将罚没为奴的年轻女子赏赐给大臣后，只有他将这些女子送出去嫁人。曹丕因此特别赏赐了他，还为其家人做了衣服，以彰显对华歆品格的尊重。

改革开放以来，国家的工作重点一度主要集中在经济建设上，个别地区和组织机构不免出现"天下熙熙，皆为利来；天下攘攘，皆为利往"的现象。在这种社会氛围下，人的物质欲望被无限激发出来，享乐主义、拜金主义、自私自利等不良心态生根发芽。理想、信仰、礼仪、责任、道德、纪律……这些美德统统被抛诸脑后。许多党员干部腐化堕落，滑向罪恶的深渊，并且由此引发了一系列社会矛盾。

国学名句集锦

神农既没，以强胜弱，以众暴寡，故黄帝作为君臣上下之义、父子兄弟之礼、夫妇妃匹之合。

——《商君书·画策》

“礼”不仅仅是道德要求，更是良好社会生态存在的根基。在社会多元化发展的今天，全面建设小康社会必然要求德治、礼治、法治三位一体，共同发展。

《礼记·曲礼上》中说：“道德仁义，非礼不成；教训正俗，非礼不备；分争辩讼，非礼不决。”《论语·为政》中也提到：“道之以政，齐之以刑，民免而无耻。道之以德，齐之以礼，有耻且格。”可见礼的重要性。

即便是良好的道德品质，如温、良、恭、俭、让，谨小、慎微、勇猛、刚直……没有了“礼”的约束，也有可能发展到另一个极端。法治也不能没有“礼”的辅助，汉朝文学家贾谊在文章中总结秦朝覆灭的教训时指出，秦始皇在统一全国后，没有及时根据国内形势的变化调整治国政策，当时国内趋于稳定，如果一味依赖严苛的律法，“违礼义、弃伦理”，“灭四维而不张”，就会使“君臣乖而相攘，上下乱僭而无差，父子六亲殃戮而失其宜。奸人并起，万民离畔，凡十三岁而社稷为虚”。在这个问题上，贾谊认为，礼与法不能偏废，而应相辅相成：“夫礼者禁于将然之前，而法者禁于已然之后。”“礼云者，贵绝恶于未萌，而起教于微眇，使民日迁善远罪而不自知也。”

“礼”和“法”不是互相排斥、互相妨碍的关系，而是互相影响、接续的关系。礼治精华和法治精神从不同的角度维系了社会秩序、规范了人的行为同时实现了国家的治理理念。法律是制度化道德的反映，法律的灵魂便是道德；道德是需要法律约束的，若没有法律的约束，道德便是苍白无力的。礼治能够测度深藏于人们心中的善恶、美丑，国家的治理会因此有针对性；法治能彰显人民所期待的正义与公平，国家的治理也会因此有实效性。总之，礼治精华与法治精神是相互依存的，并具有一定的统一性。

国学名句集锦

礼从宜，使从俗。

——《礼记·曲礼上》

中华民族有五千年的文明史、两千年的封建史，历朝历代的史实充分证明，单纯依靠法治来规范人与人之间的关系、人与社会之间的关系，是不足以解决社会问题的。特别是在现阶段的社会主义发展进程中，只有将法治与德治、礼治相融合，才能有效地践行社会主义核心价值观，通过对道德目标的设立、处世标准的建立，通过“礼”来引导和约束人们的言行、举止，从而最终实现伟大的“中国梦”，实现社会的和谐发展。

国学名句集锦

不由礼之事，非不可行也，行之不能久。

——唐·杨炯《公狱辩》

威严——公生明，廉生威

明朝人郭允礼在《官箴》中说："公生明，廉生威。"意思是说，公正就可以明辨是非对错，秉公处事；为官清廉就可以树立威严，从而让人心服口服。

"公生明，廉生威"源自"吏不畏吾严而畏吾廉，民不服吾能而服吾公；廉则吏不敢慢，公则民不敢欺；公生明，廉生威。"意思是说，做官的不畏惧我的严厉却害怕我的清廉，百姓心服的是我的公正而不是我的能力；做人廉洁，官吏就不敢怠慢；处事公正，百姓就不敢欺诈；公正就可以明辨是非对错，为官清廉就可以树立威严。

郭允礼是山东曲阜人，曾在正德年间任河北无极县知县。他讲求礼仪，有远大志向，管理有方，而且特别廉洁。明代中后期，政治黑暗腐败，特权横行，法令松弛。史书中记载，各部尚书的年俸银不到 152 两，这样一来官员们奢华的生活靠俸银便难以维持，很多高级官员便大肆向下级官吏索贿。一级压一级地索贿，七品芝麻官就只能搜刮百姓了。郭允礼作为当时的知县，愤怒之余写下了这份"官箴"，道出了"公"和"廉"

国学名句集锦

立武以威众，诛恶以禁邪。

——《汉书·胡建传》

是做官之本，是官员获得威信的重要基础。

说到威严，在中国封建历史上，很难找到能够与包拯媲美的官员。在戏曲、影视中，包拯的形象被描绘成黑脸，也就是铁面无私的样子，额头上的月牙儿昭示着他能“日审阳间，夜断阴间”。包拯为官正直清廉，不徇私情，而且不惧权贵。无论是皇亲贵戚还是朝中同僚，甚至亲朋好友，只要是违法乱纪，就一定绳之以法。因此，封建社会最底层一直被包拯维护的黎民百姓都拥戴他，而官僚权贵全都怕他。这就是包大人的“官威”。

周恩来一向以和蔼可亲、温文尔雅著称，然而周恩来也有威严的一面，身边的工作人员都很“怕”他。有一次，周恩来宴请当时的印度总理尼赫鲁，正在两国要员举杯之际，宴会大厅突然断电，一片漆黑，人们顿时慌乱起来，场面十分尴尬。

很快，灯又亮了起来。两国总理碰了一下酒杯，周恩来不露声色，从容不迫。这件事似乎风平浪静，但是工作人员都惶恐不安，因为他们都知道，周恩来是个严谨的人，一定会将责任追究到底。但是直到宴会结束，大家都下班了，周恩来还是没有处置任何人。

正当所有人都以为事情已经过去了，当天凌晨3点，周恩来突然通知北京市电力局、中央办公厅、外交部的负责人开会。这些人打着哈欠，睡眼惺忪地聚集到一起，周恩来严肃地询问到底是哪个环节上出现了问题，导致了宴会停电。周恩来按照责任划分对相关部门进行了批评，并且一起探讨制定了应急措施来杜绝这类事情。这次会议持续了很久，直到天越来越亮了，周恩来才语重心长地对大家说，之所以这么晚才“训话”，就是想让大家印象深刻，从中吸取教训。这就是周恩来的威严，既让人惭愧又让人心悦诚服。

领导干部的威严并不是靠地位和薪水决定的，威严要拿真正的实力来

国学名句集锦

威恩参用以成化，文武相资以定业。

——唐·王勃《平台秘略论·忠武》

说话，真正从群众的角度出发，为群众谋利，自然也就得到群众的信赖了，威严也就立下了。“摆官威”原本是中国封建社会官吏威慑群众的手段，是官僚主义作风，现在却仍然有个别的党员干部摆架势，显官威，比如在飞机上摆谱且殴打空乘人员、违反交通规则还理直气壮、以公权办私事……仿佛只有摆出自己的地位和官位才能让群众“怕”自己，才能满足自己的虚荣心。

对于领导干部来说，“官威”应该代表着清正廉洁、以德为政，以此赢得群众发自内心的信任和支持。只有自身正了，才能带出同样得民心的干部队伍，才能引导社会风气向正面发展，才会有“官威”。如果自身不公，难免会以权谋私；如果自身不廉，很容易藏污纳垢，必定会导致贪污腐败越来越严重，暗箱操作也会大行其道，领导干部的公信力何在？政府和党的权威性何存？

习近平多次强调：“始终做到秉公用权、不以权谋私，依法用权、不假公济私，廉洁用权、不贪污腐败，始终保持共产党人的政治本色。”这就是执政用权时该有的敬畏之情，也是领导干部应该深刻记住的新时期的“官箴”。

国学名句集锦

威行爱立，讼清事举。

——北宋·曾巩《宜黄县学记》

知遇——人多知遇独难求

“人多知遇独难求，人负知音独爱酬。”出自唐代诗人薛能的《并州寓怀》。意思是说，人的一生中会遇到很多人，懂你的知遇之人是最难遇到的；世人常常辜负了知音朋友的赏识，而我却一定要酬谢报答对方。这里的酬谢未必是金钱财物，更可能是同样的情意和实际行动。

在中国历史上，许多传奇人物因为受人赏识发掘，最终名垂千古。韩信就是其中之一。在秦末陈胜、吴广起义之后，韩信受到揭竿而起的项梁的吸引而去投奔他，但一直默默无闻，未受重用。项梁去世后，韩信又听命于项羽，但是多次向项羽献计，都没有被采纳。刘邦进入蜀地后，心灰意冷的韩信便离楚投汉，做了一个管理仓库的小官，仍然不为人知。

《史记·淮阴侯列传》记载，身在汉营的韩信触犯法律，涉案的其他十几个人都已被处决。轮到韩信受刑时，韩信对天高呼：“上不欲就天下乎？何为斩壮士！”大将夏侯婴听到这声呼喊，觉得此人不平凡，就命人释放了他。一番交谈后，越发觉得韩信不同凡响，于是向刘邦推荐了他。

国学名句集锦

举事而不时，力虽尽，其功不成。

——《管子·禁藏》

但是刘邦并没有发现韩信的特别之处，只是任命韩信管理粮饷。

项羽为了排挤刘邦，便封刘邦为汉中王，强迫他前往汉中地区。在迁徙途中，很多人都因为感到没有前途，便不再追随刘邦，韩信也觉得没有受到重用，便也当了逃兵。由于此前，韩信曾多次与萧何交流，得到了萧何的赏识。所以萧何听闻韩信也跑了后非常震惊，没来得及向刘邦报告，便骑上快马去追韩信。等到萧何回到汉营，详细汇报了追赶韩信的原因："那些将领都是普通人，要多少有多少，而韩信却是国士无双。大王想要争天下，就必须重用韩信。取与舍，大王决定吧。"

刘邦表达了自己想向东发展的想法，他志不在汉中，而是要夺取天下。萧何说："大王既然志在天下，那就一定要用韩信，所以要把他留下，如果不用他，必然不能成功。"刘邦听后便同意任命韩信为将，但萧何强烈要求要重用韩信，于是刘邦同意让韩信做大将。刘邦想把韩信叫来，直接授命于他，但萧何却不同意："您平日里对他很是怠慢，如今想要任命他为大将也不能儿戏。为了显示对他的礼遇，应该斋戒沐浴，筑坛拜将才行。"刘邦便按照萧何所提的做法照办了。果然这让韩信深受感动，从此感念知遇之恩，为刘邦鞍前马后立下无数功劳。在楚汉战争期间，韩信统领汉军奠定了汉室半壁江山，逼得项羽自刎乌江，最终帮助刘邦取得天下，自己的名字也载入史册。

"乌鸦反哺""羊羔跪乳""滴水之恩，涌泉相报""结草衔环""饮水思源"……感恩本身是一种美好的情感，韩信曾经回报送他饭吃的老妇人以千金，姜子牙曾经为知遇他的周王室鞍前马后，诸葛亮为三顾茅庐的刘备蜀汉江山鞠躬尽瘁，死而后已。但是这种伦理上的美德与党内关系上的感恩并不一样。前者是个人的道德行为，反映的是个人的修养，后者以党性为基础，以党员回报群众为终点。

国学名句集锦

天与弗取，反受其咎。

——《史记·淮阴侯列传》

党员干部应该时刻铭记自己肩上的重担，守住自己的初心，正如陈毅的诗句：“第一想到不忘本，来自人民莫作恶。第二想到党培养，无党岂能有作为。”然而，党内还是有一些人心术不正，私心作祟，认为“投桃报李”“提前打通关节”才是保证自己仕途一帆风顺的关键所在，于是无所不用其极地行贿，这种观念产生的根源在于扭曲的权力观和价值观。还有部分领导干部在选材任人上有“一言堂”的现象，而其心又不正，以至于出现了卖官鬻爵的恶劣行为。还有部分基层干部存在“攀龙附凤”的心理，认为上面选拔人才依据的是“身边人、圈里人、同乡人”等“自己人”的原则，于是绞尽脑汁钻进领导的“小团体”，导致部分领域、地域出现拉帮结伙，甚至结党营私的现象，极大地损害了人民的利益。

懂得“感恩”固然能够彰显忠诚，固然能促进党员干部的发展进步，但是要清楚地意识到，这种“感恩”一定要基于对党员干部工作本质的深刻理解上，对党有感恩之心，而不是对某个人存有所谓的“感恩之心”。如果想要对得起这份信任，就应该将拳拳赤子之情付诸人民群众身上，只有做好群众工作，才是真正地回报了党组织的知遇之恩。

国学名句集锦

见机不遂者陨功。

——西汉·桓宽《盐铁论·击之》

作则——以身教者从

“以身教者从，以言教者讼。”出自《后汉书·第五伦传》。意思是说，用自己的行为教育民众，民众愿意接受你的教导；假如只用苍白的言论教育民众，民众则不会听从你的教导，还会引起争端。

随着年龄的增长，很多人会成为别人的“模仿对象”，从老师到朋友，从领导到名人，担任这些角色的人，都需要以身作则。如果仅仅以语言来教导，而自己都没有做到要求的标准，一定不能取得好的成效。

西晋时期，担任荆州刺史的刘弘推荐皮初担任襄阳太守，理由是皮初立过战功，很得民心且有才能。但是主政者却不同意，认为皮初虽然战功赫赫，但是毕竟资历太浅，不如任命夏侯陟。毕竟夏侯陟担任过东平太守，在治国治民上有一定的经验。刘弘拒绝了这个提议，坚决不同意任用夏侯陟，原因只有一个，那就是因为夏侯陟是他的女婿。当时很多人都感到不解，都说举贤不避亲，何况夏侯陟确实很有能力，为什么他要这么苛待自己的女婿呢？刘弘对同僚和下属官员解释说：“治一国者，宜以一国

国学名句集锦

声无小而不闻，行无隐而不形。

——《荀子·劝学》

为心，必若亲姻然后可用，则荆州十郡，安得十女婿然后为政哉！”他上书朝廷：“陟姻亲，旧制不得相监；皮初之勋，宜见酬报。”朝廷见他如此执拗，便只好按照他的建议安排皮初担任襄阳太守。

通过这件事，刘弘无私的品质得到人们的赞扬，即便是已经天下大乱的西晋，唯独刘弘管辖的荆州是一方乐土。据《资治通鉴》记载，刘弘“劝课农桑，宽刑省赋，公私给足，百姓爱悦”，百姓也都效仿刘弘那样大公无私的精神，当地的治安和民风都为人羡慕，很多难民纷纷投奔而来。

俗话说：“火车跑得快，全靠车头带。”党员干部就是社会主义建设过程中的排头兵、先锋队、火车头。小康之路上，中国跑得快不快、稳不稳，就要看党员的模范带头作用了。如果党员干部能够以身作则，做好劳动的表率、服务的表率、奋斗的表率，那么，国家富强、人民富裕的“中国梦”何愁无法实现呢？

刘少奇是个对自己和身边工作人员要求都很严格的人，他始终以廉洁奉公、无私奉献的公仆精神要求自己，无论什么时候，都将党和人民的利益放在首位。如果要外出工作，刘少奇总会跟身边人“约法三章”：不迎送，不请客，不准向基层提任何要求或者接受任何礼物。

刘振德是在 1956 年 3 月被调到刘少奇的办公室担任秘书工作的。到任当天，刘少奇就找他谈话，与他“约法三章”：“到我这里工作，第一，要如实地向我反映情况，要说老实话，办老实事。凡是经过我办的、要请示我的事情，你们不要自作主张；对外要如实地传达我的意见、我的话；不要以我的名义干其他个人的、别的事情。第二，你过去长期做机要工作，保守机密这一点你是懂得的。在这里工作，有些事知道得早一点、多一点，不能搞小道消息，对谁也一样，包括我的孩子，都一样。第三，对外联系，传达我的意见，或人家打电话来，要注意态度和蔼、谦虚、礼

国学名句集锦

兰生幽谷，不为莫服而不芳；舟在江海，不为莫乘而不浮；君子行义，不为莫知而止休。

——《淮南子·说山训》

貌，不能盛气凌人。要埋头苦干，夹着尾巴做人。处理问题要及时，要紧张而有秩序地工作，轻重缓急要安排好。”

正如对自己的要求非常苛刻一样，这份简单却全面的“约法三章”，可以看出刘少奇对身边工作人员的要求是多么严格，刘少奇正是用自己的言传身教，深深地影响着在他身边工作过的每一个人。

《论语》中说：“其身正，不令而行；其身不正，虽令不从。”党员干部在处理种种问题、攻克道道难关的时候，要时时、处处以党性的要求对照自己的所作所为，修正自己的误差，提高自己的能力。如果有什么规定是要求群众必须做到的，首先就要自己带头做到；有一些底线是要求群众不能触及的，自己一定不能冒犯，要始终以率先垂范的实际行动来充分展示党性的坚定。

不正之风往往是因为沉疴已久、积弊甚深而形成的，最后便成了“老大难”。但是中国有句俗语：“老大难，老大出马就不难。”对于官僚主义、形式主义等“四风”问题，“一把手”要带头攻破，以身示范，“上为之，下效之”，广大的领导干部积极响应号召，不良风气才能彻底根除。相反，若带头人不以为然、轻描淡写、敷衍了事，释放消极能量，传播负面情绪，那么教育实践活动肯定会阵势大实效小，雷声大雨点小，最后的结果便是让社会失望、人民群众反感。

想要根除积弊，党员干部必须要有高度的自省精神，把以身作则转化为切切实实的工作标准和工作成效，改进作风，做到处处为人民着想，管好自己，管好下属，管好身边人，秉公处事。牢记自身的政治责任，认真做好本职工作，带头干、亲自抓，让群众真正看到党员干部带头为人民服务的身影。

国学名句集锦

闻正言，行正道，左右前后皆正人也。

——西汉·贾谊《治安策》

养晦——圣人韬光，贤人遁世

成语“韬光养晦”说的是低调为人处世，等待合适的机会或者需要的时候才做自己要做的事情。“韬光”是说要避免抛头露面，最早见于南朝梁萧统的《靖节先生集序》：“圣人韬光，贤人遁世。”“养晦”的意思是隐藏踪迹修身养性，可引申为隐退低调、等待机会。

公元前 496 年，吴王阖闾在与越国的战争中伤重而死，他的儿子夫差继位，发誓一定要为父报仇，后来果然打败了越国。为了侮辱越王勾践，夫差就让他做看墓、喂马这些低贱的工作。勾践虽然心里很不服，但是为了保全性命，以图东山再起，表面上还是装作一副顺从的样子。夫差每次出门时，勾践都会奴颜婢膝地在前面拉马；夫差生病时，勾践也会尽心照顾，甚至以口尝夫差的粪便来表现对他的关心。如此一来，吴王便真的以为勾践已诚心降服，便放他回到越国。

勾践回国后，时刻不忘报仇雪耻，但是却不敢有太大的动作，只能暗地行动。为了避免自己此刻生活安逸而忘记曾经遭受的羞辱，勾践便在房

国学名句集锦

持而盈之，不如其已；揣而棁之，不可长保。金玉满堂，莫之能守；富贵而骄，自遗其咎。功遂身退，天之道。

——《老子》

间里挂了一个苦胆，每次吃饭时，就先尝一下苦胆，以此来警醒自己。他还把睡觉时的席子换成扎人的柴草，让自己不能安枕，不忘耻辱。这就是成语“卧薪尝胆”的来源。

想早日灭掉吴国，就必须先使自己的国家富强起来。于是勾践便下田亲自与百姓耕种，他的夫人也带领妇女们一起织布，以实际行动来激励百姓一起努力。经过差点亡国的教训，勾践终于意识到群众力量的重要性，他制定奖励生育的政策，训练兵马，救济穷苦百姓。全国上下都深切感受到勾践的决心和诚恳，都干劲十足，团结一心，都想早日使这个国家富强起来。公元前475年，越国终于彻底打败了吴国，逼得夫差自杀，勾践也因此成为春秋时期的最后一个霸主。

历史上最有名的“韬晦之计”出自《三国演义》。刘备应邀前往曹操府上饮宴，尽管早就知道曹操目的不纯，却也无可奈何。曹操问刘备，谁是当世英雄，刘备例举多人，但曹操却用手指着刘备说：“今天下英雄，惟使君与操耳。”这是将疑心明摆着说了出来，刘备大惊之下将手中的筷子掉在了地上。恰好此时是雨前，雷声大作，刘备假装是被雷声吓到，这才暂时消除了曹操的疑心。

所谓的“韬光养晦”，对于很多人来说，与刘备一样，只不过是逃避问题的手段。实际上，曾国藩早就在《养晦堂记》中，表明了什么才是真正的“养晦”。真正有德行的人隐居起来，并不是因为他们胆小怕事，逃避现实。只要是人，就都会有欲望，想有所作为、超越别人。但是，那些有德行的人追求和满足的方式是不一样的，他们重视的并不是普通人所追逐的私利，因而一生都未必显赫，却取得了很高的成就。

很多堕入腐败深渊的党员干部，追溯自己犯错的原因，几乎都是曾经认为为官就要给自己多谋利，或者安排好身边这些人，最好为自己和全家

国学名句集锦

喜怒不形于色。

——《三国志·蜀书·先主传》

都赚得盆满钵盈。但是这些人又不想好好工作，或者工作的时候并没有将群众放在首位，完全忘记了党是基于群众而存在的。还有部分干部担心动辄得咎，便以“养晦”为借口，奢望着“天上掉馅饼”，殊不知结果适得其反。对于韬光养晦，党员干部真正应该遵循的原则是，对外物没有太多要求，温饱足矣，对于群众工作来说有耐性、有责任感。“不以物喜，不以己悲”，利用长时间的累积将自己的内在充实起来，厚积薄发，才能实现人生理想。

对于“韬光养晦”的恰当解读，应该是“低调务实、敢于担当、真抓实干、严于律己”这十六个字，应该既体现在党员干部“三严三实”的价值追求上，也体现在脚踏实地，认真负责的工作态度上，不能只想着“不求有功，但求无过”，不能总是“做老好人”，不能绕着矛盾走、躲着问题走，不能在问题面前打马虎眼、想要“大事化小，小事化了”，而是要少说话，多做事，低调做人，高调做事，既谦卑待人，又勇于承担责任，既有进取心，又有群众意识。

我们所提倡的“少说”不是指不开展批评与自我批评、不做宣传、一问三不知，我们所提倡的“敢为”也不是胡作非为、毫无目标和指向性的盲目作为，我们所提倡的“低调”不是消极，我们所提倡的“高调”也不是鼓吹。得到群众和组织的信任并不是一件很容易的事情，所以，党员干部要珍惜自己的岗位，增强工作效能，提升处理问题的效率，“在其位，谋其政”，努力创造经得起人民群众检验的实绩。

国学名句集锦

谋藏于心，事见于迹，心与迹同者败，心与迹异者胜。

——唐·李筌《太白阴经》

慎权——天下之权，惟民主是主

清末民初政治家何启说："天下之权，惟民主是主。"意思是说，权力是人民群众给予的，所以在使用权力时应该谨慎小心，不可滥用手中的权力。

施世纶是清朝靖海侯施琅的儿子，他为官期间经常与钱粮打交道，曾担任漕运总督，为清朝漕运事务的高级官员。当时的漕运是一个肥差，手握大权，可以得到"灰色收入"的机会特别多。甚至，连负责押运的低级武官都能随意克扣漕米、夹带私货等，这已经成了不成文的规则。施世纶作为漕运总督，从来没想过利用自己的职权大捞一把，而是到任后便亲临基层，干练地解决漕运内部管理混乱等问题，同时还了解每个阶层的处境。因为时代和技术的限制，当时的漕运船只往往不能按期往返，加上有时候路上天寒地冻，水路的危险又不可预估，所以驾船的兵丁们非常辛苦。稍微有点权力的官员便经常克扣漕米、敲诈船丁。施世纶尽管已经身在现场却从不多嘴，身边的很多官员认为他只不过就坐在淮河边，看看热闹而已。

国学名句集锦

慎在于畏小，智在于治大。除害在于敢断，得众在于下人。

——《尉缭子·十二陵》

实际上，施世纶却暗地里帮助船丁躲避敲诈，而且记录这些违规的行为。为了准确约束行船时间，他亲自带着文书沿河行船，详细记下晴雨风候、水流缓急与深浅等情况，根据周围人的经验，总结预测出某船某日应到的地点，十分准确。而且，他的船小，在航船前面走，如果遇到水浅滩急，他就想到是否要准备接驳船。如果有押运的官员因私滞留却以逆风为借口，他就拿出自己记录好的小册子给他看。施世纶并非只有这些手段，该硬气的时候就挺直腰板，用国家赋予的权力说话，对于那些敲诈克扣、中饱私囊且情节较为严重的官员，就“立杖辕门，耳箭示众”。短短的几年时间，原本乱七八糟的漕运政务便被肃清，当地官员安分守己，漕船按期往返，船丁不再受苦，百姓不受欺压。

权力是一把双刃剑，有些人会因为权力受到人民尊敬，也有一些人因为权力而身败名裂，后悔莫及。中国共产党非常慎重使用权力。毛泽东曾说：“我们的权力是人民群众给的。”邓小平也曾多次说：“得到权力后，要谨慎运用手中的权力。”

据有关报道，2015 年周永康在庭审结束的最后陈述时说：“我愿意接受检方指控，以上事件基本属于事实，我表示悔罪认罪；相关人员对我和我家人的贿赂，其实是因为我所拥有的权力，我应当负主要的责任；自己接二连三地为私情而做违反法律的事情，这些违法犯罪的行为是客观存在的，严重损害了国家和党的利益。”

党员干部所拥有的权力是全体人民赋予的，这不仅是人民群众当家作主的必然要求，也是在宪法上有明确规定的。权力若脱离了群众，离开了人民，就会变成无源之水、无本之木。这也决定了“立党为公、执政为民”成为共产党领导干部权力观的根本所在。

“慎权”对于党员干部来说，有着深刻的内涵。当今社会，一些不法

国学名句集锦

贵轻重，慎权衡。

——《史记·管晏列传》

人员为满足私欲，采用各种手段和形式拉拢腐蚀党员干部。一旦领导干部经受不住各种诱惑，放松警惕，就可能在利益的驱使下滥用权力，走向犯罪的深渊。权力由党组织交到每一位干部手中，如何行使好权力，如何利用权力保障人民群众的利益，其中的尺度、分寸都应该由自己拿捏。简单地说，想要行使好权力，就要从一心为公、一心为民的根本原则出发，一切行动听从党的指挥，一切目标都是为了全面实现小康社会。

现阶段，我们党员干部任重而道远，面对长期而艰巨的奋斗目标，我们必须经得起组织的考验，经得起历史的考验，经得起人民的考验，经得起环境和市场经济的考验，经得起改革开放的考验，不能在内心和行为上有丝毫自满和懈怠，更不能以权谋私，搞钱权交易，损害党的声誉，损害人民的利益，辜负组织的信任。只有每个党员都彻底将“特权”思想摒除，时刻坚持慎权、慎行，坚守底线，才能永葆政治本色，保证我们党永远能保持先进性。

国学名句集锦

成事在理不在势，服人以诚不以言。

——北宋·苏轼《拟进士对御试策》

第七章　借　力

“单丝不成线，独木难为林”，任何事业想要取得成功，都必须依靠大多数人的力量。“借力而行”是一种工作方法，也是一种领导艺术，善于利用有限的条件，依靠各级同事和群众的力量完成现阶段历史使命，更便于团结群众，融入群众，集聚智慧，促进和谐。

◎假物——君子生非异也

◎求本——国之安者，必积其德义

◎迂回——屈节者所以有待

◎勤学——终日而思，不如须臾之所学

◎监督——知止可以不殆

◎惩戒——无术则弊于上

◎试点——在常古之可与不可

◎效仿——人不率，则不从

假物——君子生非异也

“假舆马者，非利足也，而致千里；假舟楫者，非能水也，而绝江河。故君子生非异也，善假于物也。”出自《荀子·劝学》。意思是说，借助车马之力的人，并非走得快，却能够行千里路；借助船和桨的人，不是擅长游泳，却能横渡江河。君子在能力上跟一般人没什么不同，只不过善于借助外物罢了。

《六韬·奇兵》中说：“处高敞者，所以警守也；保险阻者，所以为固也；山林茂秽者，所以默往来也；深沟高垒粮多者，所以持久也。”意思是说，占据高峻而又视野开阔的地势，目的就是为了方便警戒和防卫；防守险隘要地，目的就是为了巩固自己的防御；占领深山密林的地形，目的就是为了隐藏军队的行动；深挖沟，高筑墙，广积粮，目的就是为了作战持久。

“三十六计”中有一计叫“借刀杀人”，是一种一方面保存自己的实力，另一方面巧妙地利用矛盾的策略。如果敌人动向明确，就引诱态度暧

国学名句集锦

君子不为苛察，不以身假物。

——《庄子·天下》

昧的友军迅速出兵进攻敌方，从而有效地避免自己的主力遭受损失。这条计谋是根据《周易》中《损》卦推演而得的。此卦认为，“损、益”不可截然划分，二者相辅相成，充满辩证思想。这条计谋的核心是借他人之力攻击自己的敌人，己方虽然会有一定的损失，但是不伤元气，可以稳操胜券。

春秋时期，齐简公任命国书为大将军，带领士兵去讨伐鲁国。鲁国的实力不如齐国，国家危在旦夕。孔丘的弟子子贡分析两国形势，认为只有吴国才有实力救鲁国，便打算借助吴国兵力打败齐国军队。子贡便去游说齐国丞相田常。田常当时正打算篡位，急着要铲除异己。子贡便用“忧在外者攻其弱，忧在内者攻其强”的道理，劝说他不可以让异己在进攻较弱的鲁国中壮大自身的实力，应该攻打吴国，借大国之手铲除异己。田常听后十分心动，但是因为齐国已做好进攻鲁国的准备，突然进攻吴国师出无名。子贡说：“这事好办，我立即去劝说吴国出兵救鲁伐齐，这样就给了你进攻吴国的理由。”田常非常高兴地同意了。

子贡离开齐国后立刻赶去吴国，对吴王夫差说：“假如齐国攻下鲁国，齐国便会变得十分强大，接下来就会伐吴。大王不如早早地做好准备，联合鲁国一起进攻齐国，吴国不就可以成就霸业了吗?”但是吴王担心越国趁火打劫。子贡又马不停蹄跑去越国，说服了越王，越王答应派兵随吴伐齐，从而解决了吴王的顾虑。

子贡成功游说三国，达到了预期目标，但是他又想到吴国打败齐国之后，一定会要挟鲁国，鲁国并没有真正地摆脱危机。随后他又偷偷跑到晋国，向晋定公说明利害关系：吴国打败了齐国后，肯定会转而进攻晋国，逐鹿中原。奉劝晋国加紧备战，防止吴国的进攻。

公元前484年，吴王夫差御驾亲征，亲自带领十万精兵及三千越甲进

国学名句集锦

三代所宝莫如因，因则无敌。

——《吕氏春秋·贵因》

攻齐国，鲁国随即派兵助战。齐军中了吴军诱敌之计，因遭到埋伏大败，甚至主帅国书和几名大将都死于乱军之中。齐国被迫请和。吴王夫差大获全胜之后，骄傲自大，立即挥师攻打晋国。晋国因为早就做好防备，打败了来犯的吴军。子贡充分利用齐、吴、越、晋四国的利益关系，巧妙借力，借吴国之“刀”，打败齐国；借晋国之“刀”，打败了吴国。鲁国损失十分微小，却从容地从危难中解脱出来。

君子善假于物。通过借助外力来辅助工作正常有序地进行，是党员领导干部必备的能力。比如利用媒体，借助“媒介”特有的渲染力，拉紧“廉洁”弦。借助通讯公司等新媒体平台，渲染“廉政”风气。

“我国的历史是在痛苦的过程中成就的辉煌，众多的老干部是我们国家和党的珍贵财富，希望以后的老干部工作能够再接再厉，借力、借资源、借势，饱含感情地给予老干部全方位、高标准、多层次的照顾和关心。”在杭州召开的2015年老干部工作委员会会议上，委员会主任这样说道。从对待退休老干部的工作中可以看出，“借力”的根本就是为了让群众受益。

通过借助外力来辅助工作正常有序地进行，是党员领导干部必备的能力。只有善于借助他人之力才能更好地完成工作，只有善于借助群众的力量，才不会偏离群众，才能始终接地气，聚民心。

国学名句集锦

物故莫不有长，莫不有短，人亦然。故善学者，假人之长以补其短，故假人者遂有天下。

——《吕氏春秋·用众》

求本——国之安者，必积其德义

“求木之长者，必固其根本；欲流之远者，必浚其泉源；思国之安者，必积其德义。”出自魏徵的《谏太宗十思疏》。意思是，树木茂盛的根本，在于根部的稳固；水流潺潺不息，在于源头的疏通；国家要想安定，就要积蓄德义。

唐太宗李世民即位之初，曾经召集群臣探讨“理政得失”。这次讨论，文武百官各抒己见，让李世民的思路进一步打开，所总结出的思想就是“存百姓”的民本思想，也就是百姓才是国家政权的根基，只有留得住人心，才能让政权长久存在。

李世民曾经说过：“水能载舟，亦能覆舟。”他也曾在《贞观政要》中提到：“为君之道，必须先存百姓，若损百姓以奉其身，犹割股以啖腹，腹饱而身毙。”贞观二年，李世民曾经问黄门侍郎王珪“近代君臣治国，多劣于前古”，得到的答案是：“古之帝王为政，皆志尚清静，以百姓之心为心。近代则唯损百姓以适其欲……”李世民对此甚为赞同。

国学名句集锦

天地虽大，其化均也；万物虽多，其治一也；人卒虽众，其主君也。君原于德而成于天，故曰：玄古之君天下，无为也，天德而已矣。

——《庄子·天地》

思想对了，行为就不容易出现偏差。李世民之所以能脱颖而出，与他的“民本”思想有很大关系。在这种思想的引领下，李世民和他的臣子们制定了一系列的惠民政策，例如经济统筹规划，消灭割据势力，促进民族团结，厉行节约，轻徭薄赋，不轻易征发徭役，革除“民少吏多”的弊政，使百姓得以休养生息。在这种思想的带动下，百姓生活生产的热情空前高涨，社会生产力得到解放，经济增长迅速，人民安居乐业。李世民爱惜百姓的生命，重民生，不随意发动战争扰民，因此就连北方少数民族都尊称他为“天可汗”。

李世民说，做事情要立足根本，国家以民为本，百姓以穿衣吃饭为本。他身体力行，关注民生从体察民情做起。隋炀帝开辟大运河后便多次下江南游玩，而李世民则常常到各地巡视，劝课农桑，甚至自己在园苑里种了近十亩的庄稼。尽管做不了太重的体力活，但是他坚持体验百姓的生活艰辛。在一个大旱之年，蝗灾泛滥，李世民到田里视察作物生长的情况，抓起蝗虫感慨万千，甚至塞了几只蝗虫到嘴里说：“只要蝗虫不吃百姓的粮食，吃我这个皇帝都行。”

更为难得的是，李世民将“重民本”坚持下去，没有丝毫松懈。即便是突厥大军一路攻到京城长安附近，仍然不愿让百姓受难，一方面积极防御，在不扰民的前提下，尽可能缩短战争的时间，另一方面继续大力发展经济，藏富于民。在他看来，只有政治工作做好了，对百姓重视了，百姓才会愿意归顺，才会得民心。“树林茂密鸟栖息，水面宽阔鱼活跃，仁义聚集百姓归。”

所谓的天子，其实也不过就是依靠国家而存在的政策发布者，如果没有人民，何来国家呢？国家不存在，又何来国君呢？一旦富了国君，穷了百姓，国家就要灭亡了。

国学名句集锦

农事伤则饥之本也，女红害则寒之原也。

——《汉书·景帝纪》

对于现在的中国来说，全面建成小康社会的目标，便体现出中共中央对人民群众的重视。民富才能国强，只有民生工作做好了，社会才会稳定，国家才能和谐。

“民生”一词最早见于《左传·宣公十二年》：“民生在勤，勤则不匮。”一直到20世纪20年代，孙中山给“民生”注入了新的内涵，将其作为国家大政方针以及历史观来看待，孙中山认为民生就是“人民的生活——社会的生存，国民的生计，群众的生命”，就是“政治的中心，就是经济的中心和种种历史活动的中心”，是“社会一切活动的原动力”。

建国以来，每一代领导人都旨在做好民生工作，坚持以人为本，以贯彻落实科学发展观、切实保障公民基本权利为前提，努力提高人民的生活水平，关心弱势群体，建立完善的社会保障制度。我们政府所采取的一系列积极政策举措，为的是确保困难群体“老有所养，衣食无忧”，这些是构建和谐社会的重中之重。民生关系到每一个老百姓，只有在各个方面都做好民生工作，才能取得人民的信任。医疗上，要确保人民群众“病有所医”，这同时也是社会保障制度的重要组成部分。教育上，要解决义务教育阶段贫困家庭学生的教育问题，大力培养教师队伍，促进教育的全面均衡发展。可以说，构建社会主义和谐社会，就要让老百姓学有所教、劳有所得、病有所医、老有所养、住有所居。

只要关涉群众利益，那就没有小事，因为民生问题是社会最主要的问题。党员干部要做群众的贴心人、关护人、领路人，领导干部要做群众的主心骨、栋梁、后盾。当群众有需要、遇到困难、需要帮助的时候，党员干部要做到随叫随到、不请自到、主动举荐，努力帮助群众排忧解难，要有一种如果不把群众事情办好，不将群众利益实现好、维护好、管理好，就寝食难安、如坐针毡的心态。党员干部要勇往直前，往矛盾窝里钻，到

国学名句集锦

忠信谨慎，此德义之基也。

——东汉·王符《潜夫论·务本》

矛盾最突出的地方去探讨，到问题最尖锐的地方去钻研，去培养自己、锻炼自己，服务人民、造福社会。

孟子说：“乐民之乐者，民亦乐其乐；忧民之忧者，民亦忧其忧。乐以天下，忧以天下，然而不王者，未之有也。”党员干部只要心中有人民，一心一意为人民，让人民受益、惠民、安民，不与人民争斗，将一切的权力和精力倾注在为人民服务的身上，也才能得到人民群众的理解、帮助、拥护和追随。

当然，爱党、爱国、爱人民不仅仅是一句口号，对于党员干部来说，这句话必须落实到具体的行动中。党员干部要努力从自身做起，从自己身边的一件件、一桩桩小事做起，时刻警醒自己，为党分忧，为国分忧，为民分忧，做好自己的本分。

国学名句集锦

可知务本业者，其境常安。

——清·王永彬《围炉夜话》

迂回——屈节者所以有待

《孔子家语》中说："君子之行己，期于必达，于己可以屈则屈，可以伸则伸。故屈节者所以有待，求伸者所以及时，是以虽受屈而不毁其节，志达而不犯于义。"意思是说，君子的志向操守必须要自己明确通达，因此在受委屈时可以接受，在需要伸张抱负的时候便能有所施展。君子之所以屈从，是为了等待机会，只有适当地施展才华，才能抓住良机。因此，即使暂时得不到施展抱负的机会，也要守节操，等到有机遇来实现自己的理想，也不会违背道义。

淮阴侯韩信曾经为刘邦立下了赫赫战功，无论是"明修栈道、暗度陈仓"，还是厉兵秣马征战天下，他都无愧于"一代英豪"的称号。然而，韩信年轻的时候，却因家庭贫苦遭受过不少羞辱。韩信从小孤苦，曾经在邻乡的一个亭长家里"蹭饭"好几个月。亭长的妻子非常讨厌他，便早早起床做饭，等到韩信去吃饭的时候，早就没有食物了。韩信虽然年纪不

国学名句集锦

以众攻众，众存不攻；以食攻食，食存不攻；以备攻备，备存不攻。释实而攻虚，释坚而攻膬，释难而攻易。

——《管子·霸言》

大，但是很会察言观色，便再也没有去过这位亭长家。

为了填饱肚子，韩信经常去淮阴城附近的河边钓鱼，那边有几位老妇人经常过去漂洗丝绵，其中一位见韩信经常饿着肚子坐在河边钓鱼，还总是一无所获，便将自己带来的饭食分给他吃，一连数日。韩信吃着大娘的饭，非常感动，便对老人说："将来我发迹了，一定要厚报于您！"老妇人却生气地回答："谁要你的报答呢？堂堂男子汉连自己的肚子都填不饱，还能给我什么报答？我只是看你可怜才给你饭吃罢了。"

淮阴城里有个屠户，很是看不起落魄的韩信，他多次出言羞辱韩信，还说："你可真是没出息，如果你真是个男人，就给我一刀，如果你不敢，那就说明你是个胆小鬼，就从我的胯下钻过去吧！"

七尺男儿顶天立地，钻人家的裤裆，这是非常耻辱的事情。可是韩信看了看屠夫，想了一会儿，竟然真的低头从他的胯下爬了过去。屠夫哈哈大笑，围观的人也都嘲笑韩信，认为他是个窝囊废、胆小鬼。

后来，项梁揭竿起义，韩信毅然从军，但在军中一直没有什么地位，不受重视。项梁死后，韩信又跟随项羽征战天下，仍然不受重用。但是，他投奔刘邦后，很快得到了萧何的推荐，从此一举成名。后又帮助刘邦尽灭诸侯，消灭项羽，成为建立大汉王朝的扛鼎之臣。

在韩信被封楚王后，回到封地，找到了当年那位分给他饭吃的老妇人，赠予她黄金千两。又找到了那位亭长，给了他一百钱，说他是个有始无终的小人。最后，他找到了那位屠夫，封他做了个小官。身边的人不理解，韩信说道："当时他侮辱我，我的确应该杀了他，但是我杀了他就犯了罪，无法得到今天的成就。正是他的羞辱磨练了我的意志。"

"大丈夫能屈能伸""识时务者为俊杰"，这是亘古以来英雄豪杰用亲身经历书写的真理。立大志，要守大道，更要懂得退一步海阔天空，避开

国学名句集锦

故迂其途，而诱之以利，后人发，先人至，此知迂直之计者也。

——《孙子兵法·军争》

锋芒。然而这一点在今天很多领导干部看来，反而成为了渎职、玩忽职守、只求安稳、“不求有功，但求无过”的借口。对此，中央办公厅印发《推进领导干部能上能下若干规定（试行）》明确提出，领导干部如果“为官不正、为官不为、为官乱为”等，必须严查严办，进一步建立起“能者上、庸者下、劣者汰”的用人导向和从政环境。

许多党员干部在工作中，存在着“为了不出事儿，就不办事儿，即便没本事，不是多大事儿”的心理，官僚主义由此滋生。一直以来，领导干部“能上”而“不能下”，稳居其位而没有作为，对群众的诉求视而不见、听而不闻，失职、渎职等现象较为常见。对此，该规定进一步加大了对领导干部问责的力度，不仅在本职工作上要问责、追责，更要管理好、约束好、教育好自己的配偶、子女、子女的配偶和身边的工作人员，让群众体会到我们党从严治党、严格管理干部的决心和力度。

部分党员干部属于“拔高”型干部，能力素质与岗位并不匹配，出现虽然有能力但不愿意施展、身在其位不谋其政的状况。虽然没有犯过什么大错，没有严重违纪行为、违法行为，却严重影响了党的形象，影响了正常的群众工作。

对于抓好规定的落实，基层政府有关部门也纷纷做出了细则和要求，首先在选人、用人阶段就要做好考核，细化管理和考核机制，充分掌握领导干部的思想、工作和生活状态，公正严明对待干部考核，严格界定干部的“好”与“坏”，尤其在换届考察、任职考察上加大纠察力度，发挥监督机制在干部选用中的导向、评价和监督等方面的作用。

除此之外，领导干部还要注意在工作中有所变通，不要认死理、走死路，不要按图索骥，不懂改变思路。相马宗师伯乐是个相马高手，无论是什么马，他只要看一眼就知道是什么品级。为了更好地传承自己的智慧，

国学名句集锦

昔乎颜渊以退为进，天下鲜俪焉。

——西汉·扬雄《法言·君子》

与人们分享自己的相马心得，他便把自己认马的本领都写到《相马经》中，还画上了各种马的图。虽然伯乐在相马上卓有成就，但是他的儿子却对此道颇为不通。不过，为了继承父亲的衣钵，他还是将《相马经》背得很熟，并且自认为有了丰富的相马经验。有一天，他在路上看见了一只癞蛤蟆，想到书上说额头隆起、眼睛明亮、四个蹄子很大的就是好马，便兴奋地抓起蛤蟆，带回家给父亲看，让伯乐哭笑不得。

任何事情都要经过思考才能下定论，都要权衡好才能去执行。如果此路不通就要换一条路走。过去的经验固然要借鉴，但是如果不懂得变通，不懂得随机应变，就容易闹出笑话，甚至酿成大错。

国学名句集锦

得在时，不在争；治在道，不在圣；土处下，不争高，故安而不危；水下流，不争先，故疾而不迟。

——《淮南子·原道训》

勤学——终日而思，不如须臾之所学

荀子在《劝学》中说："吾尝终日而思矣，不如须臾之所学也；吾尝跂而望矣，不如登高之博见也。"意思是说，从早到晚不停地思考，但是却比不上一时半会儿学到的知识有价值；努力地踮起脚想向远方观望，但是却比不上登到高处见得广。可以说，学习对于任何时代的任何人来说，都是非常重要的。

东汉末年，敦煌郡出了一个爱好书法的少年名叫张芝。在他家附近的池塘边有一块大大的青石。因为家里贫穷买不起纸张，所以张芝每日起得很早，以青石为桌刻苦练习书法。日积月累，大青石都被他磨平了棱角。

有一天，张芝意外发现自己身穿长衫的衣袖色白宽大可以用来练字，于是他便脱下长衫铺在青石上练字。他写满了一只衣袖，又换一只。最后就连前襟后背也用来练字。

到了中午，张芝那件长衫变得密密麻麻的，仔细一看上面都写满了字。他抖了抖长衫，看着写满字的长衫，心中甚是高兴。他在这上写的正

国学名句集锦

海不辞水，故能成其大；山不辞土石，故能成其高；明主不厌人，故能成其众；士不厌学，故能成其圣。

——《管子·形势解》

是当时十分流行的“章草”。他对自己写的字十分满意，却想起了一会儿要回家吃饭，不由得发愁，这可怎么向父母交代呢？因为他怕父母生气，所以他站在原地不敢回家。他转身看到家里附近的大池塘，便有了主意。张芝手拿长衫，快步走到了池塘边，在池塘里清洗了长衫。清洗过后，看不见了字迹，可是白长衫却变成了灰长衫。

张芝拿着灰长衫回到了家，已经准备好挨训了。他的父母见白长衫变成了灰色，便询问他发生了什么事情，张芝很诚实地回答了父母的问题。没想到，他的父母不仅没有生气，反而说他刻苦练字的精神值得表扬。他的母亲当时就把儿子的长衫重新清洗了一遍。在这以后，为了给张芝练习书法，母亲找了很多派不上用场的布帛给他练习。

因为张芝的勤学苦练，所以他的书法进步很大，但是他并不满足于此，他认为练字不能一直模仿别人，学习书法和其他事物相同，应该不断创新。于是他认真分析自己写的字，认为这种字形的结构与篆书、隶书并不相同，许多的笔画勾连不断，拆开不容易被辨认。于是，他便想创造出一种易于辨认和书写的新字体。自此以后，他便潜心研究书法，并为此花了许多精力，尽管很长时间都没有成功，但他并不气馁，时刻都在思索新的字体。

有一次，张芝和友人在长江乘船航行。长江奔腾不息的气势，让他的灵感源源不绝。这使他克服了章草的弊端，创造出了今草字体。今草没有保留章草中的隶书字体形迹，使上下字之间的笔势连接更加自然，既有章法又有气势。后来，历代著名的书法家们在今草的基础上进行了不断的创新，形成了“狂草”。

张芝的今草对后世历代书法家有着很大的影响，因而被世人称为我国书法史上的第一个“草圣”。张芝勤奋练字并不断创新，由此创造了今草

国学名句集锦

我欲贱而贵，愚而智，贫而富，可乎？曰：其唯学乎。彼学者，行之，曰士也；敦慕焉，君子也；知之，圣人也。

——《荀子·儒效》

字体。他创新的动力是什么呢？答案当然是知识。正是因为对知识有足够的积累，他才能够进行创新。然而求知的过程就是学习。只有通过学习，我们才能做好创新。

孔子说：“好仁不学者，其蔽也愚；好知不好学，其蔽也荡；好信不好学，其蔽也贼；好直不好学，其蔽也绞；好勇不好学，其蔽也乱；好刚不好学，其蔽也狂。”毛泽东一生酷爱读书，在青年时期，求学过程中的毛泽东常在闹市、街头读书，磨练自己的意志，从此读书专心致志，精力集中。战争时期，尽管诸事频繁、生存环境十分恶劣，热爱学习的毛泽东仍然没有放弃学习，在枪林弹雨中、雪山草地上，他仍然坚持刻苦读书。新中国成立后，毛泽东百忙之中也会坚持抽出时间看书学习，甚至将卧床的一半位置留给了书，以书为伴，以书为友。

尽管随着时代的进步，人们获取知识的途径越来越多，但为学习付出的时间却越来越少了。尤其是党的各级领导干部，繁忙的工作之余，很少有人拿出精力来认真学习和研读社会主义经典著作。古人说：“立身百行，以学为基。”想要提升能力，提高修养，成就大事，必须肯学、勤学、坚持学。党员干部应该把马克思主义作为自己的思想理论基础，坚定实现社会主义的理想信念，提高战略思维能力、果断决策能力、掌控全局能力，在锻炼和实践中检验理论，真正做到学以致用，学而为民。

学习也要讲究策略和方法，如果没有目标和理想，无头苍蝇一样学习，也是无法达到预期的效果的。在党员干部中间，有相当一部分人堪称学习上的楷模。他们之中有为了村民致富努力自学科技兴农知识的大学生村官，有努力将学习的理念传播给大山深处群众的支教老师，有致力于构建文明、和谐的教育事业的普通党员……学习是一辈子的事情，容不得“三天打鱼，两天晒网”，也容不得急功近利、投机取巧，更容不得偷奸耍

国学名句集锦

或问曰：“君子曷敦乎学？”曰：“生而知之者寡矣，学而知之者众矣，悠悠之民，泄泄之士，明明之治，汶汶之乱，皆学废兴之由，敦之不亦宜乎？”

——东汉·荀悦《申鉴·杂言上》

滑、表面功夫。

“书山有路勤为径，学海无涯苦作舟。”学习是没有捷径可走的，成绩也不能仅按照分数判定。对于党员干部来说，既要做好本职工作，又要不断进步，既要满足人民群众的需求，又要对得起组织的信任。所以，党员干部只有真正从思想根源上认识到自己的不足，才能快速适应时代的发展，成为人民群众和组织需要的人才。

国学名句集锦

夫人好学，虽死若存；不学者，虽存，谓之行尸走肉耳。

——东晋·王嘉《拾遗记》

监督——知止可以不殆

"始制有名，名亦既有，夫亦将知止，知止可以不殆。"出自《老子》。意思是说，天地遵守了道便会让万物都有了名位，名位确定了便会有各自的限度，明白了各自的限度便能守好本位，如此便不会有危险降临。

严嵩是中国历史上最有名的奸臣之一，他"无他才略，惟一意媚上"，完全依靠皇帝的宠信身居高位。明世宗嘉靖二十一年（1542），严嵩获封武英殿大学士，后来甚至成了太子太师。史书记载，"嵩以臣而窃君之权，世蕃复以子而盗父之柄"。受到严嵩的影响，其子严世蕃骄横跋扈，倚仗父亲权势在工部担任侍郎，"私擅爵赏，广致赂遗"。除此之外，严世蕃乳臭未干、毫无建树的儿子们也都以伪造之"功"封官授爵。严嵩"藉私党以官其子孙，因子孙以拔其私党"，除了亲属，他的党羽也遍布朝野，垄断官场。

严嵩贪污受贿、卖官鬻爵的行为也非常恶劣。在其当政期间，官场上哪怕是当个州县小吏，不耗费巨资也难以获得官职，文武百官想要升职，

国学名句集锦

天子为善，天能赏之；天子为暴，天能罚之；天子有疾病祸祟，必斋戒沐浴，洁为酒醴粢盛，以祭祀天鬼，则天能除去之。

——《墨子·天志中》

先看“礼”够不够分量，毫不在乎才能学识。在这种背景下，官员要想仕途顺利，不得不克扣搜刮士兵、百姓财物，向群众勒索，即使有人告发也不要紧，一旦“边臣失事，纳贿于嵩，无功可受赏，有罪可不诛”。活着遭受盘剥，死了也不能幸免，去世的大臣想要获得谥号，也以馈赠的财物多少来下定论。

严嵩为相二十年，因为权倾朝野，所以，严嵩做了再多的坏事也没有人能轻易撼动他的地位。很多人对他不满但不敢发声，因为有所动作就会很快被打压。御史邹应龙偏偏不信邪，他不畏强权，冒死上书弹劾严嵩父子及其党羽“以臣而窃君之权，世蕃复以子而盗父之柄”，“故籍袁州，乃广置良田、美宅于南京”，甚至在母亲丧期内“聚狎客，拥艳姬，恒舞酣歌，人纪灭绝。至鹄之无知，则以祖母丧为奇货。所至驿骚，要索百故，诸司承奉，郡邑为空”，实乃不忠不孝，直接提出应该“斩世蕃首，悬之于市，以为人臣凶横不忠之戒”。明世宗看到奏章后大怒，下令“勒嵩致仕，下世蕃等诏狱”。据《明史》记载，查抄严嵩的时候，“籍没之数，黄金三万余两，白金二百万余两，珍宝不可数计”。

除了当时的奸臣严嵩，邹应龙还屡次弹劾其他贪赃枉法的大员，其中包括当时镇守云南的黔国公沐朝弼，他秉公执法，不徇私情，巡抚云南，最终核实了沐朝弼的罪状，将其押解京师治罪。

管理层内部的监督对于执政者来说是保障群众利益的重要辅助，当代党员干部应当借助监督的制约，巩固党的“防火墙”。在建立健全监督机制，以及时、准确、客观、公正的分析，为科学、符合现状的判断提供依据，有效促进党的事业的发展和进步。

近年来，各级政府对于领导干部及其家庭婚丧嫁娶、乔迁新居中出现

国学名句集锦

夫王者钟五行之秀，膺三灵之眷，奄有四海，为天下君。仰之如日，无幽而不烛；畏之如神，虽微而必察。由是下情靡不上通，谗说无以自进。

——《册府元龟·帝王部·明察》

的逾矩现象彻查、清算，若出现群众反映有可能存在腐败问题、不廉洁行为，采用适当的形式和方式警示党员注意个人行为规范，避免违纪违法行为的发生。一旦问题真正出现，则从严、从重处理。

监管如果做到位，能够让群众增强对执政党的信心和信任。党员干部自揭“家丑”，就是要无论大事小情，不管身份地位，有错必纠，纠察必严。党员干部自己也必须清醒地认识到有权就有责，用权必然受监督。纪检监察机关要进一步提高各级领导干部的思想境界，使其责任意识和大局意识得到不断提升，充分发挥监督作用，积极落实执行情况，让党员干部在日常工作中自觉培养起依法履职的思维习惯。

对于每个党员干部的工作进展情况、工作质量，无论是人民群众还是社会中的各个团体、党派，都有权监督、批评，这样才能更好地促进党员为人民服务。刘少奇曾说过，党员要向古人学习，自觉做到“吾日三省吾身”，我们在这方面还要下功夫，提高个人修养问题。彭德怀为了加强个人道德修养，无论工作多忙，总会挤出部分时间，“闭门谢客，闭门思过，回顾真理，修正自身错误”。老一辈革命家为我们做了最好的榜样，我们应该真正意识到，想要取得进步，不仅要内修，更要勇于接受监督。

《党章》明确规定：“不允许有任何不参加党组织生活、不接受党内外群众监督的特殊党员出现。”作为共产党员，应该主动自觉地接受群众和组织的监督，严格遵守党员的最基本要求。深刻认识到群众是党的根本，是个人的发展的源泉，党员来自群众，理应为群众服务、融入群众、贴近群众，虚心接受群众的监督和建议。接受党内外的监督，也是对自己的约束与鼓励。组织要求党员接受监督，不是对党员不信任，而是出于对每位

国学名句集锦

交游太广，不止无益，往往多生是非。

——清·申涵光《荆园小语》

党员的工作认真负责的态度，是真切的关心与爱护。

党员干部应该自觉接受人民群众的有效监督，正确认识监督的作用，一定要明白，接受群众的监督有利于开展群众工作，会促进社会和谐的发展；对个人发展而言，明确个人得失，可以在成长过程中少走弯路。自觉接受群众监督，有利于自身的长久发展，在群众建议中集思广益，取长补短，克服自身的缺点，减少工作中的错误。

国学名句集锦

待人宜宽，惟待子孙不可宽；行礼宜厚，惟行嫁娶不必厚。

——清·王永彬《围炉夜话》

惩戒——无术则弊于上

《韩非子·定法》中说："法者，宪令著于官府，刑罚必于民心，赏存乎慎法，而罚加乎奸令者也。此臣之所师也。君无术则弊于上，臣无法则乱于下，此不可一无，皆帝王之具也。"也就是说，适应具体情况的奖惩是官员应该熟知和理解的规则。如果不能做到奖惩有度甚至没有奖惩制度，对执政者是非常不利的。

纵观整个中国历史进程，"反腐"是永恒的话题，赏罚也是掌权者必须掌握的权力，一旦赏罚无度就容易造成民怨沸腾，甚至导致朝代更替。

古人对于法制和惩戒，最为严格公正的可以说是唐贞观时期和明初。唐太宗认为，"人有所犯，一一于法"。对于罪责的惩戒，与身份、地位毫无关联，即便是他未称帝之前的旧臣，一旦犯罪也要依据法律判刑，就算是皇亲国戚贪污受贿，也要进监狱接受调查。所以，贞观时期的王公皇族"多自清谨"，如此才创造了政治清明的"贞观盛世"，并为大唐盛世局面的出现打下了基础。

国学名句集锦

赏罚不信，则民易犯法，不可使令。

——《吕氏春秋·离俗览·贵信》

明太祖朱元璋出身贫苦，对百姓疾苦深有感触，对官吏贪污受贿、为非作歹、触犯律法等行为深恶痛绝。明朝刚刚建立后，他便下令彻查贪官，施以酷刑，还组织群臣将这些反面典型的事例和所受刑罚汇编成册，让百官自我警戒。为了更好地约束官员，朱元璋还特别制定法律，将当时的刑罚定为笞、杖、徒、流、死五种。在元朝重刑的风气影响之下，朱元璋对原本的惩戒构想进行简化，因此，客观地看，这些基本的刑罚并不算是严重的。

不过，对付贪官污吏的问题上，朱元璋会有额外严苛的刑罚。朱元璋规定，以六十两为限，凡是贪污受贿的官员一律要受刑，而且一定是重刑，其中包括凌迟、阉割、挖膝盖、抽肠等。但是，朱元璋的重刑并没有杜绝贪腐的出现，反而顶风作案的人越来越多。这并不是说惩戒这种意识存在问题，而是手段上出现了偏差。惩戒固然可以起到警示和威慑作用，但是，不符合实际情况。随心所欲地施刑是不可取的。

近年来，中央不断加大监督检查力度，聚焦“四风”，开展“严打”，对违规违纪行为一律零容忍、严惩戒，不徇私情、不留情面、不搞例外。自十八大以来，中纪委开展自查、深查，揪出“内鬼”，“清理门户”，破除“灯下黑”现象，全国纪检监察系统共处分违纪干部3400多人。

王岐山作出指示，纪委决不允许有“内鬼”藏匿。以“治人者必先自治，责人者必先自责，成人者必先自成”的公正态度，体现出坚定的反腐决心。在这些决心的背后，惩戒作为落实审判的重要表现就显得尤为重要，这直接体现了国家对于违纪违规行为的态度。

为更好地规范党员干部的行为，体现“党员干部违法要严加惩处”这一指示精神，中央纪委监察部在党员的惩处上加大力度，从严、从重量刑，进一步完善党内法规，删繁就简，按照王岐山提出的“制度制定出

国学名句集锦

君子不怨人，怨天也。小人不畏君子，畏罚也。君子小人，辱之可鉴焉。强而无仁，天辱之。弱而不振，人辱之。

——西晋·杜预

来，就得让大家记得住、做得到，要义明确、简明易懂、便于执行”的要求，严格规范政府工作人员的行为和观念。

各级纪检监察机关和广大纪检监察干部一方面要依靠“惩戒”威慑力，加强廉政建设，另一方面也要带头落实中央八项规定精神，建立、健全作风预警机制，对领导干部在工作、生活、思想、学习等方面发现的突出问题，定期发出预警，对典型问题要点名道姓通报曝光，发现一起查处一起，决不姑息，决不手软，最大程度地起到震慑作用，以实际成效取信于民。

对于党员违纪问题，2015 年 10 月 13 日，习近平在中国共产党第十八届中央纪律检查委员会第五次全体会议上发表讲话时强调，从这两年查处的案件看，反腐形势依然复杂严峻，腐败活动虽然减少了但并没有绝迹，反腐机制建立了但远远不够完善，思想教育虽然加强了但思想防线还没有牢固，重构政治生态、减少腐败存量、遏制腐败增量的工作依然艰巨繁重。

因此，反腐败斗争和党风廉政建设永远在路上，与“查”相配套的“处”也还在不断的摸索进程中。党员干部必须清醒地认识到，如果只“查”不“处”，难以起到根本性的警示作用和威慑作用，所以必须从追究责任的范畴上，加强追查破坏党风廉政建设的主体责任，以上率下，深查、详查，进一步细化责任、健全制度，强化内部监督，坚持高压态势，深化监察体制改革，打好反腐斗争和党风廉政建设这场持久战、攻坚战。

国学名句集锦

罚不患严而患不平。

——明·张居正《权谋残卷》

试点——在常古之可与不可

《韩非子》中说："不知治者，必曰：'无变古，毋易常。'变与不变，圣人不听，正治而已。则古之无变，常之毋易，在常古之可与不可。"这段话的意思是，不懂治理国家的人，一定会说："不要变改古法，不要更改常规。"变与不变，圣人不管，只管正确地治理。既然如此，那么古法变不变，常规改不改，只在于它们可行还是不可行。

改革是人类社会发展的永恒主题。但是如何改，如何使人民真正了解改革的重要性，从而积极主动地配合改革进程，也是非常重要的。除此之外，改革过程中选择"实验区"，并且根据实际情况随时调整策略，也是决定改革成败的关键所在。

中国历史上改革的先驱非商鞅莫属。商鞅本姓公孙，"少好刑名之学"，曾经是魏相公叔痤的家臣，在秦被"封之於、商十五邑"后，才被称为商鞅。《史记·秦本纪》中记载，秦孝公即位时的秦国，还是一个在

国学名句集锦

治世不一道，便国不必法古。

——《商君书·更法》

诸侯国中受封历史较短且没有多大势力的一个，秦孝公愤于“诸侯卑秦，丑莫大焉”，于是下令天下“有能出奇计强秦者，吾且尊官，与之分土”。

商鞅自魏国入秦，提出了一系列改革政策，史称“商鞅变法”。为了说服秦孝公按照他的构想实施改革，也为了驳斥旧贵族势力代表甘龙、杜挚的“法古无过，循礼无邪”的谬论，商鞅提出了一个朝代更迭、政治进步的历史规律：因为“圣人苟可以强国，不法其故；苟可以利民，不循其礼”，故而“三代不同礼而王，五伯不同法而霸”，从而得出了“治世不一道，便国不法古”的结论。

取得秦孝公的支持后，商鞅连续两次“变法”，其中包括改变部分刑罚方式、重农抑商、奖励耕织、削弱公族军权、明确社会阶级、加强中央集权、废除井田制、统一度量衡和建立县制等。但是，在变法之初，他也很担心百姓因为自己只是个无名小辈，不能完全信任他。为了立威，也为了彰显改革的决心，避免变法过程中遭遇阻碍，他在都城的南门外竖起一根三丈高的木头，并贴出告示：有谁能把这根木头搬到北门，就奖赏他十斤黄金。百姓们都对告示表示怀疑，所以在很长的时间内都没有人敢来搬木头。商鞅又贴出告示说，有能搬动的给他五十斤黄金。这时有一个胆子大的人把木头搬到了北门，商鞅立刻赏给他五十斤黄金，以表明诚信。百姓从此对商鞅和他的“变法”非常信任，新法很快在全国范围顺利推行。

由此可见，为了保证整体计划的顺利进行，选择某个角度或者某个区域进行试验，是非常有必要的。显示出成功的优质成效，能够有效增强群众对改革的信心，提升群众的配合度，完善改革中的问题和漏洞，有助于改革的全面落实。习近平曾经强调：“试点是改革的重要任务，更是改革所必须经历的过程。试点能否迈开步子、展开苗头，直接关系到改革的成败与否。要牢固树立改革全局观，改革设计要立足全局，基层探索要观照

国学名句集锦

变化应来而皆有章，因性任物而莫不宜当。

——《吕氏春秋·执一》

全局，大胆挖掘，积极探索，发挥好试点对整体改革计划的示范、突破、带头作用。”

“窥一斑而见全豹，观滴水可知沧海。”全面深化改革是一项复杂的系统工程，改革的复杂性是任何科学研究都难以全面预测的，确定试点的目的就是要发挥好试点对全局性改革的示范作用，突破改革瓶颈，带动经济发展。中国是一个大国，决不能在根本性问题上出现无可挽回、无法弥补的失误，所以必须采取投石问路的方法，对局部地区或部门、领域的改革试验，总结出规律，完善改革方案，由点及面，进而带动全局，把试点中出现的共性难题汇总到一起，实现重点突破与整体创新，为更大范围的改革实践提供可复制的样本。

国学名句集锦

事因于世，而备适于事。

——《韩非子·五蠹》

效仿——人不率，则不从

“人不率，则不从；身不先，则不信。”出自《宋史》。意思是说，在做事情的时候，如果领导者不率先做表率，就不会有人跟随；如果领导者不能以身作则，就难以取得别人的信任。

提到模仿，很多人都会第一时间对此嗤之以鼻，因为拙劣的模仿、效仿只能带来与预期相反的效果。古代有两个很著名的“模仿者”，他们只抓到了模仿的“形”，却未抓到其“神”。《庄子·秋水》有一则“邯郸学步”的寓言，说的是战国时期，赵国邯郸的人以走路姿势优美而著称于天下，有一个燕国人慕名而来，想要学习他们如何走路。结果他发现，每个人走路的姿势都不一样，但是看上去都很优雅，于是便跟在这些人身后，见一个学一个，最后他什么都没有学到，还忘记了自己原来走路的姿势，所以只好爬着回家。唐代诗人李白“寿陵失本步，笑煞邯郸人”的诗句，便是嘲讽这种盲目模仿、失去自我的行为。

另一个著名的有关模仿的故事就是“东施效颦”。由于有心脏病，西

国学名句集锦

人法地，地法天，天法道，道法自然。

——《老子》

施还在村里生活的时候就经常发病，走路的时候疼痛难忍，便蹙着眉捂着胸口。因为西施容颜绝美，所以即便是病态也令人一见心生爱慕和怜惜。同村的一个名叫东施的丑女，见到西施这样得到人们的关注，便模仿着西施的样子，蹙着眉捂着胸口走路，结果村里人看她这样就紧紧地关上了门，赶紧远远躲开了。

效仿固然是快速取得成功的捷径，并且从某种意义上来说，效仿是必然的。但是，盲目的效仿，不懂得根据实际情况有所变通，也只能学到形式，而不会学到其行为背后的本质意义，最后如同邯郸学步、东施效颦一样被人们当作笑谈，付出努力却徒劳无功。

任何时代、任何领域从不缺少效仿的要素，但是我们也要清醒地认识到，效仿本身是具有两面性的。效仿好的事物，以先进人物和事迹为榜样，将获得正面的效果，反之则会“近墨者黑”，产生负能量。简而言之，效仿好的可以让工作的效率事半功倍，效仿坏的会让人走入深渊，成为社会的毒瘤。

清朝晚期著名思想家、《海国图志》的作者魏源曾经提出一个发展理念：“师夷长技以制夷。”这里所提到的“师”就是学习、效仿的意思。当时的晚清政府腐败无能、闭关自守，国内各方面都远远落后于西方列强。于是魏源提出要学习西方资本主义国家在军事、技术等方面的长处，目的是为了自强而后反制西方。在魏源看来，学习的方法有三种：“一战舰，二火器，三养兵练兵之法。”学习和效仿只不过是达成反制目标的手段而已，并不是指成为其他国家的追随者。所以，这种思想后来成为学习西方先进技术的根源，在某种意义上，也成为洋务运动、维新变法、辛亥革命的共同出发点。

但是当时的政府昏庸腐败，并不能真正领会和从国家、民族的前途命

国学名句集锦

故善人者，不善人之师；不善人者，善人之资。不贵其师，不爱其资，虽智大迷，是谓要妙。

——《老子》

运方面来思考强国、强军之道，于是，即便是先进的思想，也因为未能得到彻底的贯彻和执行而达不到预期效果。不假思索拿来便用，又容易沦为盲目模仿之流，达不到最佳的效果。

在社会主义建设进程中，我们没有旧例可以参考，只有对外从各个角度来学习其他国家的先进经验，对内则加强个人和组织的先进性建设工作。1979 年 3 月 30 日，邓小平在党的理论工作务虚会上指出："为了促进风气的进步，首先必须搞好党风，特别是要求党的各级领导同志以身作则。"以身作则就是成为他人的榜样，所以在日常除了规范自己的行为，更要为培养新一批的工作人员做好铺垫，打好提前仗，树立起典型。

20 世纪 60 年代，焦裕禄的模范事迹传遍神州大地，激励着千千万万的领导干部甚至群众都全身心地投入到社会主义建设事业中。20 世纪 90 年代，孔繁森大公无私的奉献精神，再次在党员干部中形成了一股强有力的榜样力量，成为人们争相传颂和效仿的典范。在进入 21 世纪之后，又有沈浩、兰辉等一心一意为人民服务的好干部相继成为人们学习的典型。

榜样的力量是巨大的，领导干部要充分借助榜样的力量，加强党性修养，坚定理想信念。此外，领导干部还要多学习、勤思考，充分效仿历史上治国理政的优秀经验，加强学习和交流，避免工作中出现主观性、随意性和盲目性，加强领导工作的科学化、规范化水平，掌握服务群众的基本要领，会做实事、敢做难事、能做大事。

国学名句集锦

是以圣人不期修古，不法常可，论世之事，因为之备。

——《韩非子·五蠹》

第八章　柔　胜

在改革进一步深化的今天，各项经济改革和加大开放政策，不免使一些党员干部在迷惘中模糊了政治信仰，或者脱离群众，或者高高在上。久而久之，有部分基层干部失去了民心，收获了一个又一个“差评”。对于党员干部来说，要始终记得自己来自于人民，要服务于人民，适当的“藏锋”不等于“无锋”，适度的“谦谨”也不是畏缩，在平衡中找到自己恰当的位置。

◎怀柔——人好刚，吾以柔胜之

◎待时——君子藏器于身，待时而动

◎相交——相知无远近

◎和缓——水深则流缓

◎亲善——平易近民，民必归之

◎与之——将欲夺之，必固与之

◎动情——动之以情，晓之以理

◎藏锋——木秀于林，风必摧之

怀柔——人好刚，吾以柔胜之

《进德录》中说："人好刚，吾以柔胜之；人用术，吾以诚感之；人使气，吾以理屈之；则天下无难处之人矣。"意思是说，如果别人强的话，我便以柔征服他；如果别人耍计谋，我便用真诚感动他；如果别人做事缺乏理智，我就以理服人；这样一来就不会有难交往的人了。

"天下柔者莫过于水，而能攻坚者又莫胜于水。"这是道家的思想。为什么看似无比柔软的水会有如此强大的力量？那是因为水可以以柔克刚摧毁非常坚固的物体。水以柔克刚，可以劈山凿河，可以滴水穿石，可以做出那么多令我们惊讶的事，凭的就是"以柔克刚"这一点。

诸葛亮曾在《将苑》中写道："善将者，其刚不可折，其柔不可卷，故以弱制强，以柔制强。"关羽施计水淹七军，便是利用了水以柔克刚这一点。除此之外，"赤壁之战"也是一个以弱胜强，以少胜多的典型例子。我们便可以得出一个结论，有时候胜利者不是那些看似强大的人，而是懂得"以柔克刚"的人。

国学名句集锦

天子之至柔，驰骋天下之至坚。无有入无间，吾是以知无为之有益。不言之教，无为之益，天下希及之。

——《老子》

还有一个关于以柔克刚的寓言故事。有一天，风和太阳想比一比谁的力量大。随后他们看到一位老农，便以谁可以把老农的衣服脱下来作为赌注，由此证明谁的力量大。于是风为了把老农的衣服吹下来，用尽全力，使劲吹呀吹呀，但老农却冷得把衣服紧紧地裹着。看到如此情景，风只好沮丧地停下来。太阳则是把自己暖和的光照射在老农身上，老农因为热，很快就把自己的衣服脱下来了。这个故事同样说明了以柔克刚的意义。

在工作和生活中，我们所提倡的“以柔克刚”，是指党员干部在处理一些问题上的方法应当是刚柔并济的。在工作、生活中，要心存善念，不要自诩为当权者，高高在上，应当主动贴近群众，关心群众利益，对得起自己的身份和职责，发扬“柔”的态度。但是，在党纪国法面前，应该恪守底线，克制私欲，廉洁自好，秉持党性的“刚”。

很多领导干部的党性不坚定，耳根子软，面对诱惑做不到坚守底线。原江苏睢宁水利局局长张新昌就是其中之一，在罪行被揭露出来之后，他还竭力为自己寻找借口开脱。对于收受下属贿赂的行为，他辩解：“行贿的人，都是含着眼泪让我把钱收下的，我觉得我不收就对不起他们。”如此荒唐的言论简直可笑。很多党员自己的信仰和党性不够坚定，被“糖衣炮弹”和“温柔陷阱”攻陷，沉溺于自己的私欲之中。享受的时候满足了自己，待到东窗事发，便把错误归咎于他人，推卸责任。这本质上不是所谓的耳根软，而是党性和个人修养的严重不足，是信仰和作风的彻底败坏。

十八大以来，习近平在治党治国治军、内政外交国防、改革发展稳定等诸多领域和方面，表现出出众的领导艺术和领导才干，突显了其个性鲜明的领导特点及风格，赢得好评，获得人民群众的高度赞扬，用群众的话来说，展现出了独特的可亲可近、可敬可爱的“领袖范儿”“主席范儿”。

国学名句集锦

上善若水。水善利万物而不争，处众人之所恶，故几于道。

——《老子》

习近平的行事风格特征是外圆内方、刚柔并济、柔中带刚、外柔内刚、以柔克刚。一方面，他情真意切、有情有义、真诚坦然；另一方面，在惩贪肃纪、反腐倡廉、整治干部作风、消除丑恶现象等问题上，从来都是铁面无私、毫不留情。

习近平任宁德地委书记时，大力清查了领导干部违反规定私建住宅，并果断处理了一批违反纪律的干部。无论在任何地方工作，他都劝诫亲朋好友，“不能在我工作的区域进行任何商业活动，也不能以我的名义办任何事情，不然别怪我不讲情面”。

习近平一再强调说“打铁还需自身硬”，并以“踏石有印、抓铁有痕”的作风推行“六项禁令”“八项规定”，反对享乐主义、官僚主义等“四风”。面对党员干部工作作风上的问题，他一直都是毫不顾忌，用他自己的话来说就是，“拍桌子是必须的，拍桌子要好于不拍桌子。不拍不足以引起重视，不拍不足以震慑”。尤其是他提出“苍蝇、老虎一起打”，用“重典”、出“重拳”，绝不姑息，绝不手软。同时还大力地推进改革，用硬骨头精神爬坡过坎、拔钉克难，消除改革道路上的障碍等。

在关涉国家利益的问题上，习近平更是清楚地表明了底线：“任何国家不要指望我们会损害我国的发展利益、安全、主权，不能指望我们拿国家核心利益做交换。”

习近平也常常念亲情友情，抒发家国情怀。在他的话语中，经常会出现家庭、老人、孩子、生活，表明了他真挚而细腻的感情。2014 年发表新年贺词时，不难发现在习近平的办公室书架上摆放着与母亲牵手散步、全家一起推着坐在轮椅上的父亲、骑着自行车载女儿以及与夫人早年合影的照片，看上去十分温馨，流淌着似水柔情的爱与孝；他出访国外走出飞机舷梯时与夫人手挽手的那一幕，令人感动不已。

国学名句集锦

水之性善利万物，万物因水而生。然水之性至柔至弱，故曰不争。众人好高而恶卑，而水处众人之所恶也。

——北宋·王安石《老子注》

不仅仅这些，习近平对在河北正定任职时有“神交”的草根作家、对插队时有过“一饭之恩”的普通百姓等，都常怀惦念之情，常表感恩之心，均展现了他柔情的一面。

“上善若水任方圆”“水利万物而不争”，党员干部应当以水为鉴，在工作中既要“刚”也要“柔”。尤其在践行“三严三实”的号召时期，要理解到，习近平所强调的“三严”是“刚”，对自己的要求要“刚”，“三实”是“柔”，对待群众要“柔”。党员干部必须在长期的学习中由内而外地做出努力，用权不任性、不随意，敢于担当，不优柔寡断。

国学名句集锦

立身之道，内刚外柔；肥家之道，上逊下顺。不和不可以接物，不严不可以驭下。

——《曾国藩家书》

待时——君子藏器于身，待时而动

《周易·系辞下》中说："君子藏器于身，待时而动。"意思是说，如果君子身怀超群的技艺和卓越的才能，不到处炫耀，在需要的时候就会把技艺和才能施展出来。在没人认识的时候加强自身，才能在机会到来时充分展现自己的技艺和才华。

辅佐周文王和周武王灭掉商朝的功臣姜子牙，在被文王重用之前，隐居在陕西渭水边的一个地方。他希望获得周文王的关注，建立功业。

姜子牙常在溪旁钓鱼，但又不把鱼钩沉在水里，离水面三尺高，而且鱼钩还是直直的，也不挂鱼饵。他一边举起鱼竿，一边低声嘀咕道："那些不想活的鱼呀，如果愿意的话，就自己到钩上来吧！"

有一天，一个老农来到溪边，看到他这样钓鱼，于是便说："老人家，如果你一直这样钓鱼，再过100年也不会钓到鱼的！"姜子牙晃了晃钓竿，说："和你说实话，我在这里的意图并不是为了钓鱼，而是为了钓到王侯将相！"

国学名句集锦

凡战，设而观其作，视敌而举。待则循而勿鼓，待众之作。攻则屯而伺之。

——《司马法·用众》

文王听说这件事后很奇怪，便亲自去见姜子牙。周文王从姜子牙的话语中，发现他是一个学问渊博、眼光远大的人。不仅下知地理，上通天文，而且对军事、政治各方面都有很深的研究，尤其是对当前的政治形势，分析得很有条理。姜子牙认为商朝不会长久，应当建立一个能让老百姓过上好日子的新王朝。

周文王喜出望外，觉得姜子牙肯定是栋梁之才，便任命他做了国相，帮助自己对内发展生产，整顿军事和政治，使老百姓安居乐业；对外开拓疆土，征服各个部族，增强军事力量。

周文王晚年时，周的领土得到大大扩张，东北发展到现在山西黎城一带，西边开拓到现在的甘肃东部、陕西关中一带，东边已逼近商朝的都城朝歌，即现在河南沁阳一带，南边已扩展到了汝水、汉水、长江流域。据说当时周文王已经使天下三分之二的土地和人民归化，为灭商奠定了坚实的基础。

汉朝著名的谋士蒯通说："时者难得而易失。时乎时，不再。""猛虎之犹豫，不若蜂虿之致螫；骐骥之蹢躅，不如驽马之安步。"的确，机遇是非常难得的。即便是猛虎，在机会面前踟蹰不前，也不如敢于主动出击的马蜂。千里马如果不能勇敢奔驰，也不如普通的老马。

邓小平曾说："现在世界发生大转折，就是个机遇。"古人也曾说："虞舜不逢尧，耕耘处中田。太公未遭文，渔钓泾渭川。"成功的先决条件就是机遇。当机遇到来的时候，能否抓住机遇、有效利用机遇，不管是对个人的成功，还是一个国家、一个民族的兴旺，都是至关重要的。

在革命战争时期，毛泽东善于审时度势，抓住有利时机，并能当机立断，做出一个又一个重大历史决策。在解放战争中，他指挥了震惊中外的"三大战役"——辽沈战役、平津战役、淮海战役，彻底改变了国共之间

国学名句集锦

事机作而不能应，非智也；势机动而不能制，非贤也；情机发而不能行，非勇也。善将者，必因机而立胜。

——三国·蜀·诸葛亮《将苑·机形》

的军事力量对比。毛泽东在领导中国革命战争的实践中，充分体现了审时辨机的远见卓识，果断利用机遇的魄力、灵活应变的能力和胆略。

2012 年，胡锦涛会见来自基层和一线专业技术岗位的部分军队人大代表时指出："能不能始终牢牢抓住机遇，积极用好机遇，是对我党执政能力的重大考验，也是对我们民族自强能力的重大考验，关系中国特色社会主义事业的成败，关系中华民族的前途命运，关系党和国家的长治久安。"对于各级党员干部来说，是否具有敏锐的洞察力和机遇意识，是否能够及时地牢牢地抓住机遇，积极地用好机遇，是最基本的工作要求，这体现出党员干部自身的能力素质，更是一种对人民、对历史、对组织的责任意识和积极奋进的精神状态。

机遇属于那些有忧患意识，善于、敢于并乐于迎接挑战的人。如果没有强烈的忧患意识和敏锐的洞察力，很难觉察到机遇的降临。党员干部要强化忧患意识，就必须不断提高自己的个人素养。"机遇偏爱那些有准备的人"，因此只有不断磨练自己的意志力，不畏惧困难，迎难而上，才能提高抓住机遇的能力，才能走在别人的前面，才能通过自己的努力为自身的发展营造良好的氛围环境。想要把握好机遇，就要进行规律性的学习、系统性的研究和前瞻性的思考，在思考问题的时候多从大局角度出发，带领群众抢占发展先机，在工作中力求主动、积极。

机遇非常宝贵且稍纵即逝，绝对不能轻慢对待。甚至可以说，许多机遇来自挑战，一旦经济、文化、政治、社会等方面出现重大转折和突发事件，往往也是机遇来临的讯号。可以说，不利因素中总是包含着重大机遇。事物的发展并不是一成不变的，只要能够正确应对、及时应对、积极应对，大多数时候都可以将不利化为有利。也就是说，当主客观条件充分具备的时候，能否及时抓住机遇、果断行动，是决定事业成败的关键。

国学名句集锦

藏巧于拙，用晦不明，寓情于浊，以屈为伸，真涉世之一壶，藏身之三窟也。

——明·洪应明《菜根谭》

相交——相知无远近

唐朝诗人张九龄在《送韦城李少府》中写道："相知无远近，万里尚为邻。"也就是说，彼此相互了解的人之间没有远近的区别，即使是相距万里也能像相邻而居一样亲近。

在我国古代历史上，也有很多关于外交的故事，"晏子使楚"便是其中一个。春秋时期，齐景公意识到单凭本国国力是没法与晋国对抗的，经过认真考虑，他决意与南方的楚国建立关系，共同抗衡晋国，于是就派晏子出使楚国。当时是由楚灵王执掌楚国，他狂妄自傲，目空天下，于是打算侮辱一下晏子。

楚王知道晏子很矮，就在城门旁开一个小洞让晏子从此进入。晏子不从洞下进去，就说："若从狗洞进去就是出使到狗国，但今天我出使的是楚国，所以就不应该从这个洞进入。"于是，负责迎接的人便打开大门，让晏子进去。

在晏子参拜楚王时，楚灵王说："齐国难道没有人了吗？竟派你做使

国学名句集锦

匪言勿言，匪由勿语。

——《诗经·小雅·宾之初筵》

者。”晏子回答道：“齐国都城临淄足足有七千多户人家，挥洒汗水就如下雨，展开衣袖可以遮蔽太阳，肩并着肩，人挨着人，怎么可以说我们国家没有人呢？”楚灵王说：“既然有人，那又为何派你这样的人做使臣呢？”晏子回答道：“我国的使臣，一般都是各有各的出使国，贤明的使臣都被派遣出使贤明的君主，无能的使臣都被派遣出使无能的君主，我是齐国最无能的人，因此就只好派遣我来出使楚国了。”

楚王蹭了一鼻子灰，于是请晏子喝酒，当酒喝得正开心时，两名侍卫绑着一个人从楚王面前经过。楚灵王问：“为何绑着此人？”侍卫回答说：“这是一名犯了盗窃罪的齐国人。”楚王看着晏子问道：“你们国家的人本来就善于偷东西吗？”

晏子站起来回答：“我听说这样一件事：生长在淮河以南的橘树就能结出橘子，但若移栽到了淮河以北，果实就变成了枳了，只是叶的形状相似，但它们果实的味道却大不相同。为什么会这样呢？是因为水土条件不同吧。现在生活在齐国的老百姓不会偷东西，而到了楚国就变成了偷窃犯，难道是楚国的水土使得人们学会偷东西了吗？”楚王笑着回答道：“这样有才能的人是不能和他开玩笑的，我反而自取无趣了。”

在现代的中国，最有名的外交故事应该就是发生在周恩来身上的了，因为他总能机智地用恰当的语言表达，将一个个问题解决。

新中国成立后不久，有一次周恩来为了招待外宾，就在中南海勤政殿设宴款待。外宾们对中国菜的鲜美味道、独特风味、繁多花样都不住地称赞。就在此刻，上来一道汤菜，汤里的蘑菇、冬笋、荸荠、红菜等都被雕刻成了各种图案，色、香、味俱佳。令人想不到的是，按照民族图案雕刻的冬笋片，恰巧在汤里一翻身竟变成了法西斯的标志。

见此情形，贵客的脸色都变了，连忙询问周恩来。周恩来也觉得相当

国学名句集锦

知者不言，言者不知。

——《老子》

突然，但他仍镇定自若地回答道：“这标志并不是法西斯标志，而是我们国家一种传统的图案，读‘万’，意思‘福寿绵长’，主要表达对客人的美好祝愿!”接着他又开玩笑地说：“这就算是法西斯的标志也没关系嘛！我们大家一起把它吃掉，来消灭法西斯!”此话刚说完，宾主都大笑起来，氛围更加热闹，客人们也把这道汤喝得精光。

新的时代条件下形成的更具特色的“习式外交”，主要基于两个对世界局势发展的基本判断：第一，世界经济一体化是不可逆转、大势所趋的；第二，世界战略格局正在由单极向多极发展。中国是新兴大国，只有紧紧把握住这两个根本的发展方向，才能持续发展，同时也能抓住战略机遇。

可以左右世界局势发展趋势的关键是中美关系的走向。“习式外交”牢牢抓住了这个关键点，积极寻求突破局面的机会。中国是新兴大国，但与历史上其他新兴大国最不相同的就是，中国是以和平发展、改革开放的积极姿态融入现行世界体系的，并不是挑战由那些发达国家领导的这个体系。

随着我国实力的不断壮大，各种国际性交往更加频繁，我国在外交上的一举一动都事关重大，处理好了就可以做到“兵不血刃”“不战而屈人之兵”，反之，一旦外交上出现了问题，就有可能难以解决和管控国际上的一些重大问题，破坏国与国之间相互依存、互惠互利的现状，无法实现“共建新型大国关系”的战略目标。作为党员干部，要清醒地认识到这一点，多学习，多思考，从个人角度深刻理解国家的外交政策，在与之相关的部门工作的党员干部尤其要注意自己在处理国际关系时的态度。

国学名句集锦

读书有得，冥然感于中，心领神会，端坐若失。

——明·吴海《送傅德谦还临川序》

和缓——水深则流缓

佛语中有一句话："水深则流缓，人贵则语迟。"这句话的意思是水越深流速就越缓慢，人地位越尊贵说话就越迟缓。

司马懿是三国时期杰出的军事家、政治家，同时也是西晋王朝的奠基人，曾任魏国太尉、太傅等职位，也为魏国的经济做出了巨大贡献。罗贯中在《三国演义》中描写的司马懿不仅谋略、智慧过人，而且在教子和为人方面，做得也很出色。司马懿为什么会如此成功呢？

这其实就在于司马懿会忍，不急于一时，但实际上这又是一种"进"，是一种为了达成目标而不断努力的状态。自古以来，最可贵的品质就是忍辱负重，历史上著名的强者一般都是善于忍耐的人。司马懿深知"大智若愚，大巧若拙"的道理，为了麻痹专断的曹爽和精明的曹操，曾不得不两次装病。司马懿的谋略和猜疑与曹操相像，但是其隐忍之深和思虑之远却强于曹操。

司马懿用装病的计谋消灭曹爽时，其实曹氏势力已经名存实亡了。与

国学名句集锦

无欲速，无见小利。欲速则不达，见小利则大事不成。

——《论语·子路》

诸葛亮斗耐力斗智斗勇的那几段是最能体现司马懿隐忍之术的。在诸葛亮北伐曹魏时，司马懿父子差点儿被烧死在上方谷。幸亏当时下了一场大雨，才使司马懿父子安全退兵。从此，无论蜀军怎么叫战，司马懿就是不正面迎战。诸葛亮遣使者给司马懿送去妇女守丧时才穿的衣服，还写信说他就像妇女一样胆小怯弱。但是司马懿却微笑着说："把我看作是妇人？我就承认吧。"面对这样的羞辱，司马懿还能忍得住，真是令人叹服。

司马懿为了达到目标而不断努力且自始至终都非常沉稳，这是他卓越超人的地方。同时他也始终坚持低调行事，如当他感觉到曹操对他猜忌时，就装作对权势毫不关心的样子，让曹操消除对他的警惕和怀疑。连狡猾无比的曹操都被他的计谋所蒙蔽，不得不承认司马懿的确是聪明出众。

和缓不仅仅是一种权术和谋略，也是一种工作方法，在执政、执法等方面，以柔和的方式对待和处理问题，也是取得最终成功的必由之路。

杭州环城北路的艮山福居社区新开了一家水果店，店内杨梅、西瓜、苹果等水果有序地摆放着，这家店的老板娘叫黄早英，此刻她正招呼着前来的顾客。当城区行政执法局的郑刚出现在她面前时，她无比热情地打招呼。从原来的摊贩到现在水果店老板娘，她特别感激城管当初没有把他们赶走。

黄早英一家是来杭州打工的，老家在江西上饶，因为没有一技之长，于是便在巷口街道摆水果摊。执法局接到一个说水果摊堵住了道路的举报电话，郑刚就带队去查看情况。看到城管来了，黄早英夫妇立刻挑起担子跑。几次之后，郑刚决定直接去她家里。

"大姐，您放心，我们只是来看看你们的。"黄早英半信半疑地打开门，当郑刚进门后，看到两个正在写作业的孩子和简陋的房间后，全明白了。郑刚说："大姐，居民反映，你们在路上摆摊堵住了通道。不过你们放心，我们一定给你想个办法，尽量帮你们租一个店面。"黄早英仍然半

国学名句集锦

时未可而进，谓之躁，躁则事不审而上必疑；时可进而不进，谓之缓，缓则事不及而上必违。

——北宋·王安石《上蒋侍郎书》

信半疑。经过郑刚和队友半个月的努力，终于给黄早英租到一个店面，如今经营状况一切良好，黄早英终于相信，眼前的城管并没有她想象中那么可怕。

近几年来，习近平对多个国家进行过访问，接待他的海外友人和外国政要更是不计其数。在这些友人与政要眼中，习近平给他们留下的印象是什么呢?

2014 年 12 月 3 日，在华盛顿举行商界圆桌会议，美国总统奥巴马在会议上说，习近平仅用了一年多的时间就在中国形成了这么大影响力，这给所有人都留下了极深的印象。2013 年 7 月，美国前国务卿基辛格在访华期间评价习近平说："虽然我见过习近平主席就那么几次，但他的勇气和坚定意志却给我留下深刻的印象。中国已经提出了一系列新的改革方针，虽然实施这些政策会有一些阻碍，但是我相信他有战胜这些困难并带领中国不断发展的能力和坚强意志。"

2013 年 6 月 27 日，习近平在北京人民大会堂会见了韩国总统朴槿惠。此后，朴槿惠在接受中央电视台专访时说："习主席是一个相当圆融、温和的人。他对中国向前发展具有十分强烈的意志。我曾经也读过关于习主席的文章，感觉跟我对他的印象都十分吻合。相同的是，他年轻的时候经历了父亲受到政治变动等影响，受了很多苦；我年轻的时候，也在父母被枪杀的政治变化中度过，感受十分痛苦。所以，我觉得我们之间，也应该有很多相同的地方。"

可见，习近平的执政理念、工作风格和个人魅力不仅快速赢得了全国人民群众的信赖和欢迎，也赢得了外国政要和海外友人的广泛赞同与认可。

国学名句集锦

事有不可拒者，勿拒。拖之缓之，消其势也，而后徐图。

——明・张居正《权谋残卷》

亲善——平易近民，民必归之

《史记·鲁周公世家》中说："平易近民，民必归之。"意思是说，和蔼可亲地对待人民，不摆架子，亲近人民，那么人民肯定愿意听命于他。

西周初期，周武王的弟弟周公被封为鲁公，但他没有去鲁国，而是让儿子伯禽前去治理，周公仍留在朝廷辅佐周成王。过了三年，伯禽从鲁地回来向周公汇报政绩，周公便说："为何这么晚才来汇报？"伯禽回答说："我改个礼俗，费了不少力。例如服丧，要服满三年才可以脱去丧服。"

姜太公分封到了齐地，他五个月就来汇报政务了。周公问："为什么这么快就来汇报了？"太公回答："我一切都以通俗简易进行，并简化了君臣礼仪。"后来太公听说了伯禽汇报政绩的事，叹了口气，说："鲁国以后肯定会臣服于齐国。如果不简单易懂，民众是不愿意接受的。平易近民，民众才会归顺。"

可是到了唐朝时期，为避李世民讳，凡是带有"民"的地方全部改为"人"，"平易近民"也不例外。例如白居易在《策林》引用"平易近民"

国学名句集锦

亲仁善邻，国之宝也。

——《左传·隐公六年》

时就改为了“平易近人”。这样一来，意思也就发生了变化，从表示仪礼的简单通俗变成了对人和蔼可亲，有时也用来指文章浅显易懂。

毛泽东是我国历史上第一个喊“人民万岁”的领导人。在毛泽东心里，人民群众是至高无上的，同样也是他自始至终不变的信仰。他认为“为人民服务”是中国共产党的最高追求与境界。永久镌刻在新华门上的“为人民服务”五个大字，就是他书写的。

在谈及与人民群众的关系时，毛泽东常说：“水里是可以没有鱼的，但鱼却永远都离不了水。”这是在比喻人民群众与党员干部的关系。历朝历代统治者一般都会用水和舟的关系来形容自己和人民群众的关系，水是载着舟的，舟是浮于水上的，也就是说封建时期的统治，统治者是在人民群众之上的。而毛泽东把自己比作是鱼，就说明共产党永远离不开人民。

无论是在延安还是在北京，毛泽东对农民都有着深厚的情感，且一直保持着勤俭朴素的生活习惯。已经穿了很多年的衣服他也舍不得丢掉，总是缝了又缝，对于饮食习惯也不是很讲究，听到百姓受苦就会掉眼泪。

中国共产党一直坚持“从群众中来，到群众中去”的工作方法和领导方法，坚信人民群众才是创造历史的人，实施群众路线就是要牢记“全心全意为人民服务”的宗旨，敬畏人生、敬畏百姓、敬畏历史。

平易近人就是要求对人真诚。但目前有一部分官员在社会经济的不断发展中迷失了自我，在声色犬马中堕落腐败的现象偶尔发生，对社会和人民的影响十分恶劣，破坏了领导干部与人民群众之间的鱼水深情。根本原因，就是部分党员干部背离了人民群众这个主体，偏离了共产党“为人民服务”的宗旨，从而使价值观错位。想要从根本上制止这类现象的出现，就必须重视领导干部的素质培养，让为官者在从政过程中不搞特殊化，亲近人民群众，把从政的落脚点和立足点都放到“为民”和“为公”上。

国学名句集锦

善人者，人亦善之。

——《管子·霸形》

从政者为人民付出的精神在几千年的传统文化中总是让人常常谈起，历史上很多士大夫在亲民路线上不断探索，例如“先天下之忧而忧，后天下之乐而乐”的范仲淹，直谏为民生的魏徵，西门豹巡查百姓疾苦等等，他们做官的态度至今仍让人津津乐道。纵观当代的中国，依然有很多好干部，例如焦裕禄、孔繁森、杨善洲、任长霞等人的事迹为我们树立了一座座道德丰碑。从古至今，他们用坚定的真诚和信仰诠释了平易近人在政治哲学方面的含义，给现在的从政者深刻的影响。

平易近人是为政的基础，脱离实际、好高骛远、追求国内生产总值短期快速增长的为政方式是坚决不能允许的，部分领导干部为了自己的仕途不顾当地长远的发展，实施决策时只顾眼前利益，这种从政方式会给地方的长久发展增加负担，无形中破坏了地方人民的利益。

党的基本思想路线就是实事求是，这个思想路线对于领导干部而言不仅是一种执政的理念，也是一种应有的态度。关于地方的发展，就是要因地而异，结合当地实际情况确立地方发展的思想路线。

很多贫穷地区在优秀干部的领导下，逐渐走出了贫穷境地，这并不是偶然的，而是领导者和当地百姓共同努力的结果。耐得住寂寞，守得住贫苦，不断地挖掘地方深厚而又古老的文化，不断地研究该地区的自然资源，因地而异，发展特色产业，彻底解决地方发展问题。平易近人最易懂的表达是实事求是、安于实际，当下的从政人员应该深刻领会。

国学名句集锦

君人者，以百姓为天。百姓与之则安，辅之则强，非之则危，背之则亡。

——西汉·刘向《说苑·建本》

与之——将欲夺之，必固与之

《老子》中说："将欲夺之，必固与之；是谓微明。柔胜刚，弱胜强。鱼不可脱于渊，国之利器，不可以示人。"意思是说，想要夺取的，就必须先给予它；这就是隐秘而又明显的真理。柔弱可以战胜刚强。鱼想生存就脱离不了池渊，如同国家的有利武器不可以轻易向人炫耀。

三国时期，诸葛亮为了北伐时能获得稳定的后方，便想到在西南夷民族中威望很高且影响很大的孟获，若能让他真心服从，主动投降，便能稳定后方。否则，南方的部落依然会继续侵扰，让后方难以安定。诸葛亮决定采取"攻心"的计谋使孟获投降，于是毅然决然地在俘获孟获后又释放了他。孟获对诸葛亮说："下次定能打败你。"但诸葛亮只是以微笑作答。孟获回到自己的军营后，把所有船只都拖走，并派人马守住泸水南岸，不放蜀军过河。

但诸葛亮带领军队在敌人不设防的下游渡过了泸水，且偷袭了孟获的军粮存放地。孟获十分恼怒，想要严惩负责的将士，将士却开始

国学名句集锦

将欲歙之，必固张之。将欲弱之，必固强之。将欲废之，必固兴之。将欲取之，必固与之。

——《老子》

反抗，并决定投降，捆绑着他送到了蜀营。孟获仍表现得很不服气，诸葛亮就再次放了他。此后孟获又用了很多计策，但都一一被诸葛亮识破。

最后一次时，诸葛亮把孟获的藤甲兵烧了，于是孟获第七次被擒。孟获也终于被感动，他真心地感激诸葛亮的七次不杀之恩，发誓绝不再反。从此以后，西南地区安定，诸葛亮才可以安心举兵北伐。

西晋末年，幽州都督王浚意图谋反。石勒听说此事后，便想消灭王浚的军队。王浚的部队势力强大，石勒害怕不能取胜。于是他决定用“欲擒故纵”的计谋，命令门客王子春给王浚献了大量珍珠宝物，并给王浚写了一封信，表示愿意拥戴他做皇帝。再加上王子春一直在一旁说奉承的话，使得王浚无比开心，竟信以为真。

此时，王浚有个名叫游统的部下，想借机谋反。游统找到石勒做靠山，但石勒却杀了他，并将他的首级献给了王浚。这么一来，王浚对石勒就更加放心了。

公元 314 年，石勒听说幽州遭遇水灾，老百姓都没有了收入，但王浚并不顾及百姓安危，税务有增无减，致使军心浮动，民怨沸腾。借此机会，石勒便率领部队攻打王浚。同年 4 月，石勒带领部队到达幽州，王浚还没弄明白，依然以为石勒是来拥护他称帝的，根本就没有打算准备应战。等他被石勒捉住时，才恍然大悟。由于石勒“欲擒故纵”的计谋，王浚身首异处，称帝的美梦也破灭了。

当今社会是很难再见到这样的战争场面了，但是这些方法都被灵活运用在某些商业竞争中。就是先让你得到好处，觉得有利润后，再继续自己的计划，这就是欲擒故纵的实质。

国学名句集锦

可与言而不与之言，失人；不可与言而与之言，失言。知者不失人，亦不失言。

——《论语·卫灵公》

美国著名的可口可乐公司在打开中国市场时，就采取“将欲取之，必固与之”的策略。首先是向中国无偿提供了价值约400万美元的机器设备，并大力在各种平台上做广告，还提供一些低价浓缩的饮料，使某些企业产生生产和推销可乐的想法。而在中国市场被打开后，再想进口他们原料和设备，就要根据你需求的情况调整价格收取费用了。

自可口可乐进入中国10年后，一直风行于中国市场，生产企业也由一家发展到了八家，价格和销量也成倍增长。凭借这种方式，美国商人当初无偿给中国设备的投资早已收回多少倍，也已赚足了钱。

“先与后取”的策略也可以用于党员干部的工作之中。很多时候我们并不需要以暴制暴，用直接的方式与不和谐的现象对抗，带来的可能是两败俱伤的局面。以退为进、引蛇出洞，就是非常好的行事手段，不仅在商场上用到这样的策略，在社会事务的处理上，有很多时候也要讲究这个方法。如在发展经济和企业改革的进程中，习近平在《新形势下闽东财政经济的辩证观》一文中强调：要正确对待搞活企业与财政收入的关系。企业纳税占地方财政收入的很大一部分，增加地方财政收入，就要依靠地方企业，若企业有所发展，劳动生产率也会提高，使得企业的收益也得以增加，那么企业缴纳的税收也就多了，进而使财政收入也得到相应提升，再用提升的财政收入扶植各个企业的发展，这样就会形成一个良性经济循环。

“将欲取之，必固与之。”与人共事、共谋，就必须要先付出，这是任何时代都必须遵循的交往原则，相互谦让是合作共事的一个重要因素。对此，习近平进一步提出，要有先给后取、培植财源的长远的财政观念，讲究的是先给予后获取的战略。每个企业在刚刚起步阶段通常都是资金比较

国学名句集锦

朝有过，夕改，则与之；夕有过，朝改，则与之。

——《大戴礼记·曾子立事》

紧缺的，同时还会面临没有什么效益、生产力有限等问题，有的甚至会到入不敷出的境地，若这个时候不顾实际情况地收税，不仅无利可取，还会给企业带来更大的损失。相反，如果财政部门能先给企业一些支持，帮助企业渡过难关，使企业在良好的环境下发展壮大，企业必定会回馈财政，进而达到双赢的效果。

国学名句集锦

将欲毁之，必重累之；将欲踣之，必高举之。

——《吕氏春秋·行论》

动情——动之以情，晓之以理

古人云："动之以情，晓之以理。"意思是说，用感情来打动别人的心，用讲道理的方式来教育人，使之明白。

三国时期，曹操去世后，曹丕继位。掌政后的曹丕第一件事就是整治曹植。在曹操在世时，兄弟之间是平等的，但现在地位完全不同了，他们是君臣关系。曹彰及其他二十几位弟兄都来奔丧，唯独曹植没有来，曹丕马上以君王的名义，命令大将许褚连夜带兵去临淄，把曹植、丁仪等带回来，并下令将丁仪一家满门抄斩，随后开始全力整治曹植。

曹植相比以前完全像变了个人，现在的他像一只被打败的公鸡，一见到曹丕就在地上趴着，害怕得一直发抖。他非常清楚，只要大哥下令，他就会落得同丁家人一样的下场。曹丕开始目空一切地训斥曹植："我们虽然在亲情上是兄弟，但现在毕竟属于君臣关系！你怎么可以无视礼法，不来奔丧呢？"曹植听后一直磕头："我确实有罪，罪该万死！"曹丕继续严肃地说："父王在世时，你一直在人们面前夸耀自己文章，我十分怀疑是否是别人替你写的。我现命你在七步内想出一首诗。假如真能七步内吟诵

国学名句集锦

以不忍人之心，行不忍人之政，治天下可运之掌上。

——《孟子·公孙丑上》

一首诗，便免你死罪。如果不能，就会立刻定罪。”

曹植是一位才华横溢的人，这样的事情肯定难不倒他。他从地上站起来，缓缓走动，没走完七步，便作出诗来：“煮豆燃豆萁，豆在釜中泣。本是同根生，相煎何太急！”

曹丕听完这首诗后，泪水不自觉地流了下来。曹植这首诗的豆萁指的是哥哥，豆子指的是自己。要用豆萁作燃料来煮豆子，指的是曹丕要杀曹植。就在此刻，一直躲在屋里的卞太后也泪流满面地走出来，对曹丕说：“你当哥哥的怎么这么狠心，要杀害自己的亲生弟弟呢?”曹丕连忙站起来说：“曹植是我的弟弟，既然我能容得下天下，为何会不原谅他呢?”曹丕立刻免了曹植的罪行，并且还封曹植为安乡侯。

曹植七步之内作诗，救了自己的性命，实际上在于他巧妙地用诗表达了自己的思想，以此来告诉曹丕：你如果杀了我，就像是燃烧豆萁来煮豆子一样，最终的结果就会两败俱伤。这样的结局多么悲惨啊，从而使曹丕因为顾念兄弟情分，而不忍心伤害自家兄弟。

如果说世界上有一个不分国籍，无论意识形态，所到之处必吸引很多热切仰望目光的人，这个人一定不是别人，而是周恩来。《世界报》曾有过一篇标题为《一位革命的绅士》的文章，文章中总结了一些人对周恩来的印象。如基辛格说，周恩来是他所见过的两三个给他印象最深的人物中的一个，觉得周恩来是一个儒雅、智慧非凡、具有很好耐心且敏感的人。

前联合国秘书长哈马舍尔德对周恩来的评价是：“他是我至今为止在外交中所见过的最有超凡智慧的人。”

美国著名记者白修德说周恩来是他所见到的三位伟人之一，并表示从来都没有怀疑过周恩来说的任何一句话，觉得周恩来行事果敢，但又和蔼、温暖，礼节幽雅，完全赢得了他的爱戴。

国学名句集锦

贵远而贱近者，常人之用情也；信耳而疑目者，古今之所患也。

——《抱朴子·广譬》

周恩来出访印尼时，无论到哪儿总是面带微笑，在接受欢迎群众的鲜花时都会随意走到人群之中。印尼的普通民众看到，这位站在他们中间的面带微笑的友好先生可以代表全球人口最多的政府，都放心了。周恩来的威望正是这种情况的反映。

曾有一位记者这样写道："周恩来总理需要做的就是站在原地不动，张开双臂等着，而人民就会主动向他走来。"

十八大召开以来，习近平在不同场合或会议发表了大量的演讲、批示、信件和访谈等，已经形成了独特的语言风格，这些讲话不仅让大家爱听、想听、愿听，而且往往让人觉得听得很兴奋、很解渴、很过瘾，常常会有豁然开朗、拨云见日的效果，充分体现了语言的魅力。习近平提到的很多语录成为热词，很多话题被热议，很多观点成了听得进、传得开、记得住、用得上的名言警句和经典，习近平的讲话既有很强的冲击力和穿透力，又有很强的感染力和亲和力；既掷地有声、铿锵有力，又和风细雨、娓娓道来，不仅入耳入脑，而且入心入神。

大家普遍的感受是，习近平讲话最显著的特点是接地气、口语化。他常用一些很简单、很质朴的大实话、大白话，尤其是一些普通领导干部和群众可以记得住、听得懂，不仅仅用具有浓厚生活气息的语言来表达思想，还常常会用一些大家熟知的形象化比喻、歇后语、民间谚语、网络用语等等。

例如"拿手的""一把好牌"，远远比那些工整的话更具生活气息，更生动活泼。这些口语化的群众语言，通俗易懂、轻松自然，与民众语言体系很吻合、很对接，给人耳目一新的感觉。习近平在提到中国梦时强调，"中国梦是一种为群众易于接受的表达，是一个最大公约数，一种形象的表达"。而他语言风格显著特征也正成为他"为群众易于接受"的重要原因。

国学名句集锦

人有不及，可以情恕；非意相干，可以理遣。

——《晋书·卫玠传》

藏锋——木秀于林，风必摧之

三国时魏国文学家李康在《运命论》写道："木秀于林，风必摧之。"意思是说，最先被大风吹倒的树一定是森林里最高的。主要用来比喻品行或才能超出常人的人，更容易遭到其他人的嫉妒甚至陷害。

三国时期，杨修特别自傲，且多次揣测曹操的想法，不加收敛，好表现自己，后来又参与了曹丕和曹植的储君争斗之中，最终被曹操借故杀死。在《后汉书·杨震列传》一书中记载了三条曹操杀杨修的原因。

第一回就是曹操在纠结是否把汉中的军队撤出时，杨修因为曹操随口说出法令中的"鸡肋"一词，开始揣测曹操的心事，让曹操知道后十分恼恨。第二回是杨修做了曹植的谋士，而且每次的计谋皆得曹操心意，曹操知情后，就对杨修产生了忌恨之情。第三回是因为杨修是袁术的外甥，曹操怕有后患，于是借机会把他斩首了。当年，曹操曾想利用袁术杀死杨彪但没有得逞，便一直怀恨在心，于是在十几年后仍因为这个问题将杨彪之子杨修借故杀死。杨修生活在战乱的三国时代，虽然有智慧和才能却不知

国学名句集锦

圣人常善救人，故无弃人；常善救物，故无弃物。是谓袭明。

——《老子》

道收敛，喜欢出风头，锋芒尽显，想活着都难。

在《三国演义》中有“煮酒论英雄”的片段，曹操多次试探刘备有没有野心，但刘备为了打消曹操的顾虑，故意装糊涂，这样曹操才认为刘备是一个胸无大志的人，因此放过了刘备。

“木秀于林，风必摧之”，所以有才能但不自傲的人，才是真正聪明的人。周恩来拥有很大的政治权力，但却从来不以此自居，而是说自己只是一个普通人。无论什么场合，他总是表现得谦恭有礼，丝毫没有轻视别人的行为。他平易近人，和蔼可亲，可以是人民群众中的一员、温和的长辈，也可以是人民的公仆。

有一次，理发师正在给周恩来刮脸时，他突然咳嗽了一声，因此不小心脸被划破了。周恩来发现理发师非常惊恐，马上道歉：“我咳嗽前应该先告诉你一声的。”

还有一次，警卫战士在周恩来住的海滨别墅外值勤时，突然下起瓢泼大雨。邓颖超腋下夹着东西，撑着雨伞冲出屋外，对警卫战士说：“总理说让你把这件雨衣穿上！他还提醒你，打雷时不要站到树下。”

周恩来也曾下过工地，他曾带领党政部门500多名同事到水库工地劳动一周。“我们热烈欢迎您，首长！”工地的负责人对周恩来说。周恩来平和地说：“这里没有首长，没有总理，我们都是普通民众。”

在一间只有一床粗布被褥，一块木板和两条窄窄的板凳搭起的床，两把硬椅子和一张书桌的小屋里，周恩来住了三周。他和工人们一起劳动，一起吃饭。不同的是，他还会因为要处理国家事务而工作到深夜。

20世纪50年代，周恩来的薪资只有404元。许多官员都用其他来源来补贴自己的收入，例如图书的版税。但是周恩来从来都不会接受出版社支付的稿费。

国学名句集锦

鹰立如睡，虎行似病，正是它攫人噬人手段处。故君子要聪明不露，才华不逞，才有肩鸿任钜的力量。

——《菜根谭》

周恩来从来都不舍得用钱，即便是买食品和衣服，他也不舍得。洗脸毛巾用到彻底坏后，还被他用作擦脚巾，当用到不再适合做擦脚巾时，就再用作擦鞋布。

有一次，他老家的地方领导人为向周恩来表示敬意，给他寄了一些地方土特产，周恩来又重新把这些东西包好连同一张国务院禁止接受礼品规定的复印件一同寄了回去。还有一次，北京饭店的厨师长为了取悦周恩来，便捎去一些花生。周恩来还回了花生，并严肃地批评说："首先我们要招待好国外的客人，而且我国的经济发展需要更多的花生油。"

他常说："我只是一个普通人。"或许，这就是他不普通的地方，表现了他高尚的人格。

当然，我们并不是对"表现自己"大加鞭挞，而是要求党员干部要审时度势，懂得谦虚。对于人民公仆来说，跟群众、跟组织有所关联的事就应该特别谨慎。毫无事实根基的炫耀、追求政绩，是群众工作的雷池，不可越之半步。我们所谓的"藏锋露拙"，并不是说"胸无大志"，这些人可能只是不愿意显露锋芒罢了，习惯于在平凡的工作中创造不平凡的价值。

什么是真正有能力的领导干部？是低调而有成绩，能够忍一时的小情绪，坐得住冷板凳，忍得住种种诱惑，得意的时候懂得谦虚谨慎。不管处理什么工作，党员干部还是要讲究"低调做人，高调做事"，"花要半开，酒要半醉"。一定要懂得谦虚守拙，接受自己的平凡，过一个普通人的生活，追求一个崇高的精神信仰，在基层大展拳脚。只有忠诚于自己的誓言与理想，并适当地隐藏锋芒，才能"退一步海阔天空"，创造人生的辉煌。

国学名句集锦

君子之心事，天青日白，不可使人不知；君子之才华，玉韫珠藏，不可使人易知。

——《菜根谭》

第九章 关 键

习近平强调："各级领导干部在推进依法治国方面肩负着重要责任，全面依法治国必须抓住领导干部这个关键少数。"实际上，在任何工作上都应如此，抓住领导干部这个"关键少数"。而领导干部在工作中所应该抓住的关键，除了修身立德之外，便是要端正态度，务实担当，慎始善终，坚守原则。

◎**持正**——守正不挠

◎**原则**——匹夫不可夺志也

◎**针对**——针害身之膏肓

◎**果断**——当断不断，反受其乱

◎**慎始**——举大事必慎其终始

◎**慎终**——慎终如始，则无败事

◎**担当**——岂因祸福避趋之

◎**务实**——学而不能行，谓之病

持正——守正不挠

《汉书·刘向传》中说："君子独处守正，不桡（同"挠"）众枉。"意思是说，君子即使独处时也会坚守正道，而不会误入歧途。

东汉时有一个教书先生叫杨震。他为人正直，知识渊博，深受当地人的尊敬。后来，皇帝也知道了他的人品和学识，就让他做了官。杨震曾在荆州任刺史，当时手下有个年轻人叫王密，精明能干、虚心好学，是个人才，杨震就经常给王密讲一些为人处世的道理，还推荐王密做了昌邑县的县令。所以，王密对杨震非常感激，很想找机会报答他。

恰巧有一次，杨震因公经过昌邑。王密知道后很高兴，忙到城外等候迎接，周到地安排杨震的饮食住宿，可谓无微不至。到了晚上，还独自去拜会杨震。进了门，王密见没有外人，就拿出十两金子，毕恭毕敬地放到案上，并说："恩师难得来一趟，这是学生为您准备的，以感激您对学生的栽培之恩！"

杨震见状，断然拒绝说："我是因为了解你，所以举荐你，但你并不

国学名句集锦

不僭不贼，鲜不为则。

——《诗经·大雅·抑》

了解我，我不能要你的东西。”到此，王密还以为杨震是难为情，便低声劝道：“学生这点财物微不足道，为的是表达感激之情。而且现在是大晚上，哪有人会知道……”

杨震当即打断王密，严肃地训斥道：“你夜里送金子，天知、地知、你知、我知，怎么可以说无人知晓呢?”一番话说得王密羞愧难当，于是他便带着金子低头离开了，从此王密也算明白，那个教自己为人处世的老师，他首先是个正直的人。

“正”的含义可以解读为“纯而不杂、合于法则、改偏纠错”。清正廉洁的作风、坚定不移的党性、高尚的品行，已经成为党员干部的奋斗目标，这与拜金主义、享乐主义等腐朽思想形成了强烈的对比。党员干部其身不正，其行不正，带来的社会影响非常巨大。2014 年年初，习近平在政法工作会议中，特意引用了《贞观政要》中的一句话——“理国要道，在于公平正直”。

从古到今，百姓都爱好官，而百姓爱的好官有一个共同特点，那就是“公平正直”。中国政法工作的核心应该是促进全社会的公平正义发展。政法工作的生命在于公平正义，司法机关更是维护公平正义最后的防线。要让群众感受到社会的公平正义时刻在身边，重点解决那些损害人民权益的问题，坚决不允许出现滥用权力并侵犯人民权益的现象，决不允许出现冤假错案。

自习近平履职以来，常常提到“慎独”。这个词最早出现在《礼记·中庸》中，原文是：“道也者，不可须臾离也，可离，非道也。是故君子戒慎乎其所不睹，恐惧乎其所不闻。莫见乎隐，莫显乎微，故君子慎其独也。”用今天的话来说，也就是君子无论何时何地都坚守高尚的品德，否则就不能成为有道德的君子。君子要做到时刻反省自己的所作所为，警惕

国学名句集锦

苟正其身矣，于从政乎何有？不能正其身，如正人何？

——《论语·子路》

有不妥的言行出现而自己却没有发现，害怕大家有什么意见却没有听到。没有东西不能从一个人隐蔽的地方看出来，也没有什么东西不能从一个人微小的行为上显露出来。因此，人在独处或者无人注意时，仍然要做到小心谨慎，仍然要严格对待自己，从不做那些违背道德良知的事。也可以说，只有能坚持“慎独”的人，才能让自己始终坚守正道，做到这一点的党员干部，才能称得上是一名合格的共产党员。

一名合格的党员干部，要主动深入群众，从上到下专业性地去了解民情，为百姓解忧解困，从而赢得百姓的厚爱，这才是“正”事，才是党员的主要工作内容。只要你的态度是正确的，也做好了目标规划，就要勇敢放手去做，要“正”，要“持正”，更重要的是及时做，将其落到实处。

国学名句集锦

得之而勿舍，耳目不淫，心无他图，正心在中，万物得度。

——《管子·内业》

原则——匹夫不可夺志也

《论语·子罕》中说："三军可夺帅也，匹夫不可夺志也。"意思是说，一支军队的统帅可以更换，但男子汉的志向和原则是不能被轻易改变的。

"三军可夺帅也，匹夫不可夺志也。"孔子说这话的原因是要告诉他的学生，做人应该矢志不渝，坚定信念。

中国古代有一个著名的故事，至今仍家喻户晓，那就是"苏武牧羊"。这个故事主要讲述了苏武在恶劣的条件下，仍然不畏强权，保持民族气节。

苏武是汉朝人。公元前100年，西北的匈奴新单于即位，当时的汉朝皇帝汉武帝为了睦邻友好，就派苏武率人带了一些财物，出使匈奴。不料，就在任务刚完成，苏武准备返回汉朝时，匈奴的上层政权发生动乱，让苏武一行人也受到了牵连，被强行扣留在匈奴，并被要求永远臣服于匈奴单于。

开始的时候，匈奴单于让大臣来游说苏武，许以高官厚禄，但都被苏

国学名句集锦

不以物挫志之谓完。

——《庄子·天地》

武拒绝了。匈奴单于见游说没用，决定对苏武采取强硬措施。当时正值严冬，终日鹅毛大雪。匈奴单于把苏武关进露天的地窖，不给他提供饭和水，以为这样就可以改变这个汉朝人的信念。时间逐渐过去，苏武受尽折磨。他渴了就吃雪，饿了的时候，就吃羊皮袄。就这样过了几天，匈奴单于见苏武濒临死亡仍然不屈服，只好放苏武出来。

匈奴单于见无论使用硬的还是软的手段，苏武都不愿投降。他很生气，但心中对苏武的气节越发敬重，既不忍心杀之，又不愿让苏武返回汉朝，于是他决定流放苏武，让他到贝加尔湖一带牧羊。在临行之前，匈奴单于还特意召见苏武，他说："你既然不愿意投降，那就去放羊吧，什么时候你让公羊产下羊羔，就让你回到汉朝去。"

苏武就这样被流放到了人迹罕至的贝加尔湖边。在这样的地方，凭他一人的能力是无法逃归的。唯一与他作伴的，就是一根使节棒，还有一小群羊。苏武每天都用使节棒放羊，他心里想着，总有一天他还能回到生养他的国家。日复一日，使节棒上的毛都掉光了，他的胡须和头发也都花白了。

苏武在荒凉的贝加尔湖牧羊十九年。在此期间，当初囚禁苏武的单于已经死了，汉朝也有新皇帝继位了。这时候，匈奴的新单于开始执行跟汉朝修睦的政策，汉朝新皇帝便立即迫使匈奴新单于释放苏武。苏武在长安受到百姓的热烈欢迎，无论官员还是平民，都向这位民族英雄表达他们的崇高敬意。

两千多年过去，苏武身上所表现出的伟大民族气节永远为国人所铭记。从某种意义上讲，这种始终坚持回归故土的信念非常值得人们深思。作为党员干部，能够坚持原则，立足本职工作，切实将每一项政策执行下去，并能始终坚持以身作则，才能带动良好社会风气和氛围的形成。

国学名句集锦

大丈夫宁可玉碎，不能瓦全。

——《北齐书·元景安传》

党和人民的好干部焦裕禄，为了自己的信仰与坚持竭尽所能，鞠躬尽瘁，为国家偏远山区的建设发展贡献出自己的全部力量。他曾经起草过《干部十不准》，要求任何干部不准搞特殊化——“不准用国家的或集体的粮款或其他物资大吃大喝，请客送礼”，“不准利用职权到生产队或其他部门索取物资”，“不准借春节之机，大办喜事，祝寿吃宴，大放鞭炮，挥霍浪费”……这些“不准”每一条都是特权思想的有力屏障，更是他为下属干部规定的行为底线。而他本人也始终坚持这个原则，廉洁自律，保持着艰苦朴素的作风。

焦裕禄长期患病，家中人口众多，生活上非常困难，但是他坚定地拒绝了救济财物。在他看来，党员的使命高于一切，群众的利益高于一切：“人民的生产、生活都很困难，我们应该首先想到他们。要把这些钱用到改变兰考面貌的伟大事业上去，用到改善兰考人民的生活上去。”除了对待自己非常严格，焦裕禄也为自己的家人规定了生活、工作甚至是做人的原则，他经常教育子女，要做最辛苦的工作，到最困难的地方去，生活节俭，穿戴朴素。有一次，焦裕禄发现儿子去看戏了，便询问戏票的来源，儿子说是检票的工作人员得知自己是焦裕禄的儿子便没有要票。他听了非常生气，当即让孩子立即将戏票的钱送到戏院去。他从自己做起，从身边人做起，严格坚守“十不准”原则，树立了伟大的共产党员楷模形象。

焦裕禄的“十不准”，既是党员干部必须想到、做到的工作准则，也是共产主义思想的具体体现，更是党员干部崇高精神的彰显。习近平总书记在中央党校的一次座谈会上强调，敢于负责，勇于担当，坚持原则，体现了共产党员的浩然正气、昂扬锐气、蓬勃朝气，反映了强烈的责任感和事业心。

身为党员干部，一定会在方方面面受到各种各样的考验，尤其是担负

国学名句集锦

铁可折，玉可碎，海可枯，不论穷达生死，直节贯殊途。

——南宋·汪莘《水调歌头》

一定领导责任的党员干部，想要做好本职工作，切实将为人民服务落到实处，必然要影响到一些人的利益。所以，能否坚持原则是衡量党性的重要标准之一。原则、规定、政策等的制定总是立足于工作本身，以群众利益为前提的。只有敢于坚持原则，才能真正推进共产主义事业的发展，才能更好地维护人民群众的利益，才能使更多人走上富裕、文明、现代化的社会主义之路，实现中华民族的伟大复兴。

国学名句集锦

宁公而贫，不私而富。

——元·张养浩《牧民忠告》

针对——针害身之膏肓

苏轼《乞校正陆贽奏议进御札子》中说："进苦口之药石，针害身之膏肓。"在中国古代，认为心下膈上的人体部位是药力难以达到的，所以有"病入膏肓"之说。苏轼这两句诗的意思是：只有吃难以入口的苦药，用令人疼痛不已的砭石治疗，才能达到治愈那些危害生命的大病的目的。也就是说治病时要对症下药。

唐太宗李世民在一次宴会中对大臣王珪说："听说你善于观察人才，特别善于评论。不妨今天从房玄龄开始，一一评论一番，说说他们的优点和缺点，然后你们互相比较比较，看看你有什么地方比这些人优秀。"

王珪恭敬地回答："论尽心尽力地办事，为国操劳，我在这点比不得房玄龄。留心皇上的言行，直言建议，说皇上的能力和德行如果比不上尧舜就会丢脸，这点我不如魏徵。论文武全才，外可以做将军带兵打仗，内又可以担任宰相进入朝廷管理的，我更不如李靖。能够详细明了地跟皇上

国学名句集锦

善战者不待张军，善除患者理于未生。

——《六韬·军势》

说清国家公务，然后宣布您的旨意或转述下级官员的汇报，公平公正，这点我不如温彦博。处理朝廷繁重的琐事，解决紧急难题，还能井井有条，我不如戴胄。但是在表扬清正廉洁，批评贪官污吏，好善喜乐，疾恶如仇这些方面来说，比起前面几位大臣，我也算是有长处。”这些话唐太宗很赞同，在场的大臣也认为他道出了大家的心声，纷纷说这个评论是非常正确的。

王珪的一番评论，让人看到李世民的工作团队中，各有所长；而重要的还是李世民能将这些人运用得当，让他们能够各展所长，物尽其用，针对要害，最终让整个唐帝国繁荣强盛。

1982 年，时任英国首相的撒切尔夫人来华访问，与中国领导人邓小平举行会谈，内容是关于香港前途问题。著名学者强世功说：“她带着英国在马尔维纳斯群岛的战争胜利所鼓舞的自信与傲慢，来到中国。”与马岛的情况一样，当时英国在解决香港问题上也是握着一张政治牌的。

当时香港人已经形成了自我意识，香港许多精英阶层已经认同了英国的统治。然而香港与马岛不同，虽然很多香港人对回归心存疑虑，但如果要公然声明继续做英国的殖民地，是非常困难的。因为无论香港人对西方价值怎样认同，其内心深处依然有中国情结，所以英国根本就无法让其自行选择。因为他们也明白，中国与阿根廷截然不同。

在与邓小平的会谈过程中，强世功说：“撒切尔夫人向邓小平提出香港繁荣的有关问题，她认为这关系到香港人对其繁荣的信心，而这份信心在于英国的统治，所以中英双方应该就香港未来的治权达成相关协议，才能继续讨论主权归谁的问题。”“英国人当时手中最大的筹码，是一张经济牌。假定英国人撤离香港，那么香港人就会因为缺乏

国学名句集锦

忠言逆耳利于行，毒药苦口利于病。

——《史记·留侯世家》

对内地的信心而撤资，最终导致香港繁荣的经济变得萧条，这也不利于内地因为改革开放而急需的商业投资。这番话后面隐藏着一张法理牌，那就是三个不平等条约将一直有效，英国还拥有对香港的合法主权。假定通过谈判把主权交给中国，那么中国为了保持香港繁荣，还会让英国继续保留治权。”

强世功还说：“邓小平对撒切尔夫人说：‘中国对香港问题的立场是非常明确的，主要问题有三个。一是主权的问题；二是1997年之后，中方将采取怎样的方式接管香港，从而保持香港的经济繁荣；三是中英两国政府应该妥善商谈怎么让香港在到1997年之前的十五年之中保证不出现大波动。’”“邓小平用全新框架针对撒切尔夫人提出的问题重新进行了定义，回应了撒切尔夫人假定的条约有效论。因为在邓小平眼中，香港问题主要是主权问题，要解决这个根本性的问题，从而明确香港是谁的主权，只有主权者才有权考虑香港繁荣的问题。香港主权既然属于中国，那么香港的繁荣问题就仅仅是中国政府应该考虑的，而与英国没有半点关系，所以英国人关心的应该是怎么顺利过渡，这才是中英此次谈判的核心问题。”

2014年8月22日是邓小平110周年诞辰纪念日。在中共中央举行的纪念座谈会上，在缅怀伟大领袖邓小平的同时，也对其历史功绩进行了高度评价。

习近平在座谈会上强调，一个国家、一个政党的根本性问题是战略问题。在战略上谋划得科学，战略上赢得主动，战略上判断得准确，人民和党的事业就有很大希望。学习邓小平“放眼世界，放眼未来，也放眼当前，放眼一切”的战略思维和世界眼光，不断为人类发展与和平的伟大事业做出卓越贡献。

国学名句集锦

水沸者，力也，火之力也，阳中之阳也，锐不可当；薪者，火之魄也，即力之势也，阴中之阴也，近而无害；故力不可当而势犹可消。

——《三十六计》按语

“应当把发展问题提到全人类的高度来认识，要从这个高度去观察问题和解决问题。”“任何外国不要指望中国做他们的附庸，不要指望中国会吞下损害我国利益的苦果。”邓小平在当时提出的关于当今世界大势和时代特征的著名论断，至今依然振聋发聩，掷地有声。

习近平重点强调“高瞻远瞩”的策略具有非常强的针对性，要向邓小平学习“摸着石头过河”的探索精神。放眼未来、放眼世界，用“变被动为主动”“斗而不破”的战略思维学会掌握主动权，最终做好中国社会的顶层设计。

国学名句集锦

对失意人莫谈得意事，处得意日莫忘失意时。

——清·叶玉屏《六事箴言》

果断——当断不断，反受其乱

《史记》中说："当断不断，反受其乱。"意思是说，在应该作决断的时候如果犹豫不决，就会产生不利于自己的祸乱。所以在做事过程中一定要当机立断，不然后患无穷。

战国时，楚国有个叫黄歇的人足智多谋，是个非常有才的人。楚顷襄王在位时，楚国曾派黄歇出使秦国，他凭借一己之力劝退秦兵。后来楚考烈王即位，就把黄歇立为相国，并封为春申君。春申君与魏国信陵君魏无忌、赵国平原君赵胜，齐国孟尝君田文并称为"战国四君子"。

楚考烈王当时没有儿子，为此春申君非常忧虑。不久，一个叫李园的赵国人带自己的妹妹来到楚国，并顺利地让妹妹成为春申君的妾。

没多久，李氏便有了身孕。她跟春申君提议："楚王跟你就像是亲兄弟，至今也没有孩子，我现在怀孕，还没人知道，不如你把我献给楚王，如此不仅能得到楚王的宠信，还能让你的儿子成为楚王。"

春申君黄歇听后，觉得李氏说得非常有道理，于是将李氏送给楚王，

国学名句集锦

惟克果断，乃罔后艰。

——《尚书·周官》

李氏后来果然生出男孩，男孩被立为太子，而李氏母凭子贵被立为王后。赵国人李园也因此得到楚王的信任，但他担心春申君会泄露秘密，便开始计划杀掉黄歇。

这时，曾有人告诉黄歇说，李园谋算要杀他，让春申君先下手为强，但他犹豫不决，最终都没有下手。后来楚王去世，李园终于顺利将春申君杀掉灭口了。到了汉朝，史学家司马迁在写完黄歇的故事时，曾不禁感叹说："当断不断，反受其乱！"

在胡锦涛主政中国的十年中，中国的世界经济排名升到第二位，军事、社会等多方面也有明显的进步。在十年中，中国经济的年均增长率为10.7%,并在2010年赶超日本，成为世界第二大经济体。虽然中国还存在着地区和贫富差距，但中国百姓的整体生活水平在稳步提高。

之所以有这样的成绩，与中国在江泽民主政时期加入WTO世界贸易组织有必然联系。但相关专家客观评价，2008年爆发全球性金融危机时，胡锦涛果断向国内投入四万亿元人民币，用于扶持国内经济，最终成功稳定国内经济形势，可谓功不可没。

他还首次提出"科学发展观"的理念，执政十年努力消除城乡和地区间的发展不均衡。从2005年到2009年期间，中国不仅将农业税正式取消，还在全国的农村地区推行养老和医疗保险。为全面推进落后的西部和中部地区发展，党和政府制定了"西部大开发"和"中部崛起"政策。

习近平履职以来，强调对道路和制度的信心与传承，他大篇幅地阐述了邓小平身上的优秀品质："开拓创新，是邓小平同志一生最鲜明的领导风范，也永远是中国共产党人应该具有的历史担当。"

习近平关于创新发表的系列表述中，一大亮点就是"尊重地方、基层、群众首创精神，果断作出决策，把开拓创新作为一种常态"；"敢破敢

国学名句集锦

当断不断，反受其乱。

——《史记·齐悼惠王世家》

立、敢闯敢试，义无反顾把改革开放不断向前推进”；“越是伟大的事业，往往越是充满艰难险阻，越是需要开拓创新”。

习近平不断强调要坚持的道路，同时又大篇幅地强调创新的重要性，在道路和制度的问题上，决不能有一点动摇。但是，在探索前路的过程中，也不可以不思进取、不敢改革、墨守成规。创新，要坚持道路的根本要求。

中国现在的改革是前无古人的探索，如果没有一点创新意识，改革将寸步难行。30多年前，邓小平面临的改革难题，可能更多是意识形态上的，要打破僵化思想，接受新的东西；而今天，中国改革面临打破利益藩篱，工作更困难，更呼唤开拓创新。

国学名句集锦

为谋，所重者胆，所贵者智；胆智兼备，势则可为。

——明·张居正《权谋残卷》

慎始——举大事必慎其终始

《礼记》中说："举大事必慎其终始。"意思是说，一个人想要把大事做成，就必须自始至终都谨慎行事。

俗话说"万事开头难"，"好的开始是成功的一半"，在创业过程中，要想开一个好头，必须有可行的战略方针和谦虚谨慎的做事态度。

东汉末年，兵微将寡的刘备曾经依附于荆州刘表，驻军在新野。然而刘备非"池中之物"，他是一个雄心勃勃的人，由于对前途感到很迷茫，所以他心里一直闷闷不乐。为成就大业，刘备想找个得力的助手。他听说襄阳有个人才叫司马徽，所以特地前去拜访。

而司马徽见了刘备却说："这附近有个号为'卧龙'的人，还有一个号为'凤雏'的，您如果得到他们其中的一位，平定天下指日可待。"司马徽还跟刘备说，"'卧龙'就是诸葛亮，'凤雏'则是庞统。"

当地还有个名士叫徐庶，听说刘备正在招贤，特地前来投奔。刘备非常高兴，留下徐庶当谋士。后来徐庶也说，我有个朋友叫诸葛亮，人称"卧龙"，不知将军是否愿意见他？刘备了解了诸葛亮的情况后，对徐庶

国学名句集锦

身体发肤，受之父母，不敢毁伤，孝之始也。

——《孝经·开宗明义》

说："先生既然跟诸葛亮熟悉，不如就辛苦去跑一趟，请他来我这里吧！"徐庶摇头说道："这恐怕不行。像诸葛亮这样的人才，必须要将军亲自去请才行，这样才可以表示将军的诚意。"

于是刘备带着关羽和张飞一起去隆中拜见诸葛亮。在经过三次拜见后，诸葛亮最终被刘备感动了，推心置腹地与刘备直言自己的想法。诸葛亮说："曹操'挟天子以令诸侯'，现在已经大败袁绍，雄兵百万，所以不能仅凭武力和曹操定胜负。而江东孙权占据江东已三代，地势险要，百姓也愿意归附他，手下人才济济。所以，您只能和孙权联合，共抗曹操。"

接着，诸葛亮仔细分析了益州和荆州的局势，诸葛亮认为荆州虽然是军事重地，但刘表能力不足，根本守不住。而益州向来有"天府之国"之称，土地肥沃，但益州之主刘璋，黯弱无能，所以很多人都对刘璋不满意。最后，诸葛亮说："您是汉室的后人，誉满天下，如果占领荆州和益州，整顿内政，对外与孙权联合，只要有机会，便从荆、益两州出兵北伐曹操，大事可成，匡扶汉室也指日可待了。"

听了孔明精辟透彻的分析，刘备顿时豁然开朗，恳切地要求诸葛亮出山相助，以完成匡扶汉室的大业。自此，诸葛亮开始辅佐刘备，帮助刘备最终"三分天下得其一"。

后人把刘备"三顾茅庐"时诸葛亮的这番言论称为"隆中对"。可以说，正是因为刘备严格执行了诸葛亮"隆中对"的战略方针，才为自己日后开创了蜀汉政权。

解放战争中"三大战役"的全面胜利，标志着中国共产党创业的艰难期即将过去，开创和巩固新事业的重大考验马上成为现实，也标志着中国共产党的工作重心将转为城市领导农村，以及一个旧时代的结束和新时代的即将开始。在这样的背景下，如何防止胜利之后发生"其兴也勃焉，其

国学名句集锦

言出于己，不可塞也；行发于身，不可掩也。

——西汉·董仲舒《元光元年举贤良对策》

亡也忽焉”这样的悲剧，便现实而尖锐地提上了党中央的议事日程。

所以，在此时期形成的“西柏坡精神”，内涵十分丰富，包括艰苦奋斗的精神，万众团结的精神，敢于胜利、敢于斗争的大无畏精神，戒躁戒骄的谦虚精神，彻底革命坚定不移的精神等。“西柏坡精神”充分体现了老一辈革命家在胜利问题上的坚定不移，以及对革命前途冷静的思考。

2014 年，在庆祝新中国 65 周年诞辰的招待会上，习近平的讲话赢得了广泛的赞誉。习近平回顾了新中国成立的艰难过程，肯定了新中国成立以来全国人民经过艰苦奋斗取得的显著成绩。但习近平随后话锋一转，直言中国的发展道路还有很长。他指出：“中国仍处于并将长期处于社会主义初级阶段的基本国情没有变，实现 13 亿多人共同富裕的目标任重道远。”在回顾新中国的成就中，习近平也没有忘记新中国发展至今的薄弱环节，始终用一颗谨慎谦虚的心来看待中国当前的发展。

习近平始终保持着谦虚谨慎的工作态度。这不仅是习近平个人优秀的品质，更是国家之幸。习近平强调说，党员干部必须始终戒骄戒躁、谦虚谨慎。如果把领导群众逐梦、筑梦的过程看作一场重要的“考试”，那么党员干部就是“学生”，要做到谦虚好学。谦虚使人进步，骄傲使人落后，落后就要挨打。要想有个好“成绩”，“学生”就必须做到学无止境，孜孜不倦，不能自以为是。更何况中国是从一个经济水平落后的状态中逐渐成长起来的，所以中国的执政者们必须要戒骄戒躁。这是时代和国家状况对党员干部提出的特殊要求。

国学名句集锦

君子慎始而无后忧。

——北宋·苏洵《上文丞相书》

慎终——慎终如始，则无败事

“慎终如始，则无败事。”出自《老子》。这句话的意思与“行百里者半九十”相近，即如果做事始终如一，持之以恒，直到最后还能够如开始一般对自己严格要求，就不会有失败的事情。

关羽败走麦城被东吴杀害后，刘备报仇心切，不听诸葛亮的劝阻，亲自率军征讨东吴，结果遭到溃败。刘备在白帝城内永安宫病倒，深知自己时日不多，便派人火速赶到成都，把诸葛亮等一班大臣请来，嘱托后事。

诸葛亮来到白帝城后，刘备非常诚恳地对他说：“自从有了丞相帮助，我得以成就了一番事业，但因为见识浅薄，没有听丞相的劝说，所以有了今天的失败，现在后悔莫及。我这病看来是好不了了，我知道自己的儿子能力不足，所以只能将大事托付给你。”这些话刘备一口气说完，泪流满面。

刘备看到马谡在场，就让大家暂时都出去一下，才与诸葛亮说道：“马谡这个人纸上谈兵，不能重用，丞相以后要慎重地考察他。”然后，刘

国学名句集锦

靡不有初，鲜克有终。

——《诗·大雅·荡》

备召集群臣进来，亲自写下遗嘱后，对诸葛亮感叹道："我本来想跟你们一起打败魏国，但只能中途分手。所以麻烦你把这份遗嘱转呈太子刘禅，蜀汉的将来，都有劳丞相费心。"诸葛亮当即表示会尽心竭力地辅佐刘禅，保卫蜀汉江山。

刘备让人把诸葛亮扶起，一边哭一边握着诸葛亮的手动情地说道："你的才干高出曹丕十倍不止，成大事足矣。我死后，太子刘禅能辅佐就辅佐，如果他实在不堪重任，你可以作两川之主。"诸葛亮一听这话，马上哭着跪下说："陛下安心，臣会尽所有力量辅助太子，到死为止。"

刘备死后，蜀汉政权经诸葛亮苦心经营，得以继续与曹魏、东吴三足鼎立，而诸葛亮一生鞠躬尽瘁，死而后已，终成一代名相。

善始者未必能克终，纵观历代，从功败垂成的项羽到篡位自立的王莽，从揭竿而起的陈胜、吴广到太平天国领袖洪秀全，很多人在事业开创之初都是全心投入、义无反顾的。然而创业难，守业更难，当局面渐渐稳定之后，他们都没能坚持创业时的优良作风，都成了下场可悲的失败者。

官场上也是如此。近年来落马的高官中，很多人最开始的时候都是踏踏实实、兢兢业业、任劳任怨地为人民服务。然而，随着地位的不断提高、权力的不断扩大，这些曾经忠于党、忠于人民的党员干部，在面对种种诱惑的时候，丧失了共产主义的坚定信念和谨慎自省的律己能力，最终走上了以权谋私、贪赃枉法的不归之路。

因而，在工作中如何做到善始善终，是值得我们每一位党员干部反思的问题。"新官上任三把火"，很多党员干部在上任后，非常重视烧好"三把火"，踢开"头三脚"，打开新局面。但是往往"三把火"好烧，这种"燎原之火"能否一直烧下去，就要看党员干部能不能始终坚持站好自己的岗，谨慎对待各自的政治生命了。

国学名句集锦

慎终如始，则无败事。是以圣人欲不欲，不贵难得之货；学不学，复众人之所过。

——《老子》

习近平在纪念抗日战争胜利七十周年大会上发表讲话时，引用了一句古代名言："靡不有初，鲜克有终。"这句话出自《诗经·大雅》，意思是说这个世界上没有人不肯善始的，但却很少有人可以做到善终。

要做到善始善终，党员干部首先要加强自身的修养，每天"三省吾身"，多做自我批评，自我检讨，凡事求诸己，自觉加强对党风党纪等相关精神的学习和总结，吸取"苍蝇""老虎"的教训，培养健康的兴趣爱好，保持高尚的精神追求。

其次，想要在工作中做到善始善终，还要树立全局意识、责任意识、律己意识，时刻保持清醒的头脑，将共产主义信仰牢记在心，多深入群众，多做基层艰苦细致的工作，将眼光放长远，让讲话都落到实处。党员干部是否将工作做到位、做到家，群众的眼睛是雪亮的。

再次，还要完善干部考核评价机制，在适当的时候延长干部的考察期限，不仅要看"三把火"，更要看最后的"一哆嗦"，促使党员干部在工作中做到始终如一、持之以恒。

国学名句集锦

慎终追远，民德归厚矣。

——《论语·学而》

担当——岂因祸福避趋之

“苟利国家生死以，岂因祸福避趋之。”出自林则徐的《赴戍登程口占示家人》。意思是说，只要对国家有利，我就不顾生死，难道能够因为有祸就躲避、有福就迎受吗？

1842年，林则徐因主张禁烟引发第一次鸦片战争而被清廷谪贬到伊犁充军，在被迫与家人分别时写下了两首《赴戍登程口占示家人》，其中第二首为：“力微任重久神疲，再竭衰庸定不支。苟利国家生死以，岂因祸福避趋之？谪居正是君恩厚，养拙刚于戍卒宜。戏与山妻谈故事，试吟断送老头皮。”这首诗中的“苟利国家生死以，岂因祸福避趋之”为众口相传的名句，充分表达了林则徐的爱国主义情感以及坚韧不拔的性格，同时也是林则徐一生的写照。

中国历史上不乏像林则徐这样有责任、有担当的爱国者，明代名臣于谦就是其中的典型。于谦以拯救国家、民族命运为己任，他的一生正如《明史》对他的评价：“忠心义烈，与日月争光。”

1449年，蒙古瓦剌部发兵侵犯明朝边境，明英宗朱祁镇不顾大臣的

国学名句集锦

昔者三代之兴也，利于国者爱之，害于国者恶之，故明所爱而贤良众，明所恶而邪僻灭，是以天下治平，百姓和集。

——《左传·昭公元年》

反对，听信了王振的蛊惑而率兵亲征。他不管敌情如何，也不跟大臣商量方略，在后勤保障没做好的情况下亲征，最后自酿苦果，导致自己在土木堡战败被俘。

瓦剌部首领也先趁明军主力溃散、京师空虚，率军南进，企图攻占明朝都城北京。消息传到京城，皇宫上下惊慌一片，大明江山顿时风雨飘摇。此时，于谦力排众议，坚请固守，稳定了上上下下的人心。国不可一日无君，而太子年幼，于谦与众大臣请求拥立郕王为帝，郕王再三推辞。于谦大声说："我们完全是为了国家考虑，不是为个人打算。"郕王于是受命，即帝位为代宗。之后，于谦整饬军备，部署要害，亲自督战，带领明军大败敌军，让敌军被迫将昏庸的皇帝送了回来。

北京保卫战，在明史乃至整个中国历史上也占有非常重要的地位。这次战争，不仅确保了明朝京师的安全，更避免了北宋覆亡的悲剧重演，彻底粉碎了蒙古瓦剌部图谋中原的野心。于谦一生为社稷江山而战，为民族国家操劳，纵使他最后因英宗复辟而落得身首异处的结局，但终究流芳千古，为后世人所景仰。

2014 年 8 月 20 日，在纪念邓小平诞辰 110 周年的座谈会上，习近平总结了邓小平留下来的六大宝贵精神遗产："纪念邓小平同志，就要学习他对人民无比热爱的伟大情怀；学习他对共产主义远大理想和中国特色社会主义信念无比坚定的崇高品格；学习他不断开拓创新的政治勇气；学习他始终坚持实事求是的理论品质；学习他坦荡无私的博大胸襟；学习他高瞻远瞩的战略思维。"

对邓小平在国家历史转折关键时刻的所作所为，最好的形容是"挽狂澜于既倒，扶大厦之将倾"。邓小平当时面对着严峻的形势，想到的不是个人的安危，而是国家的兴亡。他用一生证明了其个人的辛酸困苦、沉浮

国学名句集锦

先天下之忧而忧，后天下之乐而乐。

——北宋・范仲淹《岳阳楼记》

荣辱，与人民的幸福、党的事业在他个人心中的不同地位。所以，青年党员干部更要学习邓小平对中国特色社会主义道路和共产主义事业的坚定信念，以及在国家兴亡时刻那种敢于担当的大无畏精神。

国家的重担最终都会落在青年人的肩上。回顾中国近代史，不管是一二·九运动、五四运动，还是“文革”后的重建教育、恢复生产事业，青年人都是改革、革命和建设发展的中坚力量。要衡量党员干部的好坏，“担当”就是一把标尺，年轻的党员干部要有不怕担当的奉献精神，要坚持为人民服务，把该担当的责任担当起来。

国学名句集锦

位卑未敢忘忧国，事定犹须待阖棺。

——南宋·陆游《病起书怀》

务实——学而不能行，谓之病

《庄子》中说："学而不能行，谓之病。"意思是说，学习了东西却不去实践，这是有问题的。

相传孔子去世后，他的弟子原宪隐居在荒郊野地里，弟子子贡已经是卫国的相国，出行时前呼后拥的都是随从的车马。子贡到僻陋的巷子里探望原宪，原宪则整理好穿戴迎接，只是他身上都是些破旧的衣帽。子贡见到他这个样子，便问他："你这是有病了吗？"原宪回答说："我曾经听说过这样的话，说没有钱财叫做贫，而学习道义却不去实践的才叫做有病。像我现在这样只能叫做贫，不是病。迎合世俗而行事，比附周旋而交朋结友，勤奋学习是为了求取别人的夸赞，注重教诲是为了炫耀自己，把仁义当做奸邪勾当的遮掩，讲求豪车宝马的华贵装饰，我原宪是不愿去做的。"原宪的一番话说得子贡羞愧难当。

战国时期，齐国有位隐士叫陈仲子，他的兄长陈戴是齐国的大官，每年从自己的封地获得几万石粮食，居室也富丽堂皇。陈仲子认为陈戴这些俸禄不义，这些房舍也是不义之产，他不愿再与陈戴同住，带妻子来到於

国学名句集锦

德之不修，学之不讲，闻义不能徙，不善不能改，是吾忧也。

——《论语·述而》

陵，开始了隐居的生活。

陈仲子的事后来传开，大家都认为陈仲子淡泊名利，说他品德高尚。事情慢慢传到楚国，当时的楚王知道了陈仲子的这些事迹后，认为陈仲子是一个罕见的人才，希望能得到他的辅佐，要让他当楚国的卿相，帮助楚王治理楚国，于是派人带着黄金万两去请陈仲子。然而，陈仲子认为楚王跟齐王是一样的人，陈戴辅佐齐王的行为是不义，那么自己辅佐楚王也是不义。所以陈仲子找了个自认为聪明的理由："在下有妻子，对于出不出山的问题，还要与她商量过才行。"陈仲子从内室出来后，对使者说："我的妻子不同意在下去做官，而我也疏懒惯了，恐怕难当重任，请转告大王，另请贤才！"因此使者离开，陈仲子仍然过着隐居生活。

后来，韩非子认为，陈仲子和那些古代的隐士卞随、务光、介子推、鲍焦一样，都是些中看而不中用的人。韩非子还引述了一个关于陈仲子的故事。

宋国有个人叫屈谷，他特意去见陈仲子。陈仲子说："我现在隐居，不会过问外面的事，你还来这里有什么事？"屈谷说："我久闻您气节高尚，从不依靠旁人生活。我现在有一个葫芦，外皮坚硬如石头，而且中间也没有空，我想把它送给先生。"

陈仲子说："葫芦的用处，在于它可以用来盛东西。你的葫芦皮厚而没有中空的洞，就不能用来装东西。而且还坚硬得像石头，剖不开，就不能做成瓢，这样的葫芦我要来有什么用？"屈谷认真地说："对啊，因此我要将这个实心葫芦扔掉，因为它中看不中用，您要不要？"

这个故事说明，一些自命清高的人往往徒有虚名而并不务实，对国家和社会而言没有一点好处。

邓小平有句著名的"猫论"："不管白猫黑猫，会捉老鼠的就是好猫。"

国学名句集锦

度德而处之，量力而行之。

——《左传·隐公十一年》

这句话包含的有关“务实主义”的政治哲学，贯穿了邓小平的社会主义建设和治国思想的每个方面。

当前，中国依然面临着错综复杂的形势，支撑各方面发展的条件和要素也发生了深刻的变化，中国经济发展正处在结构调整的“阵痛期”，改革的“硬骨头”等着大家去啃，“险滩”等着大家去涉。所以，各级领导干部当以“三严三实”的标准来对照和要求自己，出实策、办实事、鼓实劲，不务虚功，不图虚名。

对于党员干部来说，无论什么时候都要明白空谈误国，只有实干才能兴邦。无论什么时候都要记得“搭一次花架子，就把群众心伤一回；走一次过场，就与群众的距离远一分”的道理。中国的改革只有进行时，远远没有完成时，只有党员干部和各级领导真正以务实的态度，保持韧劲、保持力度，善作善成、善始善终，我们的建设才能取得成效，也才能为全面建成小康社会目标的早日实现贡献自己的力量。

国学名句集锦

术者，因任而授官，循名而责实，操杀生之柄，课群臣之能者也。此人主之所执也。

——《韩非子·定法》

第十章　戒　满

党员干部要始终坚持“谦虚谨慎，戒骄戒躁”的工作态度，因为自满只能使人停步不前，只有以扎扎实实的工作，真正为人民谋福利，获得群众认可，坚持虚心的态度，才能赢得领导和人民群众的信赖。

◎**纳谏**——受谏而不厌

◎**谦恭**——满招损，谦受益

◎**受教**——尺有所短，寸有所长

◎**敬业**——业广惟勤

◎**善学**——学问不厌

◎**患忧**——明者防祸于未萌

◎**改革**——穷则变，变则通

◎**深化**——凿不休则沟深

纳谏——受谏而不厌

"求贤如饥渴，受谏而不厌。"出自《三国志·吴书·张纮传》。意思是说，管理者对于贤才的需求就像饥渴者对于食物的渴望，接受别人的劝谏从不感到厌烦。

古时候，臣下批评或规劝君王，称作"谏"。帝王接受建议或批评，就叫"纳谏"。我国古代最善于纳谏的帝王非唐太宗李世民莫属。

李世民登基时，唐朝虽然已经建立十年，但因为隋炀帝的残暴统治和战乱的严重破坏，国家经济仍然凋敝不堪。李世民登基后的很短时间内，国家经济便得到了迅速的恢复和发展，出现了社会秩序相对稳定、政治比较清明、国家逐步繁荣的局面，史称"贞观之治"。

李世民之所以能够取得如此的丰功伟绩，最重要的一个原因就是他的虚心纳谏。李世民曾说，我年轻时就爱好弓箭，后来我利用弓箭平定天下，还是不能真正明白弓箭的好坏；况且天下大大小小的事务，我哪里都能懂得？这充分说明李世民很有自知之明，敢于坦然承认自己不是一切都懂，无所不知。他清醒地认识到，假如臣下对自己隐恶扬善，一味顺从、

国学名句集锦

许之则防守，拒之则闭塞。高山仰之可极，深渊度之可测。

——《鬼谷子·符言》

奉承，“则国之危亡，可立而待也”。为了巩固统治，唐太宗告诉臣属：“君有违失，臣须直言。”而且，他也真的采纳了许多有益的劝谏。

贞观四年（630 年），唐太宗有意大兴土木，在洛阳建造乾阳殿。但是给事中张玄素说：“国家现在正处于百废待兴的时候，您这样做的过错比隋炀帝还大，还有可能会落得个与桀、纣一样的下场。”面对如此尖锐的劝谏，李世民没有生气，他虚心接受了批评，取消了大兴土木的计划，还给张玄素许多赏赐。还有一次，李世民一怒之下要判决一个捏造资历的人极刑，遭到大理寺少卿戴胄强烈反对，认为应该按照法律流放。李世民受到顶撞，怒火中烧，戴胄依然据理力争，说法律是国家取信于天下的依据，帝王不能因一时生气而无视法律。李世民最终被说服了，并且由衷称赞戴胄秉公执法的做法。

由于李世民能虚心纳谏，在他执政期间，唐王朝经济繁荣，政治安定，为大唐盛世的出现奠定了基础。封建制度中最高的决策权一般只掌握在皇帝一个人手中，对于唐初的百姓来说，万幸的是当时有一批敢于直谏、忠心耿耿的贤臣和一个虚怀纳谏、明辨是非的贤君。

历史走到了今天，对于党员干部来说，更应该有虚怀若谷的胸怀，虚心纳谏的勇气。邓小平曾经强调，要想在真正意义上了解到人民的声音，关心人民的生活，就要让人民群众多开口说真话。1950 年 7 月，邓小平在会议中谈到工作态度问题时说：“我很希望同志们认真探讨各种问题，多提一点意见，哪怕提出一个不正确的意见，也比什么都不说好。”邓小平曾劝诫全党：“这几年在我们党内蔓延着一种怕讲老实话，不如实反映情况，不讲老实话的坏风气……全党都应该注意这种情况。”

1961 年 4 月，邓小平调研北京顺义公共食堂时，召集生产队长和大队支书进行座谈，会上他反复问与会成员：“大食堂是吃好，还是不吃好?”

国学名句集锦

听言不可不察，不察则善不善不分。善不善不分，乱莫大焉。三代分善不善，故王。

——《吕氏春秋·听言》

大多数人都不敢说不吃好，一个个都违心地说吃大锅饭很不错。邓小平后来在一位社员家里生活了一个星期，才知道了真实情况。那位社员告诉邓小平："说吃食堂好都是假话，大队分了粮食，我们社员自己回家做饭吃才是好。"几天后，邓小平在去一户社员家访问时，看到一位大妈正在喂羊，猪圈却是空的。他问大妈："你为什么养羊，却没有养猪？"大妈说了真话："哪有粮食养猪，我们人还没吃的呢！"邓小平通过深入调研后，发现问题严重，他强烈表态："吃公共食堂是社会主义，不吃公共食堂也同样是社会主义。要依据人民群众的意愿，决定公共食堂的去留。"

邓小平对于那种"听不得群众有任何议论，特别是听到稍微尖锐的批评，就要调查所谓'政治背景'、所谓'政治谣言'，还要立案，对别人打击压制"的做法，指出"是软弱的表现，是无能的表现"。他着重要求，"人民群众有气就要发泄，我们要做的就是使群众有发泄的地方，有大声说话的地方"，"使人民群众能够自由地提出意见，有火气就能发泄"。对此，邓小平多次强调："要重申'三不主义'：不打棍子，不抓辫子，不扣帽子。"

改革是一个繁琐的系统工程，要有一个循序渐进的过程，随着改革开放的不断深入，新问题、新情况、新矛盾也会不断出现。在人民百姓眼中最为明显的一个问题就是一小部分人的确先富裕起来了，但是还有一些人却还在为看病、为房子、为子女上学发愁。因此，只有多听听百姓的心声，为人民办实事，让改革开放的成果被更多人享有，才能使改革得到人民群众的广泛拥护、支持和认同。

国学名句集锦

国之兴也，天遗之贤人，与之极谏之士；国之亡也，天与之乱人与善谀者。

——《说苑·权谋》

谦恭——满招损，谦受益

“满招损，谦受益。”出自《尚书·大禹谟》。意思是说，自满招惹来损害，谦虚则会使人得益。这句话言简意赅，生动地表达了一个亘古不变的真理，在当今社会仍然有很强的现实意义。

孔子崇尚谦虚，经常会批评弟子不谦虚的言行。有一天，子路、公西华、冉有、曾皙四个人陪孔子闲聊。孔子说：“你们平时常常说自己很少被人了解，如果有人了解了你们，你们将要怎么办呢?”冉有急忙回答道：“如果有一个拥有一千辆兵车的国家，夹在两个大国之间，还要受到外国军队的侵犯，又赶上饥荒的时期，假如让我去治理，仅仅用三年的功夫，我便可以使人民都骁勇善战，而且还让人民都懂得做人的道理。”孔子听了后微微一笑，说：“治理国家要讲礼法，但是冉有的话却一点不谦逊，如何能治理好国家呢?”

还有一次，孔子带着弟子们到宗庙里去祭祀，刚走进宗庙门就看见座位上放着一个祭器，据说是一种盛酒的器物。弟子们看了觉得非常新奇，

国学名句集锦

天道损盈而益谦，地道变盈而流谦，人道恶盈而好谦。

——《周易·谦》

纷纷询问那是何物。孔子并没有立即回答，而是转身问宗庙里的守卫："请问您，这个器具是做什么用的?"守庙的人见孔子彬彬有礼，也非常恭敬地对孔子说："夫子，这件器具放在座位的右边!"

于是孔子慢慢端详着那件器物，口中反复念着"座右"，然后对弟子们说："我听说这个放在座位右边的器具，空着的时候是倾斜的，如果装了一半水，就变正了，但是装满了水，它便会倾覆。"

听了孔子的话，弟子们都感到十分惊奇，都以诧异的眼光看着他，然后转而又看那新奇的器具。孔子明白了大家的心思，接着说："你们灌些水到器具里试一下吧!"然后让弟子打来了水，往器具里倒了一半水，那器具就自动变正了。孔子对他们说："看见了吧，是不是变正了?"弟子们点点头。孔子又让弟子接着往器具里倒水，结果装满水的器具直接倾倒了。孔子连忙告诉他们："倾倒就是水满所致的啊!"子路率先发问："难道没有办法让它不倾倒吗?"

孔子扫视大家，淡淡地说："世上最聪明的人，会用稳重维持自己的聪明；誉满天下的人，会用谦逊保持他的功劳；勇敢无畏的人，应当用持重保持他的本领……也就是说要用谦虚避让的办法来减少自满。"弟子们都被这意味深长的话语打动了。

邓小平一生秉持着谦逊的精神。我国的改革开放取得了震惊世界的成就，国内外许多人士对邓小平十分推崇，而邓小平却很谦逊地说："我只是做了一点小事情，不能说都是我发明的，这里面有很多别人的理论，有很多是人民群众发明的，我只不过是把它们总结了出来。"

正如邓小平所说，家庭联产承包责任制就是安徽凤阳小岗村的农民首先搞起来的。因此，邓小平曾经强调："农村家庭联产承包责任制，这个发明权是属于农民的。我们改革中的好东西，都是基层群众通过实践创造

国学名句集锦

所谓诚其意者，毋自欺也，如恶恶臭，如好好色，此之谓自谦，故君子必慎其独也。

——《礼记·大学》

出来的，我们只是把它们拿来加工提高然后作为全国的模板。”所以，邓小平要求全党要进一步解放思想，实事求是，尊重人民群众的首创精神，不要犯“教条”式的错误。

此外，在中国改革开放的伟大实践中，经济特区的实践、社会主义市场经济体制的实践、证券市场的实践、股份制的实践等等，都充分体现了邓小平对人民群众言论的尊重，体现了对人民群众首创精神的鼓励。在创建经济特区的问题上，邓小平说：“改革开放初期的时候，广东提出搞特区，我认可了他们的观点，我说名字就叫经济特区。”这体现了邓小平尊重和发挥人民群众首创精神的科学态度。

我国虽然已经取得了举世瞩目的成就，但仍是一个发展中国家，仍然面临着一系列严峻的挑战，仍有许多需要面对和解决的问题。我们既不能妄自菲薄，也不能妄自尊大，既要聆听百姓的心声，尊重百姓的意见，又要学习吸收其他各国人民创造的优秀文明成果，与世界各国相互借鉴、取长补短。

国学名句集锦

富有四海，守之以谦；此所谓损之又损之道也。

——《孔子家语·三恕》

受教——尺有所短，寸有所长

“尺有所短，寸有所长。”出自《楚辞·卜居》。意思是说，尺虽然比寸要长，但也会有它自己的缺点；寸虽然比尺要短，但也有它自己的长处。引申来说，就是每个人都有自己的优点和缺陷，我们要做到以彼之长，补己之短。

有一则寓言故事。一只矮小的绵羊和一只高大的骆驼在一起行走，走了一段时间后，它们来到一个园子旁边。园子四面有围墙，里面种了很多树，茂盛的枝叶伸出墙外，于是骆驼就抬头吃树叶，吃得很开心。小羊看到后十分眼红，不过那棵树太高，小绵羊怎么跳都够不着树叶，它只能眼巴巴地看着骆驼吃，自己挨饿。又走了一段时间，绵羊和骆驼的眼前出现了木栏，木栏的另一边有许多鲜嫩肥美的青草。骆驼因为个子太高，无法钻过木栏进去吃草，只能干瞪着眼看着，小绵羊却开心地钻进木栏里美美地吃上了一顿。

这个故事流传了很多年，它告诉人们一个既简单又深刻的哲理：任何

国学名句集锦

夫善游者溺，善骑者堕，各以其所好，反自为祸。

——《淮南子·原道训》

一个人都不可能做到十全十美，每个人都有自己的缺点，每个人也都有自己的优点。在人与人之间的交往中，我们应该多去挖掘并学习他人的优点，而不是嘲笑和讽刺别人的缺陷。

在封建时代，皇帝是天下万民的表率。汉明帝刘庄还是太子的时候，博士桓荣担任他的老师，悉心地教导他。刘庄当皇帝后“犹尊桓荣以师礼”，他亲自到老师住的太常寺去，让桓荣坐东面，四周设下罚杖，一如当年讲学的时候，聆听老师的教诲。不仅如此，刘庄还将朝中百官和桓荣曾经教过的学生都召集到太常寺，当着数百人的面向桓荣行弟子礼。

每当桓荣生病的时候，刘庄就派人专门慰问，甚至亲自到太常寺看望。而每次探望老师，刘庄都会在街口便下车，之后步行前往，以表示对桓荣的尊敬。进门后，刘庄看见躺在病床上的老师，拉着他枯瘦的手，默然不语，很久之后才离开。当朝皇帝对桓荣都是如此，“诸侯、将军、大夫问疾者，不敢复乘车到门，皆拜床下”。桓荣去世时，汉明帝沐浴斋戒，还更换了衣装，亲自为桓荣举行了隆重的葬礼，并将其子女做了妥善安排。

尊师重教相对应的素质是“受教”。不仅是教育者要认真教授被教育者，被教育者也要虚心接受教导，如此才能真正学到知识、学到经验，得到成长。而尊重教育本身也是非常有必要的，大到国家的提倡，小到家庭中的长辈督促，都是让人“受教”的良好契机。毛泽东非常注重对子女的教育，在繁忙的工作之余，他经常鼓励子女脚踏实地地学习，要多读书，学人之长，克己之短。

由于国事繁忙，毛泽东主要依靠信件与子女交流，在 1941 年给毛岸英、毛岸青的信中，他叮嘱道：“岸英文理通顺，字也写得不坏，有进取的志气，是很好的。惟有一事向你们建议，趁着年纪尚轻，多向自然科学

国学名句集锦

质朴之谓性，性非教化不成。

——西汉·董仲舒《元光元年举贤良对策》

学习，少谈些政治。政治是要谈的，但目前以潜心多习自然科学为宜，社会科学辅之。将来可倒置过来，以社会科学为主，自然科学为辅。总之注意科学，只有科学是真学问，将来用处无穷。人家恭维你抬举你，这有一样好处，就是鼓励你上进；但有一样坏处，就是易长自满之气，得意忘形，有不知脚踏实地、实事求是的危险。你们有你们的前程，或好或坏，决定于你们自己及你们的直接环境，我不想来干涉你们，我的意见，只当作建议，由你们自己考虑决定。”

除了提倡学习科学，毛泽东还要求儿子能够持之以恒地学习受教，不要图一时的虚荣和享乐。在 1947 年写给毛岸英的信中，毛泽东说：“一个人无论学什么或做什么，只要有热情，有恒心，不要那种无着落的与人民利益不相符合的个人主义的虚荣心，总是会有进步的。”

毛泽东在 1959 年写给女儿李讷的信中讲道：“要读浅近书，由浅入深，慢慢积累。大部头书少读一点，十年八年渐渐多读，学问就一定可以搞通了。”看到女儿学习上取得的进步，毛泽东十分高兴，他在 1963 年的信中鼓励李讷树立雄心壮志，读书要循序渐进，团结同学，虚心向身边的人学习。

不仅对亲生子女的教育和学习很重视，毛泽东对毛岸英的遗孀刘松林、毛岸青的夫人邵华同样鼓励，鼓励她们学习进步，做出一番事业。毛泽东不仅督促儿女刻苦努力，坚持读书学习，而且以身作则，在他的一生中，仅《资治通鉴》就读了十七遍。70 年代后，年过古稀的毛泽东又开始学英语，直到逝世前还在看《容斋随笔》《古文观止》等古典文学名著，从中吸取经验，找到政策的切合点。

教育是民族立国之本，是进行创新的源泉，也是永远要重视的工作。但是，很多省市都存在教育盲区，即便人们想要学习，却因为教育资源的

国学名句集锦

气性不和平，则文章事功，俱无足取；语言多矫饰，则人品心术，尽属可疑。

——清·王永彬《围炉夜话》

不足而难以实现。2014 年 9 月 9 日，习近平在北京师范大学发表讲话时强调，中国目前的教育短板大部分集中在西部地区、老少边穷岛地区以及部分农村。在这些地区一定要加大教育扶持力度。“少年强则中国强”，这是亘古不变的道理，目前来说“中西部强则中国强”也是毋庸置疑的。

因而，教师的培养和教育的扶持工作迫在眉睫，习近平在讲话中提到，希望活跃在中西部农村地区教育前线的老师们，一定要把优秀教育理念和系统教学方法带到中西部地区，为推进当地青少年基础教育改革打下良好的基础，为实施素质教育再立新功。

国学名句集锦

人之谤我也，与其能辩，不如能容。人之侮我也，与其能防，不如能化。

——李叔同《格言别录》

敬业——业广惟勤

“功崇惟志，业广惟勤。”出自《尚书》。意思是说，一个人取得伟大的功业，一定是由于个人的宏图大志，一个人要完成自己的功业，只有通过他付出辛勤不懈的努力。

“功崇惟志，业广惟勤。”这句话的背后还有一个典故。周成王消灭了淮夷之后，回到都城丰邑，在朝廷之上和群臣一起总结周王朝成功的秘诀，并向群臣阐述了周王朝封官立爵的用人法则。周成王强调当官一定要忠于职守，勤于政务：“你们既然处于这个官职，就要认真对待，要对自己的工作负责，不能玩忽职守，怠惰忽略。你们要明白，功高是因为有志，业大是因为勤劳。”

北宋时有个叫王旦的人，曾担任参知政事，在“澶渊之役”时留守京师。后于景德三年被拜为宰相。他为官公正，从来不凭着权职而谋一己私利，还频繁地举荐有能力之士。王旦的父亲王祐是宋太祖、太宗两朝元老，官至尚书兵部侍郎，礼贤下士，学识渊博。王祐时时刻刻为天下百姓

国学名句集锦

修辞立其诚，所以居业也。

——《周易·乾》

着想，曾经多次解救因冤入狱的人，累计可达近千人，所以天下百姓都说他为后代子孙树立了良好的榜样。

宋真宗时期，王旦德高望重、位高权重却不忘初心，时刻反省自己，事情无论大小都十分谨慎小心、细致入微。宋真宗十分欣赏王旦这样兢兢业业的大臣，因此将国家大小事情都放心地交付给王旦。

有一次，王旦早朝上奏事后退下，宋真宗目送他离开，情不自禁地说道："将来如果有人能为朕带来太平天下，那个人就是王旦。"当时朝上还有大臣寇准，此人刚正忠直，是皇帝的亲信和左右手。

寇准心中不服，觉得自己的才华和能力都不低于王旦，但是王旦官职始终在自己之上，隐约觉得自己屈才。所以他在禀奏皇上的时候，说话言语之间不自觉就会提到王旦，同时还暗地里诋毁王旦的所作所为。有的时候在朝堂之上，寇准也公开大声地指责王旦的错误，当然这些错误可能只是寇准自己一厢情愿认为的，但是寇准说的每句话王旦全都虚心接受，可谓从善如流。

像王旦这样的大臣，虽然处于万人之上，依然虚心、称职，虽然不外秀于人前，但是私底下找到能士贤人，就会默默地推荐给皇上，施人恩惠却从不要求回报，是真正的幕后英雄。后来，朝廷在整理宋真宗遗稿和编修史书时，才发现原来当时朝廷中有许多重臣，以及众多立下汗马功劳的栋梁之材，全部都是经过王旦的推荐而出人头地的。

王旦病重临危之际，宋真宗满目愁容、忧心忡忡地问他："将来爱卿去世之后，朕应该把天下大事托付给谁比较好？"王旦颤巍巍地举起奏事的笏板，郑重地说："以微臣的愚见，朝中大臣唯有寇准最合适。"王旦病逝之后不久，真宗真的起用寇准为相。

王旦兢兢业业的敬业态度和宽广胸襟，为后世为官者树立了很好的榜样。

国学名句集锦

勉力勤事以致富，砥才明操以取贵；废时失务，欲望富贵，不可得也。

——东汉·王充《论衡·命禄》

周恩来也是一位无私地将自己宝贵的一生都献给国家与人民的人，他的伟大精神赢得了全世界的普遍尊重与爱戴。

周恩来日复一日年复一年辛勤地操劳，每天的工作时间都在18个小时以上，还经常通宵达旦地工作。甚至是晚年因癌症住院治疗期间，周恩来在人生最后的587天，总共找人谈话227次；会见外国来宾61次，每次见面谈话时长都在一个小时左右，最短也有15分钟；召集领导干部开会34次，一次会议最长时间达到3小时45分钟；去外出席各种会议5次，包括国庆招待会、贺龙骨灰安放仪式等；长途跋涉到长沙去用时5天。而查阅文献资料、批阅文件以及看书学习等所用的时间就更是不可计数。

周恩来就是这样兢兢业业地工作，用尽自己的一生为党为人民为国家做出伟大贡献，为我们展现了一个“人民公仆”的敬业形象。

无论是国家要实现富强，还是自身要获得成功，都必须同时具备两个条件，第一是立志，第二是勤勉。立志是基础，勤勉为要素，二者缺一不可。习近平曾经多次在不同场合引用过这句古语“功崇惟志，业广惟勤”，说的也就是这个意思。

如今“两个一百年”迫在眉睫，在此过程中我们将会面临许多困难、复杂的发展问题——发展攻坚期，也会有许多庞大的工作要展开；在改革的深水区，更加会有无数的困难要破解。

正因为如此，领导干部更需苦干实干，脚踏实地，以勤劳务实的作风、诚恳的态度，稳步向前。而在这改革开放过程中，希望每位党员干部都能找到发挥自己能力的人生舞台，能够收获丰富的经验，以志为方向、以勤为勉励，与国家、人民一起前行。

国学名句集锦

善谋生者，但令长幼内外，勤修恒业而不必富其家。

——清·王永彬《围炉夜话》

善学——学问不厌

"学问不厌。"出自《荀子·大略》。意思是说，学习与求教不应该感到满足。这是中国人流传了几千年的治学经验，是人们在治学上所追求的一种至高境界。

"学"与"问"是学习过程中不可或缺的两个重要条件，二者相辅相成，浑然一体，相得益彰，是明白真理和法则的两个基本要素。"学问不厌"不仅道出了人类治学的规律，也道出了人类永不言弃的精神，才因此成为千古传诵的格言。

从古至今有许多关于学习的故事，其中"凿壁偷光"的故事可谓是家喻户晓。汉朝有一位叫匡衡的人，幼时非常好学，但是无奈家境贫寒，夜晚想要读书却没有灯烛。于是，他想了个办法，将墙壁凿穿借着邻居家透过来的烛光苦读。

匡衡买不起书，而同乡有个富裕的商人家中藏书十分丰富。匡衡就经常去富商家中做工，做完之后却分文工钱都不要。富商很好奇，就问匡衡为什么不要工钱。匡衡说："我不要工钱，但是我希望您能将家中的那些

国学名句集锦

日知其所亡，月无忘其所能，可谓好学也已矣。

——《论语·子张》

书籍都借给我学习，我就非常满足了。”富商听后非常感动，觉得他这种勤奋好学的精神值得鼓励，就同意了他的请求。从此，匡衡就能够尽情地饱览群书了。史书上说，匡衡这个人精力异常充沛，再加上富商家中的藏书十分丰富，在付出勤奋与认真之后，匡衡终于成为一名知识渊博的学者。

汉元帝时期，匡衡被举荐在朝为官，恰好接连发生了日蚀和地震，弄得人心惶惶。汉元帝害怕是上天要降下灾祸的预兆，就急着与群臣探讨政治上的得失。

匡衡上奏汉元帝，向他列举说明了许多历史事实，表示天象只是大自然的一种变化规律，至于灾祸幸福全都取决于人的所作所为，民间社会上的风气，更在于朝廷对百姓的教化倡导及影响，因而皇上应当缩减宫廷中寻欢作乐的费用，亲贤臣、远小人，举贤用能，接纳忠言等等。汉元帝听后觉得匡衡很有见识，于是提拔他为光禄大夫、太子少傅。

汉元帝对傅昭仪和她的儿子定陶王的厚爱超过了皇后和太子。对此，匡衡非常恳切地向汉元帝提出规劝，透彻地剖析和指明“正家而天下定”的道理，表示要想防止国家不招受祸乱，就要遵循天下大道。匡衡在朝廷中参加各种重大会议，都会引经据典，向大臣们阐明法理道义，因此很受大家的赞赏，由此他继续升官晋爵为光禄勋、御史大夫，后来又官至丞相，封为乐安侯。

毛泽东从幼年开始就未曾中断过学习，无论是在追求革命道路的青年时代、革命战争期间，还是社会主义建设时期，毛泽东都从未间断过看书学习，即使是在晚年重病缠身、生命即将逝去之际，仍然没有放弃继续学习。毛泽东所读的书籍包罗万象，涉猎领域极其广泛，哲学、历史、文化、科学等无所不包。

国学名句集锦

礼闻取于人，不闻取人。礼闻来学，不闻往教。

——《礼记·曲礼上》

毛泽东对书籍的喜爱异乎常人。遵义会议之后，红军打了一场胜仗，毛泽东回到司令部后向他的秘书要“战利品”。毛泽东周围的人都知道他的烟瘾很大，于是秘书就把从敌军那里缴获的香烟拿了过来。毛泽东望着香烟却摇了摇头，秘书觉得费解，毛泽东便向他解释说要书，如当地的州志、县志什么的，以从中知道当地的山地特征、物产资源、风俗民情等，将这些资料熟记于胸就有了打胜仗的把握。

对毛泽东来讲，要指挥红军躲避敌人的追击、消灭敌人，这些书籍能够提供十分有价值的信息，是红军能够顺利完成两万五千里长征的重要保障。

我们党向来都非常重视党员的学习，领导干部是推动党和人民事业发展的中坚力量，更需要不停地学习来充实自己。在每一个重大的历史时期，都有着更为艰巨的形势与任务，我们党总是在号召与强调让同志们加强学习，明白学习的重要性。而每次出现这样的求知学习热潮，都注定是一件好消息，是能推动党、国家、人民伟大事业发展的条件。同过去相比，我们今天学习的任务不是轻了，而是更重了，这是由我们面临的形势和任务决定的。

国学名句集锦

修学不以诚，则学杂；为事不以诚，则事败。

——北宋·晁说之《晁氏客语》

患忧——明者防祸于未萌

“明者防祸于未萌，智者图患于将来。”出自《三国志·吴书·吕蒙传》。这句话告诉我们，懂得将隐患消弭于萌芽状态，避免大动干戈，才是大智慧。

有一户人家的烟囱离房顶太近，他的邻居对他说：“你家的烟囱离屋顶太近了，容易失火。你应该把烟囱改道，使它远离屋顶，另外也不要把柴草堆在烟囱下面，这都是隐患啊。”这户人家不听，后来他家真的失火了，周围的人都提着水来救火。火扑灭后，他感谢那些前来救火的人，却忘了那个提醒他防火的人。这就是成语“曲突徙薪”的故事。

还有一个故事。战国时的魏文侯问名医扁鹊说：“听说你有兄弟三人都在行医，那么你们当中，谁的医术最高明呢？”扁鹊回答说：“其实我的大哥医术最为高明，他目光犀利，一眼就可以看出得病的征兆，可以在疾病尚未形成之前就先把它治愈，所以他的名声并没有外传，只有我们自家人知道。二哥次之，他为人治病，可以把刚刚开始发作的小毛病治好，所以他的名声也只在家乡流传，没有传播到太远的地方。我其实是最差的，

国学名句集锦

夫居高者自处不可以不安，履危者任杖不可以不固。自处不安则坠，任杖不固则仆。

——西汉·陆贾《新语·辅政》

我治病的时候，一直要等到病毒已侵入了血脉的时候才能诊断得出，所以要使用猛药，大动干戈，结果反而声名远播了。”魏文侯听了，深有感悟，钦佩地说：“你的见解可真是高明啊!”

防病先于治病，扁鹊与魏文侯的一番对话，对这一观点做出了生动鲜明的解释。在扁鹊三兄弟之中，大哥的医术最为高超，但正因为他的医术高明到了在疾病尚未发作之前就将其根治的程度，从根本上杜绝了疾病对人的危害，反而不被一般民众所理解，因而并没有什么名气，真正有名的倒是三人之中医术最低的扁鹊。

在我们现实生活中也是这样，治病的高手和动手术的“一把刀”总是要比防疫的公共卫生医生更受关注。同样是治病，如果医生在疾病尚未发生时就做出预防，或是疾病始发时就及时救治，避免了一场灾难的发生，这样的医生哪怕医术再高明，也不容易受人赏识；但若是当病人卧床不起，甚至病情危险时再进行救治，尽管病人受尽了折磨，吃够了苦头，一旦治好却会对医生佩服得五体投地，视为再生父母，这样的医生也因此红极一时了。

作为领导也必须明白防火比救火要高明的道理，因为下属中有的是防火型的，有的是救火型的。所以，谁的功劳大，谁更有智慧，一定要搞清楚，一定要给防火者以肯定和鼓励，不要冷了他们的心。

所以，在处理基层维稳工作时，一定要把矛盾化解在基层，消弭于萌芽状态，才能实现长治久安，实现社会的和谐。习近平强调，“要从源头上化解社会矛盾、维护社会稳定、促进社会和谐……各级党委要切实加强基层组织建设，推动基层组织把知民情、解民忧、化民怨、暖民心作为经常性工作，按照情况掌握在基层、问题解决在基层、矛盾化解在基层、工作推动在基层、感情融洽在基层的要求，做好群众工作。”

国学名句集锦

忧劳可以兴国，逸豫可以亡身。

——北宋·欧阳修《新五代史·伶官传序》

浙江平湖市在维稳工作中就积累了很好的经验。从 2009 年开始，平湖市就规定，直接关系群众利益且牵涉面广、容易引发社会稳定问题的重大政策、重大改革、重大项目和重大活动，在实施前都要组织社会稳定风险评估，征求民意，从源头预防矛盾纠纷。

这从下面这件事上就能体现出来。为缓解供电紧张，平湖市决定在永丰新村附近建一个 110 千伏变电所，并被列入省重点工程、市民生实事工程。但该项目准备启动时，周边一些居民因担心电磁辐射表示反对。有关部门为此上门做工作，介绍权威机构的论证方案，请专家解释电磁辐射原理及影响，最终打消了群众的疑虑，工程顺利建成。实施风险评估促进了政府决策的透明度，政府与民众的良性互动和沟通，使决策得到更好的落实。

当前，我国经济社会发展正处于全面深化改革的重要时期，呈现出许多不同以往的新特点、新情况，对于各种问题要防患于未然，化解于无形。即便形势很好，我们仍要保持清醒头脑，能敏锐发现问题的苗头。

国学名句集锦

忧勤是美德，太苦则无以适情怡性；淡泊是高风，太枯则无以济人利物。

——明·洪应明《菜根谭》

改革——穷则变，变则通

《周易》中说："穷则变，变则通，通则久。"意思是说，事情到了止境就需要想办法让它变化，变化之后才能通达，通达之后才能维持长久。任何事物都有一个从开始到衰落的发展进程，只有不断追求有益的变化，才能持续发展。

纵观历史，每一次改革都发生在社会矛盾非常尖锐的时候，北魏的孝文帝改革也不例外。

由于拓跋氏是鲜卑族，相对于人口数量庞大的其他民族来说，想要完成统一是非常艰难的。在民族征服的过程中，北魏统治者对各族人民实施了民族歧视和残酷的民族压迫政策，在战争中也经常出现不同种族间的杀戮，致使民族之间的矛盾不断激化。471 年，孝文帝拓跋宏即位，在之后的一段时间里，农民起义的次数有增无减，残酷的镇压不但没有压制住人民的怒火，反而更加激化了民族矛盾。为了缓和矛盾，冯太后和孝文帝推出了许多改革措施，后世统称为"孝文帝改革"，至少在当时看来，这次

国学名句集锦

张而不弛，文武弗能也；弛而不张，文武弗为也；一张一弛，文武之道也。

——《礼记·杂记下》

改革还是非常成功的。

孝文帝为了更好地实施改革，进一步加强对黄河流域的统治，更好地学习和接受汉族先进文化，决定把国都从平城（今山西大同）迁到洛阳，但是这个主张一定会遭到朝臣的反对。于是，孝文帝佯装要进攻南齐，遭到任城王拓跋澄为首的群臣反对。孝文帝私下召见拓跋澄，提出迁都的构想，表明自己想要改革政治，移风易俗的决心，取得了拓跋澄的支持。经过一番周折，众臣终于退而求其次，同意不去进攻南齐而是迁都洛阳，贵族势力也被孝文帝说服，迈出了改革的重要一步。

为了适应中原文化，孝文帝要求鲜卑人必须改说汉话，穿汉服，改汉姓，尊崇汉家文化等，这在一定程度上拉近了汉族人民与新统治阶级的距离，放松了贵族们的抵触心理。由于鲜卑族没有久远的历史和高深的文化素养，孝文帝便在很多制度上沿用汉族先朝旧制。经过一系列的改革，北方社会的经济情况得到了极大的改善，不仅改进了农业生产工具，开垦了荒地，兴修了水利，增加了粮食产量，发展了畜牧业，手工业和商业活动也日趋活跃，大大加快了北魏政权的封建化进程，民族矛盾得以缓和，封建统治得到巩固，民族大融合得到促进，为结束长期分裂局面，重新走向国家统一奠定了基础。

从某种意义上讲，孝文帝的改革是北魏政治、经济发展和少数民族政权封建化的必然结果，也从一定程度上促进了北魏的政治、经济的发展，体现了民族融合对于社会发展的巨大推动作用。总的来说，此次改革对当时的社会发展有着积极的意义。

改革，是任何时代都不能回避的话题。新中国成立后的 30 年间，我国除了在军事工业技术上的一些方面进步较大外，其他方面进展缓慢。尽管我党始终致力于转变这一状况，但是无奈于苏联经验的缺点，也没有旧

国学名句集锦

并遇变态而不穷。

——《荀子·君道》

例可作参考，因此发展的道路非常坎坷，经过了艰苦的努力和探索后，我们取得了巨大的成果。如果当时没有适时调整发展策略，就不会取得如今这样伟大的成就。

十一届三中全会后，中共中央实行了对内改革、对外开放的政策。这场对内改革首先从农村开始，以安徽凤阳小岗村实行“农村家庭联产承包责任制”为标志性事件。1992 年，邓小平南巡讲话成为改革进入新阶段的重要标志。邓小平说：“任何一个民族，一个国家，都要学习别的民族，别的国家的长处，学习人家的先进科学技术。”到如今，改革开放取得了举世瞩目的成就，我国的市场经济体制正在不断完善，经济实力迅速增长，综合国力和对国际的影响力大幅提高。党的十八大提出了新的要求，要全面建成小康社会、加快推进现代化建设、取得中国特色社会主义的新胜利，并激发出 13 亿多中国人共走复兴路、共圆“中国梦”的豪情，从而更加坚定不移地坚持改革，深化改革，与时俱进。

国学名句集锦

事有便宜，而不拘常制；谋有奇诡，而不循众情。

——《旧唐书·陆贽传》

深化——凿不休则沟深

“凿不休则沟深，斧不止则薪多。”出自东汉王充的《论衡》。意思是说，如果坚持开凿就能得到深沟，坚持砍伐得到的柴火就多。这说明了坚持构想并持续深化的重要性。

中国历史上有过很多次改革、革新，尤其在封建社会，长期维持统治的重要手段就是改变自己的统治措施，不断更改方式以适应管理国家、统治百姓过程中出现的新需求，这些改革有一个共同的特点，不论开展的时候是艰难还是顺利，结束的时候都很快，也就是说没有能够坚持下去，即便短期坚持，最后也会因为没有调整政策而宣告失败。

唐顺宗时期的“永贞革新”就是一次典型的失败改革。唐朝在经历了开元盛世后逐渐走下坡路，宦官势力逐渐形成，宦官手握大权，有权任免将相和地方节度使，甚至发展到能够左右皇帝的地步。同时，各地藩镇势力也日益猖獗，中央权力受到严重威胁。永贞元年（805），刚继位的唐顺宗便深感危机深重，重用王叔文、王伾等人进行政治改革，与刘禹锡、柳

国学名句集锦

千丈之堤，以蝼蚁之穴溃；百尺之室，以突隙之烟焚。

——《韩非子·喻老》

宗元等人形成了“二王刘柳”的革新派势力核心，以维护国家的统一为出发点，提出加强中央集权，反对藩镇割据、宦官专权的主张。

这场改革的主要内容包括：剥夺宦官权力，取消宫市、五坊使，收回军权，使宦官不能再随意鱼肉百姓；通过唐顺宗下达命令，除必要的规定的常规贡品外，不许地方节度使进奉其他财物，避免百姓受到骚扰，增加负担，抑制藩镇势力发展；打击贪官，整治贪污受贿现象；节省统治阶层开支，尤其是皇宫内部，遣散宫女，解散女乐等。从其改革团队采取的这些改革措施来看，在短短几个月的时间里，很快就解决掉了一些弊政，因此改革受到了百姓的普遍拥戴。但是由于损害了利益集团的既得利益，而改革群体又远远不及其势力强大，所以这场改革只坚持了七个月便宣告失败了。

“永贞革新”被扼杀后，唐朝的政治更加黑暗，宦官势力更加猖獗，甚至能够直接任免皇帝。朝臣朋党化，尤其在唐宪宗后，朋党之争越来越严重，整个国家陷入了动荡的局面，并且再也无法挽回。在这种持续的动荡中，唐朝于一百年后灭亡。由此可见，改革的政策再好，无法坚持执行并适时、适宜地深化改革，到头来也有可能是竹篮打水一场空。

自改革开放后，中国呈现出明显的飞跃式发展态势。然而改革走到今天，经济发展在很多方面都走入了“瓶颈”期。如何适时调整改革策略，保证经济发展速度持续稳定，是中共中央一直在思考的问题。目前，我们所面临的最有难度、最有硬度、最有深度的问题，就是全面深化改革。

全面深化改革要求各级党员干部必须明确思路，深刻认识到此次改革的总体思想和目标，是为了更好地完善和发展中国特色社会主义，推进国家现代化建设进程，齐心协力，多角度合作，系统、完整地做好改革进程中的每一件大事、小事。在 2015 年 9 月召开的夏季达沃斯论坛上，李克

国学名句集锦

弗备难，难必至。

——西汉·刘向《说苑·贵德》

强提出了"大众创业、万众创新"的理念，让本就火热的创业势头继续升温。改变产业结构，发挥人才作用，提倡自主创新，是当前市场经济得以顺利转型的重要途径，国家在相关政策上给予支持，基层干部和群众便能从改革中获得能量。

在中央各项精神和政策的指导下，政府工作人员也很快适应并调整了工作节奏，按照国家的最新要求和规章制度为群众提供方便，配合改革顺利完成。政府部门的高效服务成为改革政策落地的重要体现，以前办手续，可能涉及到交费、审核、各部门之间奔波盖章、重复交材料等一系列过程，到最后还往往难以办成。现在的政府则千方百计为市场主体提供全方位的服务，简化办事手续，提升办事效率，减免税费，大开方便之门。

党员干部要把推进基层改革创新和大胆探索作为紧抓改革落地的最重要的方法。坚持突破问题，着力解决改革方案与实际相结合的难点、利益调整中的阻力问题，规范改革落实之后的责任担当问题，要把改革落准、落细、落到实处，使深层改革能够更精准地对接我国发展所需要、满足基层所盼、顺应民心所向，更好地造福群众。

国学名句集锦

万里不惜死，一朝得成功。

——唐·高适《塞下曲》